Jeder Schritt ein Wagnis!

Impressum:

2020 (©) Harry H.Clever

Techn. Beratung: Frank Maier-Hasenclever

Verlag und Druck: tredition GmbH, Halenreie 40-44/ 22359 Hamburg

ISBN: 978-3-347-08341-7 Paperback

ISBN: 978-3-347-08342-4 Hardcover

ISBN: 978-3-347-08379-0 E-Book

Bibliografische Information der Deutschen Nationalbibliothek:

Die Deutsche Nationalbibliothek verzeichnet diese Publikation in der Deutschen Nationalbibliografie; detaillierte bibliografische Daten sind im Internet über http://dnb.d-nb.de abrufbar.

Als Erinnerung noch Realität war!

*Gestohlene Kindheit,
im Scherbenhaufen der Welt!
Krieg, Heimat, zu Hause, Normalität?*

Biographisches von Harry H.Clever

Band I

Vorwort:

Im und direkt nach dem Krieg haben Frauen mit kleinen Kindern es wirklich nicht leicht gehabt, besonders wenn auch noch das Dach über dem Kopf durch Bomben von einem zum anderen Moment verloren gegangen war und man gezwungen war, in total fremden Gebieten nur ungern geduldet, leben zu müssen. Es wird ein recht bewegtes Kinderleben vom Autor beschrieben und beleuchtet, er war eigentlich zu klein und jung für den Krieg, aber doch schon mittendrin, mit sehr vielen herben und auch krassen Brüchen, und vielen Neuanfängen in allen möglichen schillernden Farben.

Eben wie ein Kaleidoskop, dass bei der kleinsten Bewegung und Anlass, ein neues faszinierendes Ergebnis zeigt. Es war im Ganzen ein buntes Bild, in einer recht bizarren und auch nicht gerade kinderfreundlichen Zeit, wo man mit nur wenigen Ausnahmen, überall eigentlich nur negatives sehen und erleben konnte, betrachtet aus der Sicht eines kleinen Kindes der damaligen Zeit.

Schon die lange Geschichte der Welt spricht in den vielen Jahrhunderten des Öfteren von besonders Herrschsüchtigen und brutalen Machthabern, die für eine gewisse Zeit alle Humanen und normalen menschlichen Aspekte außer Acht gelassen haben, sie werden wohl auch immer wieder, auch in neueren Zeiten auf das Neue ihr Unwesen irgendwo auf der Welt treiben, meistens wurden diese unschönen Jahre aber nach einer gewissen Zeit gewaltsam beendet. Ein Ende hat aber auch immer einen Anfang, oder besser gesagt, einen Grund etwas Neues anzustreben oder zu machen. Ob nun aus eigenem Entschluss oder von Außenstehenden aufgezwungen, ist dabei eigentlich nicht relevant, es ist trotzdem fast immer ein bedeutender und gravierender Eingriff in jedes einzelne Leben.

Denn in Zeiten wo praktisch nur Willkür und verblendeter Machtwille vorzufinden war, hatte man kaum eine Chance eigene Gedanken oder Pläne zu verwirklichen. Denn der Druck von außen bestimmte in allen Phasen des Lebens was zu geschehen hat, besonders in den direkten Kriegs und Nachkriegszeiten, in dem großen Scherbenhaufen der damaligen Jahre, war jeder Tag ein Wagnis und ein Schritt in eine ungewisse Zeit.

Es war eben auch so, jeder war sich zwangsweise eben doch der Nächste. Geleistete Nächstenliebe war dabei sehr dünn gesät, da es auch nicht immer gänzlich ungefährlich für die menschenfreundliche Person war und kann daher auch im Nachhinein gar nicht hoch genug gelobt werden.

Geboren wurde der Autor 1938 im Bergischen Land in einer pulsierenden, von Chemie, Textil und Metall geprägten Industriestadt, deren Namensnennung zugleich stets den Spruch nach sich zog, aha die Stadt, wo die Bahn aufgehangen ist und den Leuten über den Köpfen schwebt. Aufgewachsen ist er aber, nach dem totalen Ausbomben seiner Heimatstadt, in den allgemeinen Kriegswirren an sehr vielen verschiedenen ständig wechselnden Ortschaften und Begebenheiten, daher auch verschiedenen Schulen, sowie auch unter den damaligen kargen Lebensbegebenheiten, für wahr ergibt das Erlebte eine bewegte Biographie von dem Autor.

So war der immer folgende, zwangsweise Neuanfang schon fast ein ganz normaler Vorgang, es folgte ständig auf ein auch manchmal ungeplantes Ende, stets auch ein neuer Anfang. Wo zumeist nicht gleich zu sehen war, wie und wohin es denn dieses Mal führte, es galt ständig die Devise, mach aus dem was auf dich zu kommt das Beste daraus, was natürlich nicht immer glanzvoll endete und somit auch viele Facetten im späteren Leben und der Ausbildung mit sich brachte.

Story einer gestohlenen Kindheit im Krieg,
und was danach kam!

Biografische Zeitreise, die Kindheit des Autors!

Das Bild zeigt den Autor mit seinem großen, drei Jahre älteren Bruder, direkt nach seiner Einschulung Ostern 1944, Rotblond, Klein und mit blauen wachen Augen, in den Kriegsbedingten unruhigen Zeiten, wo das Leben damals mehr einem großen wirren Trümmerhaufen glich, als einem geordneten Leben und Dasein. In einem ihm noch völlig ungewohnten fremden Landstrich, als Zwangsevakuierter im tiefen ländlichen Thüringen, in das er und seine Familie im Herbst '43 vom Amt aus verpflanzt wurde.

Eine eigentlich schöne Kindheit, nach heutigem Maßstab war es in den vierziger Jahren gewiss nicht, aber sie war es eigentlich doch für den Autor, in der damaligen schlimmen Zeit mit unzähligen neuen Begebenheiten, mit den für ihn äußerst spannenden und auch zum Teil strapaziösen Erlebnissen, aber im Nachhinein betrachtet kann man wiederum nur das Gegenteil davon behaupten, denn man hatte ja damals nichts anderes als Vergleich erlebt und gesehen.

Wo Egoismus und Denunziation den Tag nicht nur bei den Erwachsenen bestimmte und der ständige Hunger und die Entbehrungen ein ständiger Begleiter waren, zu der Zeit haben wir in total fremden Gefilden leben müssen. Geht nicht war damals wohl der häufigste kurze Satz, ein normaler kindlicher Wunsch blieb damals eben meist ein unerfüllter Wunsch.

So fehlte in der Kriegszeit über viele Jahre hinweg doch auch jede Vergleichsmöglichkeit, denn das Überleben und etwas zu essen, war zu der Zeit eigentlich oberste Prämisse in der chaotischen Zeit und auch später noch. Stets mit der Frage behaftet was geschieht im nächsten Moment, Tag oder Jahr.

Die tiefen Eindrücke, besonders die Negativen der damaligen Zeit, die aber eine lange Zeit die einzige Realität darstellten, eben durch das Fehlen der Vergleichsmöglichkeiten.

Sie haben dann auch indirekt das kindliche Gemüt auf Jahre auch späterhin geprägt und gaben auch noch viele Jahre später sehr oft auch unbewusst, aber doch auch gravierende Impulse in seinem Leben. Im Nachhinein muss man schon sagen, dass das was unsere Mutter in der damaligen Zeit ganz alleine für uns geleistet hatte, wäre auch im Nachhinein schon einer mehrfachen Auszeichnung wert gewesen.

So, dass das Streben, der über viele Jahre drei köpfigen Familie, nach besseren Wohn und Lebensverhältnissen, dann doch über viele Jahre hinweg, und auch später fast ein Leben lang angehalten hat.

Konnte man einer irgendwie auftauchenden Schwierigkeit nicht ausweichen, wurde es als gegeben hingenommen, aber sogleich auch ein anderer Weg gesucht und eingeschlagen, der sich dann aber auch nicht immer zum Besten herausstellen sollte, was für uns in den chaotischen Kriegs und Nachkriegszeiten eben dann doch ein ganz normaler Alltag war.

Später musste er aber auch schmerzlich feststellen, dass ihm in der damaligen Zeit, ein Großteil seiner Kindheit durch die wirren Vorkommnisse regelrecht gestohlen worden ist, wie bei einem Balanceakt war jeder Schritt ein Wagnis und trotzdem hatte der Autor für die damaligen widrigen Verhältnisse eine bescheidene, aber doch auch schöne Kindheit.

Ein Leben bunt wie ein Kaleidoskop.

Schön, recht bunt und holprig, zersplittert und farbig wie der Blick durch ein Kaleidoskop, wenn man es auch nur leicht bewegt, so sollte sich das Leben des Autors von Beginn an, über viele Jahre hin fast schon zwangsläufig gestalten.

Auch sein späterer Bildung und Berufsweg war aber auch genauso holprig und mit vielen herben Einschnitten gepflastert, doch vielleicht auch daher bekam er später über viele Jahre die Gelegenheiten mit vielen Größen der internationalen Unterhaltung und auch aus der Motorsportbranche zusammenzutreffen und zusammen arbeiten.

Die umfangreichen Erlebnisse und Erinnerungen des Autors, die damals aber doch bittere Realität waren, unterteilen sich eben in mehrere Bereiche, die aber alle in dem persönlichen Rückblick unter einem umfassenden vergleichenden Begriff: *Kaleidoskop!* standen. Es waren eben doch nur, viele bunte Splitter, aber in der Abfolge dann doch wiederum bunt und schön!

Geboren und Aufgewachsen in einem Jahrzehnt, dass gewiss nicht zu den Schönsten und Ruhmreichsten in der Geschichte der deutschen Nation zählte und zudem noch in eine zerrissenen Familie hinein geboren worden ist. In einer konfusen Zeit, wo die spürbare Arroganz, Überheblichkeit und Menschenverachtung in der gesamten Bevölkerung fast schon als gänzlich normal angesehen wurde, und sich dann auch besonders ausgeprägt stellenweise in diversen Verwaltungen zeigte, denn so genannte Herrenmenschen bestimmten allerorten nach eigenem wohldünken über viele Jahre über das Wohl und Wehe einer vermeintlich schwächeren Person und Bevölkerungsschicht.

Über Allem schwebte zudem stets die Frage, ob man auch Arisch rein und unbescholten war, dass musste bei jeder Kleinigkeit erst einmal nachgewiesen und geprüft werden, bevor dann auch nur eine für uns dringend nötige und wichtige Verwaltungstätigkeit angegangen wurde.

Als erstes wurde einem auf einem Amt mit Nachdruck erstmal vermittelt, dass man praktisch störend sei, und dann erst gefragt was denn nun so dringlich sei, erst danach nahm man sich etwas unwirsch des anliegenden Problems an.

Ein ganz normaler Amtsbesuch war stets eine indirekte Erniedrigung für unsere Mutter, da sie ja als eine geschiedene Frau mit zwei kleinen Kindern, mit einem unausgesprochenen aber deutlichen Makel in der damaligen Zeit, als eine fast schon verachtenswerte Person aus der unteren Hierarchie des Volkes angesehen wurde, diese nötigen Amtswege haben wir, um auch unflätige Ansagen zu vermeiden immer zu Dritt wahrgenommen.

Dass bekam man immer über eine längere Zeit auch deutlich, überall und nicht nur in den Amtsstuben zu spüren, denn es herrschte doch in erster Linie auch bei der normalen Bevölkerung eine schon deutlich sichtbare Überheblichkeit und Arroganz, immer mit dem imaginären Ziel der eigenen Vorteilsnahme oder Selbstbereicherung.

Was aber auch schon bei dem kleinsten Vergehen gegen die Vorgaben, Repressalien einbringen konnte, da war das Fehlen des allgegenwärtigen Führergrußes schon eine große Widrigkeit.

Stets schon von klein auf und besonders in der Nachkriegszeit wurde dann überall eine gewisse Normalität von ihm wie auch von aller Welt gesucht und erwartet.

Aber was ist denn schon Normal, wenn rund um nur Chaos und Überheblichkeit und vor allem, ein deutlich sichtbarer Mangel an fast allem was zum Leben gehörte herrschte, vielleicht eben nur der jeweilige Moment oder die günstige Gelegenheit?

Eigentlich war es stets ein Leben lang auch später noch das Suchen nach etwas, dass man aber noch gar nicht kennen gelernt hatte, deshalb war alles Neue auch zugleich das vielleicht unbewusst Gesuchte. Ein gravierender Umstand der für ihn in seiner Kindheit zuerst eigentlich gar kein Begriff darstellte, das Gefühl der Geborgenheit im Zuhause bei der Familie, denn die suchende Unruhe war konstant in seiner Erinnerung von klein auf wie gänzlich Selbstverständlich eingebrannt.

Der lange Weg und die unterschwellige Suche nach einer Normalität begannen daher fast schon unbewusst auch in der frühesten Kindheit im Krieg. Da sind in kürzester Zeit viele verschiedene aber auch prägende Eindrücke, fast wie in einem Zeitraffer, auf einen jungen Menschen von gerade noch nicht einmal sechs Jahren eingestürmt.

Dass seine Eltern kurz nach seiner Geburt geschieden worden sind und die damals damit dann verbundenen großen Probleme wurden ihm dann viele Jahre später erst durch eigenes Erleben dann richtig klar und bewusst, aber den wahren Grund dazu hat er nie erfahren können.

In der damaligen Zeit, den Dreißigern und vierziger Jahren war dieses aber ein gewaltiges Makel, dass man indirekt zu jeder Zeit stets zu spüren bekam, denn wenn in einer Familie etwas sich nicht so darstellte wie die arrogante Hochnäsige Gesellschaft es für genehm ansah, war automatisch erstmal die Frau daran schuld.

Da spielte letztendlich die persönliche Schuldfrage im allgemeinen Umfeld die kleinste Rolle, obwohl diese eigentlich bei seinem, ihm für lange Zeit unbekannten Vater wohl zu finden gewesen wäre.

Es war in der nationalistischen Zeit stellenweise wie ein tägliches wahres Spießruten laufen, für uns und im speziellen aber auch für unsere Mutter, denn in der gültigen damaligen Weltanschauung galt nur eine komplette Familie mit arischem Nachweis als ein guter und akzeptierter Bestandteil der damaligen Gesellschaft.

Sie wurde dadurch in der eigentlich von Männern geprägten Gesellschaft fast schon automatisch zu einer Person zweiten Grades und natürlich auch entsprechend in ihrem, unserem Umfeld von der Allgemeinheit und besonders in öffentlich amtlichen Angelegenheiten behandelt.

Im Alltagsgeschehen zeigte es sich damals besonders bei Angelegenheiten mit den Verwaltungen, unsere Mutter hatte eben wie schon erwähnt einen nicht unerheblichen Makel und sie wurde dadurch auch entsprechend behandelt, da interessierte es niemanden direkt, warum und wieso denn die Eltern geschieden worden sind und welches momentane Anliegen so wichtig sein könne.

Denn sie musste damals mit gerade mal vierundzwanzig Jahren bei meiner Geburt und nach ihrer späteren Scheidung danach mit uns beiden Jungs, der Bruder war gerade mal drei Jahre älter als er selbst, mit den täglichen Problemen klarkommen.

Zu dieser Zeit war es Gesellschaftlich für eine Frau überhaupt auch noch besonders schwierig und auch ein anhaftendes Makel, mit Kind Alleinstehend zu sein.

So etwas gehörte sich einfach nicht, dass wieso interessierte doch wirklich niemanden, dann gewiss auch nicht nach irgendwelchen Schuldfragen und Hintergründen zu fragen oder dafür Verständnis zu zeigen.

Das Leben, dass zeigte sich bereits da schon, war so gefährlich wie der Balanceakt auf schmalem Grat und gewiss nicht so bunt wie eben ein Kaleidoskop nur sein kann, dass ja auch bei jeder leichten Bewegung ein gänzlich anderes buntes, aber eben auch zerrissenes Bild zeigt.

Man hatte sich über lange Zeiten, über Jahre hinweg eben kaum irgendwie etwas ein oder an etwas gewöhnt und war dann doch kurz darauf auch schon wieder wo anders und unter anderen Leuten mit all ihren jeweiligen Eigenheiten und auch manchmal unverhohlenen persönlichen direkt abwertenden Meinungen und Reaktionen.

Normalität bedeutet eigentlich doch auch Kontinuität, aber davon war Jahrelang wirklich nichts zu spüren, außer dass man sich an das ständige krasse Wechseln der Situationen und der Wohnorte gewöhnt hatte.

Das war dann paradoxer Weise auch schon wieder Normal und wenn es dann auch mal keine Änderung gab, hatte man zugleich das ungute Gefühl das hier eventuell doch etwas nicht stimmen kann.

Nicht alle Ortschaften und Gegenden sind gleichmäßig von den Kriegsbegebenheiten gleich stark betroffen gewesen. Für diverse Bereiche war es dann schon ein gravierendes Ereignis, wenn die feindlichen Flieger besonders tief über die Ortschaften geflogen sind, aber es gab dann auch besonders mit Industrie bestückten Bereiche die massiv heimgesucht und auch massiv bis zur Totalvernichtung Bombardiert worden sind.

Entsprechend ausgeprägt sind und waren die vielen Erlebnisse und Erinnerungen der Kinder und Heranwachsenden an die damalige schlimme Zeiten.

Glücklich konnten sich die Personen trotzdem schätzen, die, wenn sie durch die widrigen Umstände nicht ihre Gesundheit und zudem auch noch ihre angestammte Heimat ganz oder auf lange Zeit verloren haben, oder sogar verlassen mussten.

Aber allen Menschen war damals eins gemeinsam, jeder versuchte aus den persönlich schlechten Situationen noch das Beste für sich selbst zu machen, dass spürte man besonders wenn man dann auch noch auf das Wohlwollen anderer Leute angewiesen und dadurch abhängig war.

Eine Kindheit und Jugend in den vierziger Jahren in der es zum Träumen und Schwärmen wirklich keine Zeit und auch keinen Anlass gab, es fehlte aller Orten ja zudem auch jede Art von männlichem Vorbild eben selbst auch der normale männliche Gegenpart innerhalb der Familie.

So verlief für Harry die Kindheit dennoch zwischen recht vielen unterschiedlichen und trotzdem aber für einen wachen kleinen Jungen auch schöne aufregende Augenblicke und eben auch trotz der sehr vielen unschönen Momenten in einer harten und erbarmungslosen Zeit.

Eine Zeit wo sehr stark Egoismus und auch eine allgemeine Rücksichtslosigkeit an der Tageordnung war und im Grunde jeder erst einmal nur nach seinem eigenen persönlichen Vorteilen trachtete. Wer dieses nicht tat, war schon fast selber schuld daran, wenn etwas nicht funktionierte oder nicht erreicht wurde.

Doch es gab auch immer wieder Personen die einem fast uneigennützig helfend zur Seite standen, soweit die Situation es damals eben zu ließ. Es bleiben somit doch auch gute Erinnerungen und erste Eindrücke, die Erlebnisse einer Kindheit in einer irrealen Kriegszeit und auch danach.

Auch noch nach dem Krieg, nach einem Kriegsende das von der allgemeinen Bevölkerung lange recht schnell erwartet worden war, aber in der Realität und in den Köpfen dann eher doch erst ganz langsam Wirklichkeit wurde, man versuchte insgeheim zum eigenen Vorteil Stellenweise immer noch die alte selbstverständliche Machtherrlichkeit aufrecht zu erhalten um seine eventuellen Vorteile so lange wie möglich zu erhalten.

Da waren selbst in den engsten Lebensbereichen viele Dinge geschehen, die nicht so schnell vergessen werden konnten und alleine schon daher war dann kaum noch ein vernünftiges Miteinander, wie lange vor dem Krieg möglich. Unzählige Familien wurden durch irgendwelche Zwänge auf Jahre getrennt und in alle Winde zerstreut oder auch völlig ausgelöscht, es gab wohl Land auf Land ab keine Familie wo nicht mindestens ein Opfer des Krieges zu beklagen war.

Alle, die überlebt hatten hofften inständig, dass bald alles wieder in normalen geordneten Bahnen verlaufen würde, was aber ist schon normal, eigentlich vielleicht auch nur das was man sich idealisiert vorstellte. Doch so mancher musste auch seine Hoffnungen bald aufgeben, wenn er mit den total neuen unumstößlichen harten Begebenheiten dann wiederum erneut konfrontiert wurde.

Althergebrachtes war zu der Zeit eigentlich gar nichts mehr wert, aber man hatte genau genommen eigentlich nichts anderes, eben nur dieses.

Neues tat sich unendlich schwer, da ja fast alles erst mal wieder aus Ruinen und Resten nach und nach entstehen musste, improvisieren in allen Lebenslagen war eben oberstes Gebot der damaligen Zeit, wo das Fehlen von Material und Technik der alles umtreibende Faktor und große Behinderung war .

Diese Zeit, wo in erster Linie das Überleben wichtig war, war das Wie schon fast zweitrangig, jeder trachtete eigentlich mit den jeweiligen Begebenheiten nach seinen eigenen Vorteilen, und daher nicht unbedingt nach dem Wohlwollen und Ergehen anderer.

Besonders denen die auf unbestimmte Zeit irgendwo willkürlich wie wir zugeordnet worden waren. Man war eigentlich in ihren Kreisen störend, aber als billige fast rechtlose Arbeitskraft wie auch die vielen ausländischen Landarbeiter aus den östlichen Besatzungsbereichen, doch im täglichen und ländlichen Leben auch wiederum für die Allgemeinheit vorrübergehend sehr nützlich und hilfreich.

Ein Erwachsener hatte mit dieser Einstellung damals schon seine erheblichen Probleme, aber ein Kind war diesen Unwägbarkeiten mit aller Härte ausgeliefert, die es natürlich noch nicht ergründen, begründen und verstehen konnte. Denn an allen Ecken und Enden herrschte damals im Grunde doch auch nur Mangel und das Gesetz des Stärkeren und der Denunziation, irgendwie war für Jeden das eigene Wohlergehen das oberste Gebot aber trotzdem eben auch nicht für jeden machbar.

Es war eine für wahr harte entbehrungsreiche und auch nicht ganz ungefährliche Zeit. Denn Ungemach drohte von allen Seiten und eine Hilfe war auch von einer Verwaltungsperson kaum oder nur sehr selten zu erwarten, denn diese Personen lebten regelrecht in ihren eigenen Hemisphären, die man tunlichst nicht stören sollte.

16

Ein normal humanes, friedvolles und verständnisvolles Miteinander, was für einen Heranwachsenden genau gesehen schon ein Muss ist, war fast gar nicht mehr existent, jeder wähnte meist in einem Gegenüber einen feindlich gesonnenen Menschen, was dieser auch leider viel zu oft auch war.

Erwachsene Männer, zwischen zwanzig und vierzig Jahren bekam man fast gar nicht mehr zusehen und wenn dann fast nur noch in Uniformen. Denn die überwiegende Zahl der Männer waren in Stadt und auch auf dem Land ja alle bei der Wehrmacht und meist dann auch, sehr weit weg. Außerdem sah man dann höchstens noch einige, aber meist unhöfliche und überwiegend überhebliche herrschsüchtige Beamten in den diversen Verwaltungsbereichen.

Besonders wenn die Herren in ihren dunklen, schwarzen oder auch braunen Uniformen dann noch einen vermeintlichen Grund sahen mitsprechen zu müssen, konnte es plötzlich doch recht ungemütlich und auch gefährlich werden, denn nur sehr selten konnte man ihrer scheinbaren Allmacht entgehen. Vor allem in der Verpflegungsfrage war es besonders ausgeprägt, man musste schon froh sein, wenn man über einigermaßen ausreichend Brot und Butter oder etwas Schmalz verfügen konnte.

Was aber auch nicht immer der Fall war, denn man war als Evakuierter eben auch generell auf das Wohlwollen der Wohnungsgeber angewiesen war, was gewiss auch nicht immer uneigennützig geleistet wurde. Egal wie und was an Mangel und Unbill um einen rechten Lausbuben herum geschah war für ihn eigentlich neben Rangig, außer wenn der Magen es überdeutlich durch sein knurren kundtat, wurde auch ihm schmerzlich bewusst, dass vieles nicht so war wie es eigentlich sein sollte.

Aber für Harry war es trotzdem auch irgendwie eine abenteuerliche, erlebnisreiche und daher, trotz allem Negativen eine schöne Kinderzeit. Viele neue, noch nie erlebte Eindrücke hier auf dem Land gab es ja zu Hauff, was einen kleinen Jungen aus einer großen Stadt wohl brennend interessieren und auch faszinieren konnte.

Das aber einen Erwachsenen wiederum schon eher zur Abneigung tendieren und des Öfteren verzweifeln ließ. Denn was in einer Stadt normal und üblich ist, war hier auf dem Land unmöglich oder sogar total verpönt. Auch was es gewohnt in der Stadt im nahe gelegenen Laden zu kaufen gab, war hier nur mit einer einige Kilometer weiten Fahrt mit einem Fahrrad, sofern man eines hatte oder sich ausleihen konnte, nach Gotha möglich und dann vielleicht aber auch dort zur Zeit nicht erhältlich.

Egal was auch immer um einen kleinen Jungen herum geschehen wird, ein kleiner neugieriger Lausbub ist und bleibt eben doch auch ein Lausbub. Und zudem ist es ja auch so, was man noch nicht kennen gelernt hatte, vermisst man ja bekanntlich auch nicht.

Ganz egal wie es in der Welt um ihn herum auch zugehen mochte, er war zu der Zeit über viele Jahre hinweg eben unablässig auf einer nie enden wollenden Entdeckungstour. Es hätte doch wohl die schönste Kindheit die man sich vorstellen konnte werden können, wenn eben die unschönen Begleitumstände nicht gewesen wären.

Was und wo bitte sehr, ist denn nun das zu Hause oder das Daheim, eine solche Frage stellte man sich als Ausgebombter und auch Vertriebener ohne Dach über dem Kopf eigentlich damals überhaupt nicht. Man wurde ja beinahe fast ungefragt von einem Amt einfach dahin verfrachtet wo Platz war und wo man zudem auch dringend billige hilfreiche Hände, nur für Kost und Logis, eventuell ein kleines Handgeld benötigte.

Als Mensch, der im städtischen Gepräge aufgewachsen ist, ist das Landleben schön, es wird dann doch schon eher mehr idyllisch angesehen, doch wenn man dann fast über Nacht dorthin versetzt wird, ist es dann doch schon etwas befremdlich und total ungewohnt, denn fast alles Bekannte war weit fort, und das total unbekannte war normaler Alt Tag.

Besonders hart trafen einen diese fast schon gewollten behelfsmäßigen Unzulänglichkeiten, weil man ja nicht einen Moment vorher, Zeit und Gelegenheit hatte sich auf solche grundlegenden lebensverändernde Begebenheiten auch nur annähernd einzustellen, solche Probleme und Schwierigkeiten hatten die diversen Herrschaften in den gehobenen Bereichen eben nicht und taten, dass dann auch meist mit offenem Unverständnis kund.

Es begann ja schon damit, dass keinerlei Garderobe, die für das Landleben entsprechend gewesen wäre vorhanden war, es musste mit allem Möglichen und Unmöglichen ständig improvisiert werden. Deshalb konnte man auch in den ersten Wochen gleich feststellen wer ein Einheimischer oder ein Evakuierter war, denn sie bildeten schon einen fast exotischen Anblick in ihren städtischen und auch provisorischen Bekleidungen.

Denn kaum einer hatte die dort übliche und nötige Bekleidung, jeder war froh, dass er überhaupt etwas zum Anziehen hatte, da musste eine Jacke oder Mantel von mehreren Altersstufen hinter einander getragen werden. So wurde manche unschöne Situation hingenommen und in paradoxer Weise fast schon als doch hilfreich und nötig angesehen. Weil man ja in erster Linie etwas zu Essen und ein Dach über dem Kopf brauchte und der Rest war im Moment völlig egal und nebensächlich.

Auch wenn von diversen Personen einem das sowieso schon schwere Leben nicht gerade leichter gemacht wurde, so war man doch wiederrum sehr froh das man erstmal ein heiles Dach über dem Kopf und etwas zu Essen hatte.

An oberster Stelle stand somit über lange Zeit die persönliche Unversehrtheit, da waren offensichtliche Mangelernährung und einer Person nicht zugehörige Bekleidung keine besonders aufregende Angelegenheit.

Was aber auch Augenfällig, besonders hier im ländlichen Bereichen war, auf den Straßen waren überwiegend nur ältere Menschen zusehen, junge Frauen oder jugendliche Mädchen sah man nur sehr selten, wenn überhaupt dann nur in der Begleitung von älteren Personen, so gehörte der ländliche Außenbereich fast gänzlich den Knaben im Kindesalter.

Die Begriffe männliche oder weibliche Garderobe war zudem über eine längere Zeit überhaupt kein Thema, nur eins war wichtig, Hauptsache ganz und warm.

Da standen irgendwelche persönlichen Befindlichkeiten automatisch total hinten an, was aber dann auch von einigen zu jeder Zeit in den verschiedensten Versionen schamlos ausgenutzt wurde. Alleine schon aus diesem Grunde war es schon von weitem ersichtlich zu welcher Bevölkerungsgruppe ein Mensch der einem begegnete, gehörte.

In den Städten war es fast immer ein deutlich sichtbarer Judasstern auf der Brust, hier auf dem Land war es eben eine nicht angepasste Garderobe, die den persönlichen Status schon deutlich nach Außen deklarierte.

Was und Wo ist zu Hause oder Daheim?

Das sind im Grunde zwei Begriffe die doch eigentlich das gleiche ausdrücken, zu Hause ist aber doch eigentlich mehr das Dach, unter dem man wohnt und sich sicher fühlt.

Aber Daheim ist doch mehr eine innere, fast undefinierbare Gefühlsache, eben da wo man sich richtig geborgen fühlt, wo man hingehört und gefühlsmäßig auch wiederum seine angestammte Heimat hat, diese Begriffe sind für ein kleines Kind sehr wichtige Lebenskomponenten, auch wenn es sie noch nicht einmal erklären könnte.

Doch viel zu oft traf vor allem auch später über viele Jahre dann doch keiner der Begriffe so richtig zu, denn da wo man sich sicher fühlte war man nicht unbedingt auch zu Hause. Denn wenn man ständig wo anders wohnt und sich jedes Mal in völlig fremde Gefilde, Menschen und Gepflogenheiten neu eingliedern muss, bekommt man wohl kaum ein Gefühl für den Begriff Heimat und Zuhause.

Denn nicht immer war der Ort oder die Leute geeignet für lange Zeit ein einigermaßen vernünftiges und geordnetes Leben führen zu können, man spürte immer und überall, man war eben nur auf unbestimmte Zeit, wenn überhaupt, geduldet.

Ein kleiner heranwachsender Mensch benötigt eigentlich aber unbedingt genau dieses nicht verhandelbares Gefühl der wirklich verlässlichen Geborgenheit und Zugehörigkeit, eben das Zuhause, wenn das komplett fehlt bekommt der Begriff des Entwurzelt sein, erst seine völlige Bedeutung.

Wie eine Kreatur sein Nest oder seine Höhle als ein absolut sicheres Refugium mit seinen Eltern zusammen fühlt und betrachtet, genauso empfindet ja auch ein Mensch, besonders in den ersten Kinderjahren sein zu Hause. Dass dieses Gefühl viele Jahre aber nicht gegeben war, hat Harry in seiner frühen Kindheit nicht direkt besonders gestört, aber etwas später doch, es hat irgendwie immer schmerzhaft gefehlt und zudem ihn auch nicht unwesentlich auf sehr lange Zeit geprägt.

Denn es war für ihn über lange Zeit doch recht abenteuerlich, da fast ja täglich irgendetwas Neues unbekanntes passierte, man war daher schon unbewusst stets auch auf der Suche nach etwas Neuem und wurde eigentlich doch nie so richtig sesshaft, auch noch viele Jahre später nicht.

Zudem war es eine lange Zeit ganz normal, mal hier und mal da zu wohnen ohne zu wissen wie lange dauert es nun dieses Mal, Hauptsache war stets für uns ein Dach über dem Kopf zu haben, es waren daher wesentlich mehr Orte als vergangene Jahreszahlen.

Heimat war daher nur ein Wort ohne größere Bedeutung, das war für mich nur eine Frage die sehr lange Zeit im Grunde auch unbeantwortet blieb, denn immer wieder mal hieß es auf´s Neue, hier sind wir jetzt zu Hause und Daheim.

Mit der Zeit war es dann auch total gleichgültig wie die Bezeichnung war, Hauptsache wir hatten neben dem Dach über dem Kopf auch etwas zu Essen. In einer solchen gewiss nicht gerade besonders schönen Zwangssituation stumpft man automatisch auch ein wenig ab und ist dann auch nicht an einer Erklärung und Deutung solcher Begrifflichkeiten direkt interessiert.

Daher blieb über viele Jahre, bis in die späteren Siebziger eigentlich die Klärung dieser Frage für den Autor auch immer unbedeutend und offen. Unbewusst war man sogar über viele Jahre hinweg stetig auf der Suche nach Neuem oder vermeintlich Besserem, denn schlechtes hatte man ja schon im Übermaß gehabt.

Wobei dann auch die Eine oder andere Entscheidung und Änderung sich im Nachhinein als nicht besonders glücklich zu bezeichnen war. Denn man hatte ja eine gewisse Beständigkeit von Grund auf ja praktisch nie richtig kennen gelernt, der einzige Beziehungspunkt war nicht irgendein Gebäude oder eine Örtlichkeit an den man sich auch noch nach Jahren erinnert und indirekt auch gebunden ist, sondern nur und vor Allem war es der direkte Bereich wo sich unsere Mutter aufhielt.

Diese schwere Hypothek für unsere Mutter wurde dem Autor auch erst viele Jahre später richtig bewusst, nachdem er mit seiner eigenen Familie so seine Probleme hatte.

War die momentane Wohnung in der wir wohnen durften dann nun auch Heimat? Das war dann doch sehr oft meist mehr ein Wunsch als die wahre Wirklichkeit und hatte lange Zeit überhaupt keinen prägenden Sinn.

Denn es war dann plötzlich doch wieder ganz anders, es war eben ein Leben in ständiger Ungewissheit und lange Zeit auf Abruf, es war praktisch das Leben aus dem Rucksack oder Koffer, es sollten einige Jahre eines in gewisser Weise geliehenen Lebens auf Abruf werden.

Keinesfalls waren diese ständigen Veränderungen immer gewollt, sondern der damaligen wirren Allgemeinsituationen geschuldet, das endgültige Ziel war über lange Zeit aber unbestritten stets auch die Rückkehr in unsere Heimatstadt.

Gott sei Dank ist es einem kleinen Jungen mit gerade mal knapp sechs Jahren nicht gegeben die Geschehnisse, vor allem die Schlechten um ihn herum in diesem Sinne zu bewerten und in ihrer Tragweite überhaupt voll zu erfassen.

So lange keine Schmerzen oder direkte unangenehme körperliche Beeinträchtigungen für ihn selbst damit verbunden waren, war eigentlich alles in diesem Moment erst einmal prima. Es zeigte sich auch später noch, nach jedem Umzug und Wechsel war eben alles neu und auch stellenweise recht abenteuerlich und aufregend für ihn, so etwas kann auf Dauer fast schon süchtig nach immer Neuem machen.

Was so alles an großen und kleinen Begebenheiten in den Kriegszeiten und danach damals geschehen war, ob nun gut oder schlecht, man nahm es eben hin wie es im Moment war, ändern ließ sich daran ja auch nichts. Im Grunde eine eher verkehrte Welt denn das was eigentlich zu einer sorglosen Kinderzeit gehörte, war wiederum doch recht selten oder auch gar nicht mehr existent. Aber alles was auch für Erwachsene schon recht unangenehm war, war da eher schon wieder alltäglich und auch im Übermaß vorhanden.

So kam es dann auch, dass man alles Geschehen, selbst das unangenehmste um einen herum als ganz normal und in jedem Falle vergänglich ansah und dass was man gar nicht erst kennen gelernt hatte, konnte man ja auch nicht entbehren. Erst viele Jahre später bei Unterhaltungen mit Altersgenossen stellt man dann erstaunt fest, dass man sehr viel mehr erlebt hatte als sie, aber sehr vieles auch wiederum noch gar nicht kennen gelernt hatte. Man muss einfach feststellen, dass, auch wenn man es nicht bewusst wahrgenommen hat eine ganze Menge an Kindheit nicht erleben durfte.

Ja, dass einem ein Großteil der Kindheit doch regelrecht gestohlen oder vorenthalten worden ist, da man von klein auf ja praktisch doch wie ein Erwachsener reagieren und auch handeln musste. Man war genau genommen eigentlich stets irgendwie nur auf Besuch, Beständigkeit war daher über viele Jahre hin ein echtes Fremdwort und musste erst einmal mit der Zeit mühsam gelernt werden.

Wie soll also ein kleiner Junge sich in solch chaotischen Zeiten und Zuständen und den Irrungen jener Zeit zurechtfinden, wenn selbst viele Erwachsene dann schon nicht mehr genau wussten, was richtig oder falsch ist und war. Es wurde genau betrachtet eigentlich auch im engsten Vertrauten Kreise, wenn es eben ging über nichts und niemand gesprochen das verfänglich sein konnte.

In einer Zeit wo Jeder Jeden als Feind oder Konkurrent um Hab und Gut ansah und jede offen geäußerte Meinung die nicht der amtlich vorgegebenen entsprach, oder ein eventueller Änderungsgedanke von Außenstehenden als Landes oder sogar als Hochverrat ausgelegt werden konnte.

Denn wenn ein Kind so eine kritische Aussage unbedacht machte wurde sofort daraus geschlossen das in dem Familienkreis auch solches gesprochen wird und schon war man unter Beobachtung von gewissen Systemüberzeugten Personen.

Deren Hauptaufgabe wohl darin bestand Mitbewohner auszuhorchen und zu denunzieren um sich selbst dadurch einen meist materiellen Vorteil zu verschaffen. Da spielte nicht immer die Frage nach dem Alter einer Person eine maßgebliche Rolle, allein die nicht als genehm angesehenen Worte genügten schon in den meisten Fällen, um für eine ganze Familie unangenehmen Zeiten anbrechen zu lassen.

Ein Großteil der maßgeblich tonangebenden Personen in den Verwaltungstuben war mit einer übergroßen Portion an Arroganz und Überheblichkeit ausgestattet, daher war der Umgangston auch entsprechend, sie ließen Einem, besonders als Bittsteller nie das Gefühl loswerden das man eigentlich für sie nur lästig und nicht gern gesehen war.

Man wurde unwillkürlich schon in den jüngsten Jahren darauf getrimmt, keinem anderen Menschen zutrauen, denn dieser könnte mit den kindlichen unbedachten Äußerungen doch der ganzen Familie ernsthaft schaden. Man konnte eben nur von einen auf den anderen Moment mit den allgemeinen Unzulänglichkeiten leben und dem Misstrauen von Anderen keinen Anlass zu geben. Weniger darüber nach zu denken war eigentlich stets mehr angesagt als darauf zu reagieren, um dann aber etwas später festzustellen das es anders gemacht vielleicht doch besser gewesen wäre.

Wie man es auch drehte und wendete es war besonders auch für unsere Mutter damals wirklich keine leichte und angenehme Zeit. Denn als geschiedene, gutaussehende mittelblonde junge Frau mit knapp dreißig Jahren mit zwei kleinen Kindern, das war in der damaligen Zeit und Öffentlichkeit schon ein gewaltiger Makel, dass sie unentwegt auch durch entsprechende Anzüglichkeiten und auch Nachstellungen zu spüren bekam.

Deshalb war es fast immer ein Familienausflug, wenn etwas in der Öffentlichkeit zutun und erledigen war, denn in unserer Begleitung waren die betreffenden Herrschaften doch etwas geziemter. Die Prägungen jeder Art die man in den ersten Kinderjahren erfährt, werden einen bewusst oder vielleicht auch unbewusst in späteren Jahren bei Entscheidungen und Handlungen ein Leben lang zu einem nicht unerheblichen Teil doch sehr stark beeinflussen.

Durch die frühe Scheidung seiner Eltern hatte er seinen Vater erst während der Evakuierung mit knapp sechs Jahren, bei der Widerheirat seiner Eltern nur für ein paar Tage das erste Mal in seinem Leben bewusst gesehen.

Da einem ja auch schon von klein auf, der Vater als positives oder wenn man so will auch mal negatives Vorbild fehlt und auch sonst keine Kontinuität im gesamten Lebensumfeld über Jahre hinweg zu finden war, es fehlten zudem nicht nur in dem persönlichen gesamten privaten Umfeld, sondern zum größten Teil in der Öffentlichkeit überhaupt, ja auch die männlichen Personen im Alter zwischen achtzehn bis über vierzig Jahren fast komplett, als Vorbild oder auch als normales Anschauungsobjekt als Vergleich.

Woher sollen denn dann für das spätere Leben denn die so wichtigen prägenden und vor allem positiven Einflüsse kommen, denn der ganz natürliche Nachahmungseffekt war über viele Jahre eben nicht vorhanden.

Ob nun als positiver oder auch negativer Zeitgenosse, existierten eben erwachsene Männer fast nur in irgendwelchen Uniformen, ob nun von der Wehrmacht oder den berühmt berüchtigten dunkel gekleideten Gruppierungen. Daher konnte ja auch kaum eine Erfahrung oder natürliche Reflektion im normalen Leben stattfinden, somit war auch kein großer Anreiz für irgendwelche Nachahmungen bei vielen Tätigkeiten gegeben.

Männer diverser Altersgruppen kannte man ja fast nur in den verschiedenen Verwaltungspositionen oder in irgendwelchen Uniformen. Und damit verbunden mit einem unpersönlichen und nicht gerade freundlichen Umgangston, diesen Menschen ging man dann schon automatisch soweit es möglich war gleich aus dem Wege.

Insgeheim wurden Personen ja nur in Uniform und in einer mehr oder weniger wichtigen Position als vollwertig angesehen, entsprechend war eben auch die Akzeptierung zwischen den Menschen allgemein.

Es galt daher im Allgemeinen doch nur die ganz einfache Formel, die da Oben und die da Unten, dazwischen gab es fast keine nennenswerte Basis bis auf ganz wenige seltene Ausnahmen. Da man ja fast nur noch ältere oder gebrechliche Männer im Alltagsgeschehen, wenn überhaupt zu sehen bekam, hatte man das Gefühl das dieses dann doch wieder ganz normal war.

Wenn man bedenkt das statistisch auch nach dem Krieg noch auf einen Mann rund fünf Frauen im mittleren Alter kamen, kann man sich das alltägliche Bild in Stadt und Land im gesamten Umfeld als recht gestört ansehen. Dadurch fehlte aber auch der indirekte Impuls des Nacheiferns im täglichen Leben und das machte sich besonders später auch in den Berufswünschen bemerkbar.

Da ja viele Jahre auch der Anschauungsunterricht vieler männlicher Berufstätigkeiten in der Realität gefehlt hatten. Zudem wurden über lange Zeiten ja auch unzählige Betriebe und Handwerksbetriebe nur noch behelfsmäßig mehr recht als schlecht von Frauen weitergeführt, somit fehlte auch hier auf lange Zeit die männliche berufliche vorbildliche Basis.

Fast paradox mutet es heute einen dann doch an, wenn man bedenkt, dass bis in die siebziger Jahre eine Frau um arbeiten zu dürfen eine Genehmigung von ihrem Mann benötigte, aber damals in dieser Zeit doch schon als selbstverständlich galt, dass eine Frau einen Mann in Geschäft und Arbeit völlig ersetzen kann und auch musste.

Wenn das Alles aber als vorbildliche Basis eine lange Zeit gar nicht existent ist und zudem das entsprechende Spielzeug auch nicht vorhanden war. So fehlt somit auch der Grundstoff für das kindliche Träumen, der Nachahmerei und der kindlichen Vorbildung auch auf und in späteren Zeiten.

Wenn bei Kindern zu allen Zeiten schon von klein auf feststeht und auch heute noch der Wunsch zu einem Beruf wie Lokführer oder Feuerwehrmann oder zu einem anderen technischen Beruf, geschieht das ja meist doch durch das Sehen, Erleben und auch eben durch die sie umgebenden Vorbildern.

Auch aus der kindlichen Phantasie und Träumerei wird meist der Berufswunsch durch entsprechendes Spielzeug schon von klein auf maßgeblich unterstützt. Aber eben vermehrt durch ein Vorbild in persönlicher Nähe, wird auch durch das Spielen mit einem entsprechenden Spielzeug ein späterer Berufswunsch noch verstärkt. Doch auch Träume und Vorstellungen brauchen eben auch reale Vorgaben, sonst zerplatzen sie auch sehr schnell wie ein Luftballon oder verlaufen sich in Utopien.

Sie wurde in den meisten Fällen durch gesteigerte Aktivitäten oder so genanntes altkluges Verhalten unbewusst versucht zu kompensieren, nicht selten musste ein kleiner Knirps mit seinen begrenzten Möglichkeiten zwangsläufig aber dann doch auch einen erwachsenen Mann ersetzen.

Wenn über viele Jahre hinweg nur ein weibliches Vorbild zur Verfügung steht, tut man sich sehr schwer in den späteren jugendlichen Jahren dann die unbekannte andere Seite zu erlernen. Was dann nicht immer gelingt, oder auch einige unerklärliche Probleme mit sich bringen kann.

Dieser fehlende indirekte Einfluss auf das normale kindliche Verhalten und der Bildung einer eigenen Persönlichkeit lässt sich nur sehr schwer ersetzen oder später auch nicht wirklich nachholen.

Irgendwie und wo fehlte, nicht nur gefühlsmäßig doch immer etwas, genau erklären und beschreiben konnte und kann man das imaginäre Etwas eben dann auch nicht so recht. Da man ja genau genommen gar nicht wusste was einem fehlte oder man vielleicht auch vermisste, aber das Gefühl das etwas fehlt war wiederum massiv vorhanden.

Vielleicht auch darum, weil man eigentlich im Umkehrschluss immer wieder sagen konnte, was man nicht kennt kann man eigentlich auch nicht vermissen, viel zu oft war man in einem verzwickten Zwiespalt. Allgemein wurde man dann ganz gern als sogenannter Spätentwickler bezeichnet, obwohl man ja nicht anders als andere war.

Zusätzlich kommen und kamen zu den mehrfachen, meistens Zwangsweisen Wohn und Ortswechsel, mit allen ihren bedingten erzwungenen Umgewöhnungen und auch Neuanfängen, wie insgesamt die Volksschulneuanfängen in sechs verschieden Landstrichen und Ortsteilen.

Hinzu kamen dann ja auch noch die zusätzlichen wirtschaftlichen Schwierigkeiten und Entbehrungen einer Kriegs und der direkten Nachkriegszeit.

Wie sollte man denn etwas nacheifern, wenn man es noch gar nicht erlebt und gesehen hat, denn selbst in der Tierwelt basiert ja auch das ganze Leben auf der Nachahmung des Tuns und Verhalten vom älteren Sippschaft Angehörigen.

In der späteren Betrachtung der vielen Arbeits- und Lebensjahre hat sich gezeigt, dass es sich schon sehr früh abgezeichnet hatte, dass ein wie auch immer gearteter Wechsel für Harry doch ein ganz normaler stellenweise fast schon willkommener Vorgang war.

Denn das hatte er ja schon von klein auf gelernt, wenn man viele Eisen im Feuer hat, kommt bestimmt an einer Stelle etwas Brauchbares heraus, wenn nicht hier dann eben wo anders.

Auch wenn wir über eine sehr lange Zeit nicht gerade mit Überfluss und Reichtümern gesegnet waren, achtete meine Mutter doch schon fast übersteigert darauf, dass unser Niveau in unserem Leben niemals an den unteren Rand gelangte.

Sogenannter Straßenjargon war bei ihr äußerst verpönt, es gab so manchen Klaps, wenn man unbedacht etwas von der Straße an Aussprache in ihrem Beisein verlauten ließ.

Sauberkeit und Ordnung in Sprache und Garderobe, sagte sie immer wieder, hat mit Reichtum nichts zu tun, nur wie man sich der Welt präsentiert wird man auch beachtet. Ihr konstanter Spruch lautete stets:

Wie Du kommst gegangen,
So wirst du auch empfangen!

Dieser prägnante Sinnspruch hat mich daher mein Leben lang begleitet, was mir später auch wiederum Gelegentlich sogar zu Gute kam.

Kleiner Mann in großer Stadt.

Schon vor der katastrophalen Bombennacht auf unsere Heimatstadt war Klein Harry schon recht rege, still sitzen war bei ihm eine wahre Seltenheit, mit reichlicher Aufgewecktheit und voller Neugier, gepaart und mit einer gewissen Menge an kindlich kreativen Ideen, das wurde ihm schon in seinen jüngsten Jahren von seiner Verwandtschaft bescheinigt.

Er hatte eben auch immer seinen eigenen, nicht etwa einen starrsinnigen Kopf, aber eben seinen Eigenen, denn irgendetwas Neues oder für Ihn Wichtiges fiel ihm immer wieder auf und ein. Alles ausprobieren und dabei auch ein wenig den Hintergrund herausfinden war für ihn stets angesagt, daran hinderten auch niemals irgendwelche wohl gemeinten Ermahnungen.

Man kann ja im Prinzip noch so Jung und Klein sein, es gibt Momente die bleiben wie eingebrannt einfach in der Erinnerung, auch wenn es nur Bruchstücke vergangener Momente sind. Viele einzelne Kurzeindrücke bekamen aber auch erst durch das spätere reden darüber seinen eigentlichen Sinn und ein Gesicht, beginnen wir also mit den Erinnerungen von Anfang an.

Unvergesslich für mich war mein erster Versuch, meiner Mutter einen Kuchen zu backen in Erinnerung geblieben, ich mischte alles was ich erreichen konnte in einer Schüssel zusammen, was dann zwar eine furchtbar klebrige Masse ergab, aber eine Geschmacksprobe mir gar nicht bekommen wollte, es hat mich kräftig geschüttelt, mir wurde regelrecht schlecht davon, die einzelnen Zutaten konnte ich später meiner Mutter nicht erklären, doch sie konnte sich an den danach fehlenden Dingen orientieren.

Ich habe später dann endlos geweint, aber nicht, weil ich kräftig ausgeschimpft wurde, da ich ja auf einmal, einiges von den mageren geringen Vorräten unnütz verschwendet hatte, sondern weil mir trotz großem Bemühen mein Liebesbeweis zu meiner Mutter nicht gelungen war.

So wurde auch noch viele Jahre später davon berichtet, dass ich in einem unbewachten Moment meiner Aufsicht, einer schon etwas älteren Hausmitbewohnerin, während meine Mutter ja arbeiten musste, ausgebüchst war.

Ich bin mitten am helllichten Tage mit meiner neuen kleinen Holzspielschubkarre, ein selbst gemachtes Geschenk von meinem Großvater von mütterlicher Seite, auf der Straße spielen gegangen. Das aber, wie selbstverständlich mitten auf einer viel befahrenen Einbahnstraße aus der großen quirligen Stadtmitte heraus.

Denn einen Spielplatz gab es in direkter Umgebung leider nicht, ich spielte also nur knapp vier Häuser weit entfernt von unserer Wohnung auf einer stark frequentierten Straße, direkt mitten darauf, besser gesagt in der Straßenbahnschiene, eben einer viel und lebhaft befahrenen Einbahnstraße.

Diese war eine der Hauptverkehrsadern von unserer Heimatstadt, eben eine Einbahnstraße aus der direkten Innenstadt heraus. Parallel zur großen Aue Straße neben der Wupper und der Schwebebahn in Ost-Westlicher Richtung.

Dort habe ich, gänzlich und total Welt verloren und Selig mitten auf der viel befahrenen Straße, eben nur ein wenig Straßenbahn gespielt, natürlich fernab von irgendwelchen Schuld oder Angstgefühlen.

Doch mein unbedachter tiefer Eingriff in das pulsierende Verkehrsgeschehen war dann wohl doch von größerem Ausmaß. Das aufgeregte Hupen und auch schimpfen einiger Verkehrsteilnehmer auf meine gar nicht anwesende Erziehungsberechtigte, habe ich in meiner spielerischen Glückseligkeit dabei ganz und gar nicht wahrgenommen.

Das von mir verursachte Chaos mit hupenden und schimpfenden Verkehrsteilnehmern hat mich aber in keiner Weise gestört oder beeindruckt, denn ich war von meinem kindlichen seligen Glücksgefühl und Spiel der normalen Welt total entrückt.

Mein nicht gerade ungefährliches kindliches Tun brachte mir dann aber anschließend wiederum einen unvergessenen und auch längeren Aufenthalt auf der Polizeihauptwache in der Stadtmitte im Rathaus ein.

Die von irgendjemanden, einem wahrscheinlich besorgten Anwohner gerufenen Beamten hatten mich sofort von der Straße geholt und da sie aber im Moment nicht heraus finden konnten, da wir noch nicht lange dort wohnten, wo ich denn nun hingehörte nahmen sie mich dann mit ihrem Dienstwagen mit auf Ihre Wache in der Stadtmitte. Dort haben sie mich erstmal bestens beschäftigt und auch betreut, zum Beispiel mit kleinen Leckereien, Kakao und Keksen und natürlich auch mit vielen neuen und für mich hoch interessanten Eindrücken.

Es brauchte dann ja eben auch eine geraume Zeit bis die Beamten mit viel Mühe meinen Namen sowie unsere Adresse und meine Mutter in ihrer Arbeitsstätte, die ganz in der Nähe der Polizeiwache lag, ausfindig machen konnten.

Und zudem, sind wir doch mal ehrlich, gibt es etwas Größeres und Schöneres für einen kleinen Jungen, als mit einem Polizeiauto mitfahren zu dürfen, aus welchem Grunde auch immer.

Ob nun mit Blaulicht und Martinshorn oder ohne, obwohl wenn die Beamten beides eingeschaltet hätten, wäre wohl meine Freude an der Fahrt zum Revier noch ins unermessliche gestiegen. Das ich dort irgendwie störend sein sollte, die Beamten waren für mich doch ungewohnt freundlich, das kam mir überhaupt nicht in den Sinn, obwohl mir das meine Mutter später immer wieder vergeblich einzureden versuchte.

Mir hat das natürlich auch überaus gut gefallen, so dass ich diese Wache mit den netten und freundlichen Leuten auch noch später einige male als kleiner Besucher gerne aufgesucht habe, in der stillen Hoffnung nochmals mit dem Polizeiauto mitfahren zu dürfen.

Sobald ich auch nur in den näheren Bereich des Rathauses kam war ich kaum noch davon abzubringen einen Besuch bei meinen uniformierten Freunden abzustatten. Meine Mutter hatte dann stets die größte Mühe mich von einem Besuch in der Polizeiwache abzuhalten, was aber auch nicht so ganz einfach war, da ja der tägliche Markt auf dem Platz und das große Zentrale Kaufhaus direkt gegenüber vor dem Rathaus war.

Das Ganze hat meiner Mutter, die ja auch in direkter Nähe in einem Hut und Schirmgeschäft, in ihrem früheren Lehrbetrieb arbeitete, einen riesigen Schrecken eingebracht und ihr ganz und gar nicht gefallen wollen. Ihr Schimpfen habe ich aber anscheinend dabei einfach überhört, auf dem Ohr war ich dann wohl taub. Ich setzte dann meinen treuesten Dackelblick auf, denn ich hatte ja gewiss und nach meiner Meinung auch überhaupt nichts Schlimmes gemacht.

Woher sollte ich denn nun ein schlechtes Gewissen haben, außerdem war es aber doch auch viel zu interessant und aufregend bei den Beamten. Bei den netten Onkeln in Ihren Uniformen und vor allem, diesem für mich rätselhaften großen dunklen Kasten aus dem ab und zu eine Stimme erklang, ging ein unbeschreiblicher Reiz für mich aus.

Aber ganz anders als ich das von einem Radio, einem kleinen alten Volksempfänger, einem dunklen braunschwarzen Bakelit Kasten meiner Großeltern her kannte, denn hier auf der Wache hörte man ja nur eine Stimme und keine Musik.

So manche Technik, wie die heutige Elektronik war zur der Zeit damals ja noch gar nicht erfunden, aktuell oder aber auch noch in den besagten Kinderschuhen und auch noch nicht so allgemein bekannt, selbst eine Telefonanlage musste noch manuell komplett von Hand mit den unzähligen Steckern bedient werden.

Der Funk war damals ja auch noch lange nicht so ausgereift wie Heute und benötigte schon noch beachtlich umfangreiche große unhandliche Geräte und war somit auch in einem separaten Raum untergebracht, dieser Funkraum war daher für mich somit wohl der Rätselhafteste und interessanteste Bereich der großen Polizeiwache. Es zeigte sich indirekt damals schon, dass ich mich für alles Technische begeistern konnte, ich wollte eigentlich alles ganz genau wissen und ergründen ich habe den Beamten bestimmt mehr als ein Loch in den Bauch gefragt.

Diese doch recht umfangreiche und damals nicht alltägliche technische Sache hat mich somit am meisten interessiert denn ich wollte zudem ja unbedingt auch den Mann in dem recht großen Schrankähnlichen, dunklen Kasten einmal sehen.

Das da nicht ein kleinerer Mann, wie ich ihn mir vorstellte drin sein sollte, war für mich unverständlich, ich wollte einfach nicht akzeptieren das ich den, den ich doch deutlich hören kann, einfach nicht für mich zu sehen sein soll.

Wahrscheinlich habe ich die Beamten damit ganz schön genervt, auch wenn sie meine kindliche Ansicht über den unsichtbaren Mann in dem dunklen großen Kasten recht belustigend fanden.

Ein ganz normaler Bürger machte bewusst um eine Polizeistation aus den damals verständlichen Gründen einen deutlichen großen Bogen, damit wollte man, wenn eben möglich soweit es eben ging nichts zu tun haben.

Ich fühlte mich, da ich in meinem kindlichen Gemüt diese Gedanken ja nicht hatte, dagegen jedes Mal bei meinen Besuchen wie auf einem heutigen Abenteuerspielplatz eben im siebten Himmel, die Ablehnung und die Aufregung meiner Mutter war für mich daher irgendwie überhaupt nicht verständlich.

Doch man musste meine Mutter auch verstehen, wenn mit etwas Zeitabstand die Situation bedenken, denn zur damaligen Zeit wurde man schon etwas komisch von der Seite angesehen, wenn man aus einer Polizei Dienststelle kam, freiwillig geht doch keiner dort hin, da muss man schon etwas anrüchiges angestellt haben, so war eben damals die allgemeine Auffassung und Ansicht der Leute.

Es erfolgten dann im Allgemeinen sogleich irgendwelche Vermutungen, die natürlich auch gleich, ohne einen echten Wahrheitsgehalt weitererzählt werden mussten, die Grundmeinung stand ja gleich fest, freiwillig ging man dort eigentlich nicht rein.

Mit Klatsch und boshaften Äußerungen bis hin zur Denunziation war man damals schnell dabei, in dieser Beziehung war auch unsere Stadt eher ein kleines Dorf, wo vermeintlich jeder über den Anderen mehr wusste, als über sich selbst.

Besonders wenn man dann noch als junge unschuldig geschiedene Frau mit zwei kleinen Kindern aus einer Polizeiwache kam. Diese Bedenken und Unannehmlichkeiten für meine Mutter waren mir verständlicher Weise noch nicht bekannt und auch noch nicht in keiner Weise bewusst. Daher waren mir ihre Einstellung und ihre Abneigung doch total unverständlich, was hatte sie eigentlich nur, es war doch alles ganz toll und aufregend hier.

Zudem, wo gab es denn schon Kekse und Kakao, das bekam ja eben nicht Jeder und auch nicht zu Hause erst recht nicht überall, alleine aus diesem Grunde hatte diese Polizeihauptwache für mich eine ungeheure magische Anziehungskraft. Auch war die Freundlichkeit der Männer in der Wache für mich und mein Gemüt etwas Besonderes da ich ja schon eine ganze Weile ohne einen väterlichen Hausmitbewohner auskommen musste.

Da meine Eltern zu der Zeit ja längst schon geschieden waren und dieses eigentlich für mich keine Bedeutung hatte, gab es für mich daher auch überhaupt keinen sichtbaren Grund zu irgendwelchen und unnötigen Gedanken, es zählten für mich eben nur der Moment und der Erlebniswert des momentanen Geschehens und unsere kleine bis dahin drei Personen zählende Familie.

Überliefertes und Kontinuität hatte man ja kaum kennen gelernt, es zählte eigentlich zu jeder Zeit mit neuen Begebenheiten zurecht zu kommen, und es hat dann auch viele Jahre gebraucht um das Gefühl der Entwurzelung wieder los zu werden, um irgendwann auch nur ein wenig Konstantes in sein Leben zubringen.

Er hatte im gesamten gesehen, ein Leben fast so bunt wie ein Kaleidoskop in vielen Farben und mit vielen Bruchstücken bis dahin schon erlebt und noch vor sich, kaum einen Moment konnte man mit dem davor oder auch danach als gleich ansehen.

Auch wenn man als noch ganz junger Mensch aus einer gewohnten städtischen Umgebung in eine doch recht tiefe ländliche Gegend plötzlich verfrachtet wird. In der wir uns dann über viele Monate aufhalten mussten, weil eine gewünschte Wohnortveränderung vom Amt her genehmigt werden musste, aber so gut wie nicht umsetzbar war.

Denn insgeheim waren die Evakuierten auf dem Land ja auch ein Ersatz für die Männer an der Front, da selbst die schwerste Landarbeit damals überwiegend von Frauen gemacht werden musste. Somit wurde, jede Anfrage und entsprechendes Gesuch wieder den Ort auf Dauer zu verlassen schon im Kern ohne eine belastbare handfeste Begründung abgelehnt, lakonisch hieß es, dass in unserer Heimatstadt anscheinend noch keine wieder funktionierende Infrastruktur vorzufinden sei.

Doch der normale Alltag war in diesem Dorf auch nicht auf längere Zeit denkbar und möglich. So kam es auch, dass unser über lange Zeit gehegter Wunsch unbedingt wieder nach Wuppertal irgendwann zukommen mit der Zeit als ein nicht veränderbarer Faktor wurde.

Egal wie und wann, Hauptsache, dass wir es wieder dorthin schaffen werden, war die eigentliche oberste Prämisse, natürlich war dieses Vorhaben mit vielen unglaublichen Begebenheiten und Schwierigkeiten bestückt.

Kurzer Blick in eine lange Familienchronik

Geboren wurde Harry im Juni 1938 nicht lange vor dem eigentlichen Kriegsbeginn, in der Landesfrauenklinik Wuppertal, als zweiter Sohn von seinen Eltern. In einer Stadt in der der Volksmund scherzhaft sagt, dass man hier mit einem Regenmantel und Schirm zur Welt kommt.

Man taufte mich dann auf einen Knabennamen, eigentlich war ich ja als Tochter Hannelore geplant und gewünscht, was mir meine Mutter viel später einmal gestand, dass tat aber der Zuneigung meiner Mutter zu mir keinen Abbruch.

Bis zur Scheidung meiner Eltern wohnten wir eine ganze Weile in einer Wohnung in einem der zwei großen familieneigenen Mehrfamilienhäuser, von meiner väterlichen Seite her.

Das lag auf entgegen gesetzter Seite zur direkten Stadtmitte vom darauffolgenden späteren Wohnsitz, der Stelle des eben beschriebenen Vorkommnisses und des Stadtkerns in Richtung des Städtischen Krankenhauses zum Nachbarortsteil Barmen hin.

Das Haus in dem wir eine Zeit lang gewohnt haben, stand direkt neben dem Aufstiegsweg, zu der hinter den Häusern gelegenen Hardthöhe, die allgemein als ein kleines innerstädtisches Erholungsgelände betrachtet wurde.

Einem kleinen Hügel eben als stadtnaher Erholungspark Anlage und der gegenüber liegenden großen Autozubehörfirma, direkt gegenüber, nur durch die schmale Straße getrennt wurde.

Diese Firma Happich stellte damals eigentlich Chromteile für Autos wie Radkappen, Stoßstangen, Zierleisten und sonstiges dergleichen mehr her. Außerdem waren die unzähligen Webereien im Tal der Wupper ein gern gesuchtes Ziel bei den Fliegerangriffen. Die allesamt in den Kriegszeiten sehr wahrscheinlich auch einiges an Wehrmachtsbedarf herstellten, solche Adressen wurden später dann im Krieg bei den meist nächtlichen Bombenangriffen ja auch daher verstärkt heimgesucht.

Deshalb wurde wohl auch dieser Bereich des Stadtteils besonders mit diversen späteren mächtigen Bombardierungen bedacht, wie auch andere stadtweit verteilte wichtige Versorgungsbetriebe und Wehrmacht Zulieferer.

Denn in der doch recht engen Talsohle an der Wupper entlang haben sich im Laufe von Hunderten Jahren die meisten Metall oder Textilien Firmen angesiedelt, weil die Wupper damals als Energie und Kraftquelle gern genutzt wurde.

Mein Familienname lässt sich namentlich belegt bis vor 1565 zurück bis zum Gründer der Sippschaft, speziell im Bereich Lüdenscheid im Bergischen Land verfolgen, der Ursprung des Namens geht aber auf die Jahre von 1560 – 1570 zurück.

Damals sprach man sich eigentlich ja nur besonders auf dem Land mit Vornamen an, unser Nachname hatte sich, damals praktisch dann als Neckname für den Niederlassungsort, einer nassen Aue mit kleinem Bachlauf und wildem Kleebewuchs, der aber bevorzugt von einer großen Hasenpopulation besucht wurde, war das von der Gemeinde gekaufte Gelände des Urvaters, hier entwickelte er die spezielle bis dahin hier zu Lande unbekannte Handhabung von seinem Mühlensystem und es wurde irgendwann dann auch amtlich Dokumentiert.

Meine direkten Vorfahren von väterlicher Seite her führten einige Generationen lang in der Stadt und an dieser Straße, dem „Neuen Teich" eben viele Jahre erfolgreich eine Metzgerei. In der Familie und Sippschaft gab es schon einige Generationen lang in und um der großen Kreisstadt seit 1775 Viehhandel und etwas später auch Metzgereien im Bergischen Land.

Die meisten einschlägigen Daten wurden damals zum größten Teil schon bei der zwangsweisen Erfassung des arischen Herkunftsnachweises, eben auch für meinen Vater bei oder vor seiner Wehrmachtszeit erhoben. Denn ohne diesen, zu der Zeit so wichtigen Nachweis, war es damals noch nicht möglich, überhaupt ein freiwilliges Mitglied einer staatlichen oder Halbstaatlichen Organisationen zu werden.

Harry sollte viel später dann auch der Nächste in dieser langen Metzger Generationen Reihe und wie sich später erst heraus stellte, leider auch der letzte Nachkomme sein der die lange Familientradition weiter führen wollte und dann doch auch beendete nach einer damals fast schon zweihundert jährigen Familien Tradition.

Denn die damaligen widrigen Umstände meiner Lehrzeit ließen dieses Vorhaben irgendwann völlig scheitern und dass zu dem in einer Zeit wo man eigentlich schon froh sein musste, dass man überhaupt eine Lehrstelle fand und bekam.

Denn es waren Ende der vierziger, Anfang der fünfziger Jahre ja noch lange nicht alle Männer wieder aus dem Krieg und der Gefangenschaft zu Hause und in manchem Betrieb fehlte dann auch der männliche Teil einer Belegschaft gänzlich, da es keine Angaben zu dem Verbleib einer Person gab.

Nach mir wurde der Metzgerberuf, vor allem in Selbstständiger Art in meiner direkten Familienlinie meiner Kenntnis nach, nicht mehr weitergeführt.

Das Berufsbild des Metzgers unterschied sich ja schon seit langer Zeit in verschiedene Bezeichnungen der einzelnen Tätigkeiten und Sparten. In den Viehhandel, dem Schlachter, dem Fleischer und dem Metzger, allgemein in manchen Landstrichen auch Selcher genannt oder auch als Metzger als ein Sammelbegriff der die verschiedenen Bereiche dann mehr oder weniger komplett abdeckte.

Viele Bereiche dieser Fleischer Berufsparten die aber alle auch übergreifend waren, hat man Landestypisch ganz früher in den Grundbegriffen gänzlich doch noch strenger und spezieller unterschieden.

Die Ur Ur und Urgroßeltern führten Jahrzehnte an dieser Straße nicht nur eine Metzgerei, sondern später viele Jahre eben auch einen Viehhandel und eine Großschlachterei, wann und warum diese Betriebe geschlossen wurden, ist mir aber auch später noch unbekannt geblieben.

Einer der direkten Vorfahren, der Ururgroßvater war nämlich einer der Mitbegründer dieser Schlacht und Viehhofanlage des allgemeinen Schlachthofes, man konnte unsere Familie, die Sippschaft väterlicherseits als wohl angesehen und gut situiert bezeichnen. In jener Zeit damals war es selbst verständlich das die männlichen Kinder, besonders die Erstgeborenen in den Handwerkerfamilien vor allem bei den gehobenen Familien den Beruf der Väter ergriffen haben und nicht ein Studium oder eine andere Ausbildung begannen.

Viel wichtiger war es, dass die Tradition gewahrt wurde, dass der Familienbetrieb gut funktionierte und weitergeführt wurde und somit der Bestand in den Familien auch weiterhin auf lange Zeit gewährleistet war, was ja auch als eine gewisse Altersversorgung der Senioren der Familie diente.

Mein Vater, als einziger Sohn von drei Kindern, zudem auch noch das Nesthäkchen der Familie, wurde somit wie selbstverständlich damals auch Metzger. Ob er das auch selbst so gewollt hatte war damals eigentlich keine direkte Frage, er war damals aber wohl auch ein wenig bevorzugt aufgewachsen und auch über lange Zeit als Sonnyboy in der Stadt bekannt.

Er hatte als einziger der Kinder ein eigenes Reitpferd, ein Reitpferd war damals so in etwa das, was heutzutage ein Porschecabrio oder dergleichen darstellt und natürlich auch mit diversen Privilegien versehen. Dementsprechend war er auch bekannt in den entsprechenden gehobenen Kreisen.

Er muss wohl mehr Energie und Zeit in seine jeweiligen Hobbys und Interessen investiert haben als meinem Großvater auf Dauer recht war, da seine Anwesenheit im Geschäft doch anscheinend als recht lückenhaft zu bezeichnen war, wie etwas später von seinen beiden Schwestern einmal zu der damaligen Familiensituation geäußert wurde.

Der mittlerweile kränkliche Großvater wollte anscheinend die gelegentlichen Eskapaden seines Sohnes, meines späteren Vaters auf Dauer so nicht weiter bedenkenlos dulden und dafür aufkommen, der dass, damals eigentlich aber wohl als selbstverständlich ansah und sich anscheinend keine größeren Gedanken darüber gemacht hatte.

Da sein Sohn, also mein Vater auch keine ernsthaften Anstalten machte den Betrieb zu übernehmen, legte er ihm daher eines Tages wohl nahe, dass mein Vater so nicht weiter machen kann und langsam etwas mehr Verantwortung an den Tag legen solle. Da er ja zudem auch im Begriff war eine eigene Familie zu gründen, zudem galt ja noch der alte Ehrenkodex, wenn in einer Beziehung sich Nachwuchs ankündigte wurde und musste geheiratet werden.

Mein Großvater hatte sein Geschäft inzwischen geschlossen da er mittlerweile gesundheitlich doch stark angeschlagen war und mit der Führung eines solchen Geschäftes auf Dauer einfach überfordert war. Ich habe meine Großeltern Väterlicherseits eigentlich nie persönlich und bewusst kennen gelernt, außer einer Großtante und der jüngeren der beiden Schwestern meines Vaters eben keinen engeren Verwandten aus dieser Familienrichtung.

Mein Vater hatte sich inzwischen auch den in Mode gekommenen örtlichen SA Gruppierungen freiwillig angeschlossen, außerdem frönte er unter anderem dann auch dem aktiven Boxsport. Er war eine Zeitlang sogar im Boxsport ein aktueller Sparringspartner von dem späteren erfolgreichen Olympioniken Herbert Runge.

Irgendwann musste mein Vater auch seinen Lebensunterhalt selber erwirtschaften daher kam es wahrscheinlich auch, dass sich der Vater von Harry am Schlachthof eine Zeitlang als Kopfschlächter verdingt hatte, bevor er zum Heer einrücken musste.

Mein Vater war zuvor damals auch befreundet mit dem Junior einer Familie bei der meine Mutter vorübergehend als Hausmädchen arbeitete, bevor sie Ihre Lehrstelle als Putzmacherin und Schirmnäherin antreten konnte.

Bei dieser Familie haben sie, meine Eltern sich dann irgendwann wohl auch kennen gelernt, was dann wohl im Jahre 1935 auch zur ersten Heirat und der Geburt meines Bruders führte. Es war eben eine sogenannte Mussverbindung, der aber anscheinend keine lange Dauer beschieden war, es folgte schon bald die Scheidung, es verblieb dabei ein schon beachtlicher gewaltiger Scherbenhaufen, der einzige Familienkontakt war danach nur noch mit seiner jüngsten Schwester.

Auch von den Häusern, die schon vorher, nach dem Tod von meinem Opa und Kriegsbedingt als Erbteile auf die Kinder aufgeteilt worden waren, blieb später leider auch nicht mehr viel erhalten. Als einige ausgebrannte riesige nutz und namenlose Trümmer, aufgehäuft zu Füßen der Hardthöhe direkt an der kleinen steilen Zugangsstraße zu dieser kleinen Anhöhe.

Die gesamten rechtseitigen Grundstücke auf der gesamten Straßenlänge der Straße von der Innenstadt aus gesehen blieben dann noch recht lange Zeit zum größten Teil unbebaut als stille Zeugen von einer früheren intakten Geschäftigkeit und Wohnkultur galten. Die wenigsten verbliebenen Grundstücke sind auch später wieder bebaut worden.

Weil die Stadt auch die Gelegenheit wahrnehmen wollte, da nun kaum noch ein Haus im Wege stand, die etwas schmale Straße großzügig zu verbreitern und zudem auch bei uns das nötige Kapital zum neuen Aufbauen fehlte.

Eigentlich waren die damals abgeworfenen Bomben, kurz vor und direkt nach der Stadtmitte und etwas abseits der Wupper wahrscheinlich ja auch mehr unserer direkt benachbarten Metallwarenfabrik zugedacht gewesen.

Die zum Teil über sechshundert schweren Bomber die in mehreren Wellen wie ein wilder Mückenschwarm am Himmel, meist aber zur Abendzeit auftauchten und über die anvisierten Ortsbereiche ihre verheerende Hundertfache Bombenfracht abgeworfen haben.

Der ganze Bereich vor, neben und nach der besagten Fabrik ist dem Erdboden gleich gemacht worden, doch diese nur eine Straßenbreite daneben liegende Fabrik selbst hat damals den geringsten Schaden abbekommen.

Auf einer Straßenlänge von rund zwei Kilometer Länge waren es, keine Handvoll Wohnhäuser mehr, die nach den massiven Angriffen noch standen.

Wenn die Ruinenreste und Müllhalden nicht gewesen wären, hätte man ungestört schon lange vorher etwaigen Besuch, wie auf dem friesischen flachen Land, sehen können, denn auf mehrere Hundert Meter stand so gut wie kein einziges auch nur Teilweise brauchbares Gebäude mehr.

Der Krieg hatte unsere Stadt erreicht.

Der eigentliche Krieg fand für die normale Bevölkerung ja schon seit vielen Monaten in irgendeinem fernen Land statt, das ganze Geschehen war eben sehr weit weg, genaueres an Information kam vielleicht einmal mit der Post der Landser ins bürgerliche Haus.

Doch seit einigen Wochen rückte dieses grausige Geschehen täglich immer näher, zuerst wurde die große Unruhe im Himmelsraum noch bestaunt, doch spätestens als die ersten Bomben fielen war man mitten im feindlichen Geschehen.

Viele Nachrichten von verheerenden Zerstörungen einiger Industrie Gebiete im Rheinland und Ruhrgebiet zum Beginn der vierziger Jahre waren schon seit einigen Tagen täglich an allen Orten zuhören, doch das wirkliche Ausmaß konnte man erst nach eigenem Erleben richtig bewerten.

Doch man brachte diesen meist unvollständigen Meldungen noch nicht unbedingt großes Interesse entgegen, weil solche Meldungen immer mit den damals üblichen Heroischen Phrasen versehen waren, wo ständig vom Endsieg geprahlt und gefaselt wurde, man wusste nie so genau was dann Propaganda oder auch verklausulierte Warnmeldungen waren.

In der falschen Hoffnung, dass es uns erspart bleiben möge, da wir im Allgemeinen unsere Industrie mit ihren Ansiedlungen nicht als so Kriegswichtig angesehen hatten, denn die normale Bevölkerung war sich der Gefährlichkeit und dem ganzen Umfang der militärischen Produktion in ihrer direkten Nähe gar nicht bewusst.

Die Hoffnung und der Traum militärisch für den Feind nicht so interessant zu sein, war dann aber schnell und gründlich geplatzt, als die erste Welle der Bombenflieger direkt über die Talsohle flogen und auch vereinzelte Bomben abwarfen, somit dann doch einen plötzlichen tiefen Eingriff in das alltägliche Leben darstellte, man war diesen Angriffen total ungeschützt ausgeliefert, da so gut wie gar keine Abwehranlagen in unserem direkten Wohnbereich, erst weit außerhalb der Stadt war anscheinend eine Flack und Abwehr Stellung vorhanden.

Meine ersten eigenen, diesbezügliche mich doch sehr stark beeindruckenden Erinnerungen im Alter von gerade mal fünf Jahren war zuerst dann aber schon eine damals gewohnte abendliche Fliegerschau durch die Bomber über Wuppertal.

Eben über bekannte Gebiete, dort wo seit ewigen Zeiten die meiste Industrie, die sich an der Kraft spendenden Wupper entlang in vielen Jahren überwiegend aber im textilen Bereich und in der Chemieindustrie wie Bayer und anderen großen Firmen angesiedelt hatten.

Die enge Bebauung der Wupper Talsohle mit einigen großen Industrieanlagen die auch mit ihren Produktionen zu wichtigen militärischen Ausrüstung beitrugen, war bei den späteren massiven Bomberangriffen ein ganz heißer Hotspot.

Wir wohnten zu der Zeit, seit der Scheidung meiner Eltern, direkt im Vorbereich auf der anderen Seite der direkten Innenstadt, dem imposanten Mittelpunkt der Stadt, dem stattlichen Rathaus ausgesehen. Vom Rathaus aus gesehen waren die alte und die spätere Adresse jeweils runde fünf hundert Meter rechts und links jeweils vom diesem prägenden Stadtzentrum, dem doch sehr markanten Rathaus aus rotem Sandstein entfernt.

Wir wohnten zu der Zeit, nach der Scheidung in einem kleineren mit dem hier üblichen grauen Schiefer verkleideten und bedeckten zweigeschossigen Fachwerkhaus genau zwischen zwei maßgeblichen Verkehrsadern gelegen, dem Ort meines vorher schon erwähnten unvergesslichen Kindlichen Erlebnisses, rechts der Wupper.

Die Fließrichtung der Wupper durch die enge Talsohle von Ost nach West ergab dann automatisch schon diese interne Lagebezeichnung rechts und links, der sich anschmiegenden jeweiligen zum Teil recht steilen Wohnbereiche.

Weil schon nach nur wenigen Metern auf beiden Seiten der Wupper gleich eine mal mehr oder weniger starke Steigung zu verzeichnen war, was in Ortsteil Barmen nahe dem Zentrum sogar eine Zahnrad-Bergbahn, hoch zum Tölle Turm nötig machte.

Diese Stadt an der Wupper entlang, rechtfertigte den Begriff das Herz des Bergischen Landes zu sein schon wegen seiner Lage in jedem Falle, auf den Höhen rund um verteilten sich viele auch recht bekannte Teilorte, die wiederum kaum von den Bombern heimgesucht wurden.

Wesentlich später nach dem Krieg war dort in der Straße, genau da wo unsere Wohnung früher bis zur Bombardierung war, für viele Jahre die Einfahrt zu der großen Niederlassung mit Werkstatt und Verkauf eines Autohauses einer sehr bekannten Deutschen Automarke.

Der steile Hangbereich des Berges am rechten Ende unserer Straße war quer komplett mit hohen mehrgeschossigen Häusern ebenfalls auch mit dem obligatorischen grauem Schiefer verkleideten Fachwerkhäusern genau betrachtet doch etwas kurios bebaut.

Denn die Lage der Häuser an dem Steilhang war schon etwas Besonderes, man ging stellenweise in der steil aufsteigenden Straße im Parterre hinein und konnte auf der Hälfte des Hauses in der zweiten Etage das Haus auf der Rückseite in einer anderen Straße wieder verlassen.

Indirekt konnte man diese Straßenführung quasi auch als Serpentine an steilem Hang bezeichnen, in dem schmalen Zwischenraum der Straßen hatte man irgendwann eben diese Häuser erstellt, um jeden Quadratmeter Grund zu nutzen und damit dieses Kuriosum geschaffen.

Im Allgemeinen war dieser kleine Stadtteil als Arbeiter Ansiedlung bekannt, nicht so teuer und komfortabel wie unsere damalige vorherige Bleibe.

Diese Wohngegend am Berg hatte in der Stadt schon einen allgemein bekannten deutlich niedrigen Status und Ruf. Der auch noch nach vielen Jahren später einer Zeitung zu einer Glosse über die Gegensätzlichkeiten seiner Bewohner und der Wohngegend veranlasste.

Man schrieb damals in der örtlichen Tageszeitung, dass eine Mutter aus dem Fenster ihrer Wohnung ihren Spross mit etwas hochtrabendem Vornamen für diese Wohngegend auf der Straße ermahnte, bitte nicht im Rinnstein, in der so genannten Gosse der Straße zu spielen, das soll sich dann wie folgt angehört haben:

„Hans Joachim Theobald, kömtst de woll ut de Greute"

Unsere Mutter hat uns nie, auch später nicht erlaubt, diesen Straßenjargon auch nur andeutungsweise zu sprechen, jeder unbedachte Versuch brachte uns einen Verweis ein.

Dieses Straßenplatt war wie ein rotes Tuch für unsere Mutter und wenn wir dann später mal etwas beim Spielen auf der Straße aufgeschnappt hatten und unbedacht zu Hause von uns gaben, dann war ein gewaltiges Donnerwetter, oder auch die eine oder andere leichte Watschen die sofortige Folge.

Wenn wir dann einmal nach dem richtigen Wort in Hochdeutsch besonders bei den Schularbeiten suchten, bekamen wir fast stereotyp die Antwort, man schreibt es so wie man spricht.

Damit waren wir, mein Bruder und ich schon von Grund aus darauf verdonnert stets im Schreib Hochdeutsch zu sprechen, was wesentlich später auch wieder ein Vorteil für uns war.

Dieses kam uns wiederum später dann natürlich auch in der Schule sehr zugute, denn unsere Spracherziehung in der Schule wurde ja auch gänzlich und konsequent in Schriftdeutsch gehalten.

So hatte die lästige und manchmal unangenehme Deutschfrage auch wieder eine gute Seite, denn dieser Umstand blieb natürlich unseren Lehrkräften auch nicht verborgen.

Der Anfang vom Ende!

Das laute, durchdringende lange heulen der Sirenen, genau eine Woche nach meinem fünften Geburtstag deutete auf einen großen Alarm hin, denn dabei gab es deutliche unterschiedliche an Stärken und Längen der Töne.

Die lauten Sirenen vom Nachbarhausdach hatten meine Mutter, meinen drei Jahre älteren Bruder und mich erbarmungslos schlagartig geweckt, etwas anziehen und schon losrennen war fast alles in Einem, wir liefen in Hektik und Eile, zum wer weiß wievielten Male mit etwas Verspätung und mit einem kleinen Rucksack auf dem Rücken zu dem nahen für uns zuständigen Luftschutzbunker.

Der Rucksack war stets mit dem wichtigsten persönlichen und den allernotwendigsten Sachen versehen und immer zu jeder Zeit griffbereit. Nicht immer war das laute unangenehme durchdringende Heulen der Sirenen, die entnervende Luftschutzwarnung ernsthaft gefährlich für uns, aber man wusste es eben erst im nach hinein genau, ob man sich die Aufregung und Eile in der Nacht hätte sparen können.

Wir liefen in dieser Nacht, wie schon einige Male vorher, noch immer schlaftrunken aus dem Haus in Richtung der nicht ganz 200 Meter entfernt gelegenen Schule, zu dem für uns zuständigen Luftschutzbunker einem recht alten Gewölbekeller unter dieser großen Schule.

Eben im Keller der Schule in einem großen wuchtigen Steingebäude direkt an der Wupper und an der Schwebebahn gelegen, auf der anderen Straßenseite gelegen.

Bei der Überquerung dieser für damalige Verhältnisse doch sehr breiten Straße sah ich zum ersten Male am Himmel in westlicher Richtung, zur Tannenberg Kreuzung, dem späteren Robert-Daum-Platz hin, einen im Volksmund so genannten Christbaum am Himmel. Da ja nirgends rundum eine helle Beleuchtung war, außer ein paar abgedunkelten Notlichtern, dadurch war das Schauspiel am nächtlichen Himmel besonders auffällig und in allen Nuancen gut sichtbar.

Dieser so genannte Christbaum war ein von der Flugabwehr mit sehr starken Scheinwerfern erzeugtes, sich hin und her und überkreuzend bewegendes großräumiges Lichterschauspiel am dunklen Nachthimmel. Wie mit mehreren langen weißen zittrigen Fingern wurde der Nachthimmel auf der Suche nach den fremden Flugobjekten abgeleuchtet.

Manches Mal konnten wir aber schon nach kurzer Zeit nach einer Entwarnung den Keller wieder verlassen.

Das ungewohnte Lichtspiel am Himmel war für mich wohl das erste Mal etwas gänzlich Neues und Faszinierendes, es begeisterte mich doch arg und zog mich dermaßen in den Bann, dass ich die ganze Welt um mich herum vergessen habe. Meine kleinen verschlafenen Augen wurden vor lauter Aufregung riesengroß.

Die eindringlichen Ermahnungen meiner Mutter mich zu beeilen und voran zu laufen habe ich vollkommen dabei überhört. Bis mich ein leichter Klaps wieder in die Wirklichkeit zurück holte und mich dann erstmal aus vollen Leibeskräften, ob der harschen Störung meiner Betrachtungen, losbrüllen lies und ich den kurzen Weg nun nur noch laut weinend hinter mich bringen musste.

Durch diese kleine Verzögerung von mir konnten wir auch schon das noch recht entfernte tiefe Brummen des herannahenden Bombergeschwaders hören, wir konnten sie zwar noch nicht direkt sehen da sie ja total unbeleuchtet waren, aber doch schon ganz deutlich hören.

Sie kamen in breiter Formation, erst viel später erfuhren wir, es waren sogar weit über sechshundert Flieger, wie ein übergroßer Mückenschwarm direkt aus der Düsseldorfer Richtung und flogen auf gerader Richtung über das gesamte Wuppertal, über Elberfeld, nach Barmen, in Richtung Schwelm und Hagen, also genau von West nach Ost.

Die Hauptachse aller Verkehrswege von Wuppertal entlang der Wupper war für die verhältnismäßig doch recht tief fliegenden und vollkommen unbeleuchteten Flieger als eine fast schnurgerade Strecke wie eine Autobahn auch bei der Dunkelheit anscheinend gut zu erkennen.

Nur das näherkommende kräftige Motorenbrummen der unzähligen feindlichen Flieger verriet zuerst ungefähr aus welcher Richtung, überwiegend aus dem Westen die drohende Gefahr im Moment kam und war. Die Konzentration bezog sich auf die enge Talsohle von Wuppertal, sie war selbst an der breitesten Stelle in Barmen gerade mal etwas über einen Kilometer, die schmalste Stelle in Sonnborn keine Hundert Meter breit.

Aber doch wiederum einige Kilometer lang, alleine die Schwebebahnstrecke zieht sich ja auch dreizehn Kilometer leicht schlängelnd über die Wupper und einen ganz kleinen Teil nach Westen hin über eine Straßenführung durch den Ortsteil Sonnborn hin.

Einer der uniformierten Helfer, oder Ordner an der Türe zum Luftschutzkeller wollte bereits schon die Türe schließen, als er uns über die Straße laufen sah, er ermahnte uns zu noch mehr Eile. Er schnappte mich gänzlich ohne Kommentar, immer noch heulend einfach unter seinen Arm und trug mich in den tiefen Keller hinunter.

Im gleichen Moment flog auch schon die schwere eiserne Türe hinter uns ins Schloss und das auch keinen Moment zu früh, denn es bumste dann doch schon gewaltig als einige Bomben wahrscheinlich nicht weit entfernt von uns einschlugen.

Die unmittelbar dann darauffolgenden heftigen Erschütterungen konnten wir selbst in dem tiefen Keller des Schulgebäudes deutlich wahrnehmen und vom kräftig bebenden Boden her spüren. Der Mann mit mir unter dem Arm stolperte sodann noch die letzten Stufen der langen steinernen Treppe hinab, aber wir kamen beide Gott sei Dank doch noch ohne Sturz unbeschadet unten an.

Nach diesem, meinem letzten Luftschutzkeller Besuch war das Haus und unsere Wohnung besser gesagt die gesamte Straße und das gesamte Häuserviertel, war durch mehrere Volltreffer getroffen dann nur noch ein unendlich großer rauchender Berg aus Schutt und Asche.

Außer den stellenweise aufsteigenden Rauch aus den Schuttbergen war nichts mehr zu sehen und nichts erinnerte mehr an unsere Wohnung, wir hatten nun nichts mehr, außer das was wir am Leibe trugen und das was wir wie immer bei dem Kellergang im Rucksack mitgenommen hatten, was aber nicht für eine längere Zeit ausreichend war.

Alles was einem irgendwie lieb, wert und vertraut war, ob wertvoll oder auch nicht, es war auf einmal nicht mehr da, das schmerzt wohl Jedem, aber besonders einem kleinen Kindergemüt auf das Schwerste, dass dann irgendwie zu verstehen ist und war kaum möglich. Meine Mutter hatte wirklich die größte Mühe mich davon abzuhalten in den rauchenden Trümmerhaufen nach meinen wenigen Spielsachen und vor allem nach meinem einzigen Teddybär den ich in meiner ganzen Kindheit hatte, zu suchen, ich habe auch später nie wieder einen bekommen und besessen.

Ein solcher plötzlicher unbegreiflicher Verlust, belastet ein kleines Kindergemüt auf das heftigste, mein kleiner persönlicher, seelischer alles verstehender Ruhepol und Ansprechpartner, mein Teddy war mir nun unwiederbringlich verloren gegangen.

Wir sind dann in der aller ersten Not durch die zerbombten Straßen, an zum Teil noch hell und lichterloh brennenden Trümmern vorbeigelaufen. Es brannte fast überall an der Strecke entlang die wir laufen mussten, wo auch die Eine oder andere Straße durch herum liegende Trümmer total unpassierbar für uns war. Da die meisten Häuser in dieser Wohngegend, vor allem in den kleineren Nebenstraßen ja überwiegend altes Fachwerk waren und das darin befindliche Holz eine gewaltige Menge an Brennmaterial darstellte, war überall recht viel Feuer und Rauch zusehen.

Wir sind dann auf gut Glück, da wir ja nicht wussten wo überall Bomben nieder gegangen waren, durch ein überall herrschendes großes Chaos zu der Wohnung der Großeltern mütterlicherseits, in die obere Nordstadt zum Mirker Bahnhof gelaufen. Denn die offene Frage wo überall diese Bomben niedergegangen waren und ob die Großeltern auch Bomben abbekommen hatten konnte uns auch keiner der vielen Helfer vorab beantworten.

Sie wohnten ja in direkter Nähe zu einer Eisenbahn Nebenlinie, der sogenannten Märkischen Linie und gegenüber einem kleinen Teilortbahnhof dieser Linie, solche markanten und in den Krieg dienlichen Plänen kartierten Wohngegenden waren bekanntlich damals bei den immer wieder dann stattfindenden Fliegerangriffen immer am höchsten gefährdet.

Man war froh, wenn ein Angriff ohne einen direkten Schaden vorbei gegangen war, wir konnten es erst positiv bewerten und beantworten als wir vor dem unbeschadeten und noch heilen Haus der Großeltern standen.

Dazu mussten wir aber erst einmal, wie schon erwähnt quasi mitten durch die zerbombte Innenstadt laufen, einige Personen mit Armbinden oder auch teils in Uniformen, die soweit als es möglich war erste Hilfe leisteten, suchten zwischen den Trümmern nach vermeintlichen Opfern.

Vor so manchem Trümmerhaus stapelten sich vorübergehend die gefundenen Toten. Die Uniformierten wollten uns stellenweise gar nicht passieren lassen und uns auch wieder zurückschicken, aber irgendwie mussten wir ja weiterkommen, denn hinter uns gab es nichts mehr, was man Heimatlich hätte bezeichnen können.

Auf verschiedenen Umwegen sind wir dann aber nach geraumer Zeit doch noch bei meinen Großeltern mitten in der Nacht dann angekommen. Meine Oma war zu Tode erschrocken als wir mitten in der Nacht auf einmal vor ihr standen, aber trotzdem glücklich das uns persönlich nichts passiert war. Sie meinte dann pragmatisch nur, dann müssen wir eben eine Weile etwas zusammenrücken, irgendwie wird es schon gehen, denn auf der Straße könnt ihr ja wohl nicht bleiben.

Meine Uroma, eine kleine schmale, zierliche Person, wohnte auch noch bei ihnen, leider war die Gesundheit meiner Uroma nicht sonderlich stabil und sie war zudem auch schon recht betagt. Die damaligen unruhigen Vorgänge taten auch ein Übriges, denn auch bei den Fliegeralarmen war es ihr nicht mehr möglich schnell in einen Keller oder Bunker zu flüchten.

Der Weg dorthin war immerhin fast dreihundert Meter weit und schnell waren für sie in ihrem hohen Alter die drei Etagen auch nicht mehr zu bewältigen.

Somit blieben sie alle zusammen immer auf gut Glück und Gott vertrauend in der Wohnung im dritten Stockwerk ihres Hauses, bei den Fliegerangriffen wurden dann eben alle Gardinen geschlossen und maximal brannte auch nur eine kleine Kerze in der ganzen Wohnung.

Denn Licht war ja auch immer ein Gefahrenpunkt bei den Fliegerangriffen und um auch etwaige Stromschläge bei einem zufälligen Treffer zu vermeiden wurde die Hauptsicherung auch herausgedreht.

Die Uroma trug als einzige im Haus stets ein schwarzes fingerbreites Samtband mit einem kleinen Emblem und einer Perle auf der Vorderseite eng am Hals. Was zur damaligen Zeit vor allem bei vielen älteren Damen scheinbar Mode war und natürlich meine kindliche Neugierde immer wieder aufs Neue erweckte.

Aber eine für mich verständliche Erklärung über den Sinn habe ich nie von Ihr oder jemand anderem erhalten, ich habe daher immer gedacht sie sei irgendwie erkältet, für mich die einzige logische Deutung.

Darum habe ich sie stets bedauert wegen ihrer vermeintlichen Erkältung, denn nach meiner Logik konnte es ja keinen anderen Grund geben, ich bekam ja auch stets einen warmen Halswickel bei Anzeichen von Erkältungen. Ich nannte sie einfach meine tick-tack Oma, wohl auch, da sie ja immer direkt unter einer großen alten Wanduhr mit diesem eindeutigem Uhrwerksgeräusch und einem recht lautem Schlagwerk auf dem Ledersofa gesessen hatte.

Nur durch sie durfte ich auch einen kleinen grauen, nickenden Esel, der hinter der Glastüre in der Wanduhr stand in die Hand nehmen. Alleine durfte ich die Uhr nicht anfassen, dagegen opponierte mein Opa gewaltig mit einem strikten nein.

Diesen Esel konnte man durch eine ganz leichte Berührung in eine nickende Bewegung versetzen, aber das Öffnen des Uhrgehäuses wollte meinem Großvater eigentlich gar nicht so recht gefallen, denn diese altgediente Uhr hegte und pflegte er als ein Erbteil seiner Eltern schon seit langer Zeit.

Diese Uhr in ihrem Nussbaumholz Gehäuse, mit der unterteilten Glasfront und dem Perpendikel habe ich von meiner Mutter später geerbt und übrigens heute noch im täglichen Betrieb, doch ohne den hellen durchdringenden Klang vom Schlagwerk.

Von meiner Uroma habe ich auch noch die Erinnerung, dass sie regelrecht die Augen verdrehte, wenn es Kaffeebohnen, eine damalige scheinbare große kostbare Rarität im Hause gab. Sie hat dann mit wahrer Inbrunst und sichtlichem Wohlbehagen die Mühle zwischen ihren Knien haltend ganz bedächtig, wie Gedankenverloren die Kurbel gedreht und den Duft des Mahlguts dabei sichtlich genossen hat.

Es gab auch noch eine andere eine zweite etwas größere Mühle in der immer wieder alles Mögliche, wie Korn und Maiskörner und alles was zerkleinert werden musste mit viel Kraft und Ausdauer gemahlen wurde.

Die meisten Sachen wurden aber überwiegend erst in einer Pfanne auf dem Kohleherd, dem einzigen Wärmegeber in der drei Zimmer Wohnung getrocknet oder geröstet worden. Und dann wie Korn und Mais zum Beispiel dann mit etwas Bohnenkaffeemehl gemischt das dann einen eigenen Ersatzkaffe, einen gewissen Muckefuck wie meine Oma dieses Gemisch nannte, ergab.

Oder aber auch luftgetrocknete Steckrübenschnitzel die zu Mehlersatz gemacht wurden, diese Mühle durfte ich dann auch gelegentlich, wenn meine Kraft dazu reichte drehen, das war ja doch recht mühsam und anstrengend aber dann auch jedes Mal eine große Ehre für mich.

Von dem Tod der Urgroßmutter und alle den dazu gehörigen Sachen und Aufregungen, in der Zeit damals nicht gerade unerheblich, habe ich nicht besonders viel mitbekommen. Man hatte mir auf meine Nachfrage nach ihr erklärt das sie in einem Krankenhaus sei, sie ist von dort dann aber nicht wieder Heim gekommen ist.

Unsere doch sehr beengten Wohnverhältnisse, immerhin wohnten die beiden Schwestern meiner Mutter, um einiges Jünger als sie auch noch dort, wurden durch ihren Tod nur ein klein wenig verbessert. Durch die Enge bedingt blieben natürlich kleinere Reibereien der drei Schwestern untereinander auch nicht aus, es war schon eine extrem angespannte Situation aber eine andere Lösung war kurzzeitig auch nicht in Sicht.

Doch genau genommen hatten wir noch sehr viel Glück im Unglück. Denn viele Personen in der Stadt hatten eben nicht die Möglichkeit wie wir, stellenweise hausten die vielen Menschen noch in den ausgebombten Häusern oder Kellern in den Ruinen unter unglaublichen Verhältnissen.

Es standen für uns alle zusammen aber eben nur drei Räume für sechs Erwachsene und zwei Kinder, insgesamt also acht Personen zur Verfügung auf im Moment unbestimmte lange Zeit, das war aber nicht auf lange Dauer machbar und somit eben doch nur von vorübergehender Zeit.

Da in der direkten langgezogenen Talsohle unserer Stadt kaum noch ein zum Wohnen brauchbares Gebäude zu finden war, wurde stellenweise auf äußerst beengtem Raum in manchen der noch vorhandenen Wohnungen vorüber gehend gelebt. Das Ausmaß war so beachtlich, dass selbst Goebbels eine Gedenkrede am 19.6.43 für die Bombenopfer von Wuppertal im Radio hielt.

Somit hatte die Stadtverwaltung alle Hände voll zu tun den Überlebenden in irgendeiner Weise zu helfen und ihnen ein Dach über den Köpfen zu beschaffen.

Die Infrastruktur und auch der Handel war fast komplett in der gesamten Innenstadt und spezielleren Gewerbegebieten zerstört worden. Da musste man schon Dankbar sein, wenn man in dieser übergroßen Notsituation noch eine öffentliche Hilfe irgendwelcher Art überhaupt bekam. Man musste auch einen Nachweis erbringen wie und wo noch Verwandtschaft in intakten Wohnbereichen zu finden waren, um eine eventuelle, vielleicht auch nur vorübergehende Umsiedlung zu bewerkstelligen.

Die Evakuierung nach Thüringen!

Auch wir wurden von dem zuständigen Amt für eine baldige Umsiedlung vorgemerkt, diese notwendige Umsiedlung für unzählige Leute die unter unsäglichen Bedingungen vorüber gehend leben mussten, lies dann auch nicht lange auf sich warten.

Es ging dann in einem großen Sammeltransport hinaus aufs Land in Richtung des Thüringer Waldes. Warum aber der Bahnhofsbereich und dieser Zug praktisch in zwei verschiedene Bereiche geteilt worden war, wurde mir erst viele Jahre später richtig bewusst.

Denn die Vorderen, die Mehrheit der Waggons, wohl vorher eher als Güter oder Viehwaggons zu bezeichnen war für die Personen mit den auffälligen hellen Markierungen auf ihrer Garderobe, über die im Allgemeinen überall, auch von den normalen Leuten doch recht abschätzig gesprochen wurde, für die in fast gleicher Richtung liegenden, nicht viel später als die doch recht berüchtigten Straflager und Vernichtungslager bestimmt.

Wir, die Bombengeschädigten als Evakuierte durften nur in die hinteren drei schon recht betagten Waggons, der sogenannten Holzklasse zusteigen, hier herrschte schon ein gewaltiges Gedränge weil er schon aus Düsseldorf kam, es war wiederum auch verwunderlich was manche Leute da an Gepäck mit sich führten. Man siedelte die Betroffenen ohne Rücksicht auf persönliche Belange einfach irgendwohin, wohin es eben auch noch funktionierende und weniger bedrohte Schienen und Transportwege gab und wo es etwas Platz für diese doch vielen Obdachlosen Leute und vor allem auch der große Bedarf für helfende Hände bei den Feldarbeiten gab.

Mit Personen aus den vorderen Waggons, die von einer beachtlichen Gruppe Soldaten als Wachmannschaft bewacht und in sehr barschen Ton herum kommandiert wurden, hatte man keinen Kontakt, was auch nicht von den begleitenden Uniformierten geduldet wurde, selbst wenn ein Einem bekanntes Gesicht sich darunter befinden sollte.

Von dieser doch längeren Reise über viele Stunden, mit einigen wenigen Anhalte Stationen wo mal mehr oder auch weniger Personen zustiegen, war aber eins recht auffallend, es stieg so gut wie nie einer, außer der Uniformierten Personen aus, besonders aus den vorderen Waggons nicht.

Man musste konstant darauf achten das alle Dinge seines Eigentums auch nicht irgendwann verschwand. Denn da war auch das unbedachte Stibitzen eines kleinen Stückchen Brot schon ein Anlass zu großem Ungemach. Darum traute man sich kaum auch nur für einen kleinen Moment die Augen zuschließen um der überhandnehmenden Müdigkeit nachzugeben.

Von unserer direkten Zwangsevakuierung, besser gesagt von der Fahrt in den Abend hinein zum Zielort, außer dass es recht eng in den Abteilen zuging, verblieben aber keine weiteren direkten gravierende Erinnerungen, sie verlief wohl ohne besondere Ereignisse bis Gotha.

Hier wurden dann die letzten, eben unsere Waggons abgekoppelt und die anderen Waggons rollten dann auch gleich weiter zu ihren dann doch nicht mehr so fern liegenden Bestimmungsorten, eben zu einem der berüchtigten Lager, wie man aber erst wesentlich später einiges erfahren hatte um welche Art Lager es sich dabei wirklich handelte.

Was mit den vielen Personen aus den vorderen Waggons weiterhin geschah hat man dann ja erst viele Jahre später auch nur Bruchstückweise und dann eben auch nicht unbedingt wahrheitsgemäß erfahren können.

Obwohl wir genau genommen Räumlich gesehen doch recht nahe an dem unsäglichen Geschehen untergebracht worden waren, wusste wir über die Vorgänge von dort so gut wie Garnichts, offiziell wurde da striktes Stillschweigen gehalten oder aber auch nur beschönigendes und verharmlosendes mitgeteilt.

Noch auf dem Bahnhofsgelände in Gotha wurde die Verteilung auf die vorgegebenen verschiedenen Ortschaften und Adressen vorgenommen und uns da auch erst endgültig mitgeteilt bei wem wir unterkommen sollten, für jeden Waggon war nur eine Person vom Amt mit entsprechender Namensliste zuständig.

Es standen sehr viele Personen, der größte Anteil waren Kinder und Frauen und nur drei oder vier schon deutlich sichtbar ältere Männer eine ganze Weile wartend vor dem Bahnhofsgebäude bis alle Zuteilungen und Formalitäten erledigt waren.

Denn es standen ja auch nur einige wenige Fahrgelegenheiten zur Verfügung, man musste schon aufpassen, dass man dann auch die richtige Transportmöglichkeit laut seiner Zuteilung erwischte, das konnte dann auch schon mal nur ein offener Anhänger an einem Traktor sein.

Was einem aber dann vor Ort wirklich erwarten würde davon hatte keiner auch nur annähernd eine Ahnung, ich glaube selbst die Leute die diese Zuordnung durchführten hatten keine erschöpfende hilfreiche Ahnung davon und Antwort dafür.

Die maßgebliche Grundmeinung war eben, seit froh das euch überhaupt geholfen wird, da stellt man doch keine Frage nach einem Wie, entsprechend waren zum größten Teil auch die kurzen unpersönlichen Antworten auf offene und gestellte Fragen.

Da ja recht viele Familien ausgebombt waren, hatte das zuständige Amt mit der Organisation einer vielleicht auch nur für kurze Zeit gedachten vorübergehenden Umsiedlung über alle Maßen zutun, genau genommen waren die meisten Helfer aber mit der Aufgabe überfordert.

Denn die jüngere männliche Landbevölkerung war schon gewaltig ausgedünnt, da diese Personen ja irgendwo ihren Wehrmachtsdienst versehen mussten. In jedem Falle war es nicht nur für uns gut, dass man erst mal aus besonders gefährdeten und zerstörten Ballungsbereichen der diversen Städte raus und in tiefe landwirtschaftliche noch überwiegend etwas ruhigere Landstriche hineingebracht wurde.

Es war für viele Personen ein enormer und gravierender Wechsel aus den gewohnten und für die damalige Zeit stellenweise doch auch noch erstaunlich voll versorgten städtischen bürgerlichen Lebensbereichen ins für sie doch total unbekannte, für diese Leute schon mehr primitive entbehrungsreiche fast rückständige ländliche Leben.

Zudem musste man auch sofort tatkräftig gleich vom nächsten Tag an mit anpacken, denn das gute Wetter der herbstlichen Zeit musste in der anstehenden Erntezeit unbedingt zügig genutzt werden, was dann aber auch durch die Unkenntnis der Arbeiten und auch sonst schon recht kuriose Momente hervorbrachte.

Wenn eine junge Frau im städtischen Sommerkleidchen und mit Pumps, also höheren Absatzschuhen auf einem Acker einher stolperte, wo eigentlich Stiefel angebrachter gewesen wären, doch so etwas hatte so gut wie keiner in seinem sowieso schon kargen geretteten Bestand.

Das war dann doch ein total anderes Leben, denn kaum Einer hatte allein schon was die Garderobe anbetraf ein für das Landleben geeignetes Teil dabei. Ganz nach dem harten Motto wer sich nicht sofort am täglichen ungewohnten Landleben tätig beteiligte bekam auch kaum etwas zu essen und das Dach über dem Kopf stand dann auch gleich in Frage.

Das diese abrupte Umstellung gewisse große Probleme für einige Leute hatte, lag schon auf der Hand, denn aus dem Großstädtischen Leben, fast über Nacht in eine tiefe ländliche Idylle versetzt, war schon eine gewaltige Umstellung, so gut wie keiner hatte überhaupt eine blasse Ahnung von dem was auf Anhieb von ihnen direkt erwartet wurde.

Hier hatte dann die kleine drei Personen Mannschaft, einer amtlichen Abordnung der verschiedenen Ortsverwaltungen stellenweise jeweils erst einmal helfend soweit als möglich eingewirkt, doch auf gewisse Animositäten und Befindlichkeiten konnten sie schon wegen der großen Personenzahl gar nicht richtig eingehen, irgendwelche persönlichen Wünsche wurden somit schon im Keime erstickt.

Es wurde in einer besonders extremen Situation dann doch auch eine eventuelle Verlegung auf andere Örtlichkeiten vorgenommen, oder später auch die Besorgung von geeigneteren Schuhwerk und Garderobe gesorgt, was in der doch ländlichen Abgeschiedenheit der Gegend schon das Eine oder auch andere Problem darstellte.

Der Großraum des Rheinlandes, dem Ruhrgebiet und das Bergische Land mit allen Orten in der näheren Peripherie waren durch die Anhäufung der Industrie ein besonders durch Bombardierungen heimgesuchtes Gebiet und somit sehr stark betroffen.

Es waren daher unzählige Leute unterwegs, natürlich überwiegend und auffallend viele Frauen mit ihren Kindern, die auch keine akzeptable Möglichkeit hatten bei ihren Verwandten unterzukommen oder weil diese eben selbst auch ausgebombt waren.

Wo viel Elend und Leute unterwegs sind gibt es immer sogenannten Futterneid und Ungerechtigkeiten, so mancher setzt sich einfach über Gesetz und Ordnung hinweg, obwohl fast jeder mit dem gleichen Problem zu kämpfen hatte, aber einer kann solche Schwierigkeiten besser bewältigen, wo eben ein anderer schon längst kapituliert hat.

Von der großen Vielzahl der Details nach der Totalbombardierung dann anschließenden, vor unserer von Amtswegen angewiesenen Evakuierung nach Thüringen. Von dem ganzen fast Chaotischen Drumherum und des überall herrschenden Durcheinander und Chaos ist Harry leider oder auch Gott sei Dank nicht mehr sehr viel in Erinnerung geblieben.

Denn es waren einfach zu viele neue Eindrücke auf einmal in kürzester Zeit, wovon auch die Erwachsenen im allgemeinen vorab kaum fundierte Ahnungen, außer diversen Gerüchten und Mutmaßungen hatten, so mancher hatte die größten Schwierigkeiten sich von gleich auf nachher in die neue zwangsweise Situation einzufinden.

Außer dass er das Ganze wohl erst mal wie einen vorüber gehenden Ausflug betrachtete und etwas später auch seiner immer wieder aufkommenden natürlichen Neugierde und Unternehmungslust in ihm bis dahin total unbekanntes Terrain nun fast unbegrenzt freien Lauf lassen konnte.

Die nächsten dann doch etwas deutlicheren Erinnerungen an die Erlebnisse der damaligen Zeit waren dann von dem Dorf selbst, eine kleinere Ortschaft im Großraum zwischen Gotha und Erfurt im tiefen ländlichen Thüringen, wohin wir nun von Amtswegen aus evakuiert worden waren.

Wir bekamen dann von der örtlichen Verwaltung und Kommandostelle im Dorf, unser auf nicht absehbare Zeit amtlich festgelegtes Domizil zugewiesen. Wir sind dort auf einem Bauernhof bei einem Bauer einquartiert worden.

Das war ein recht feister und nicht gerade Menschenfreundlich gesinnter Mensch, sein Gehöft zählte wohl zu den etwas Größeren hier im Ort, denn er verfügte bereits schon über eine vierköpfige Mannschaft von polnischen Zwangsarbeitern und Mägden.

Er zeigte sofort unverhohlen und machte es auch gleich deutlich, warum er uns auf seinen Hof lies und aufnahm, er brauchte einfach nur billige und praktisch entmündigte Arbeitskräfte. Der aber nicht nur uns, sondern auch alle anderen in seinem Haus und Hof vor allem aber die polnischen Zwangsarbeiter ganz schön drangsalierte.

Meine Mutter musste hauptsächlich im Haus mitarbeiten, selbst wir Kinder, mein drei Jahre älterer Bruder und ich, mussten uns an der Hofarbeit und auch Feldarbeit tatkräftig, von den polnischen Knechten angeleitet, soweit es uns möglich war beteiligen.

Des Bauern Standpunkt war eben, wer nichts arbeitet braucht auch nichts zu essen, er selbst tat aber fast gar nichts, er ließ sich aber von den Frauen des Hauses rundum bedienen, seine ständigen lauten durch das ganze Haus schallenden Befehle, während er meist neben der offenen Küchentüre saß, waren einfach nicht zu überhören.

Da bei uns der Hunger ein Dauergast war, denn wir wurden ja nur mit dem nötigsten an Essen versorgt, blieb mir eine Besonderheit von ihm wie eingebrannt in meiner Erinnerung, fast immer bediente er sich meistens aus zwei Teller zugleich beim Essen, auch die eigentliche Fleischbeilage bei unseren Rationen wurde auf sein Geheiß hin so gering wie eben möglich ist, gehalten.

Erst wenn er gespeist hatte bekam das Gesinde des Hofes, der Senior und auch wir unser Essen, ein gemeinsames Essen, haben wir nie erleben können. selbst auch nicht an Feiertagen, wenn er dann einmal mitbekam das seine Frau, uns Kindern etwas extra zukommen ließ, dann war eine beträchtliche Schimpfkanonade von ihm die direkte Folge.

Wir bekamen von ihm ein Zimmer direkt über der Hoftoreinfahrt zugewiesen, es gab aber dort keine Möglichkeit zum Heizen, außerdem gab es in diesem Hausteil auch keinen Wasseranschluss.
Wir mussten uns mit der mangelhaften Situation dieser Notlösung erst einmal auseinandersetzen, denn es war schon eine gewaltige Umstellung, eben Gleichwertig wie eine Versetzung ins tiefste Mittelalter.

Nur eine große Keramik Wasserkanne und Schüssel für die Körperpflege war vorzufinden, wie man sie früher einmal hatte als es noch kein fließendes Wasser in den von uns bewohnten Räumen und den anderen Bereichen gab.

Das Wasser musste im Hof an der Pumpe geholt werden, das im Winter aber meist gefroren war, dieses Zimmer war zudem nur durch die Wohnstube des Altbauern zu erreichen.

Dieser Altbauer war recht alt und schon arg verschroben, seine Wäsche und Socken wusch er selbst in einem großen Topf, aufgeheizt auf einem alten eisernen so genannten Kanonenofen, dieser sollte eigentlich auch unseren Raum etwas mit beheizen, was aber in Wirklichkeit nicht funktionierte, denn dann hätte man die Zwischentüre doch recht weit offen stehen lassen müssen, doch dazu war der Geruch von dem alten Herrn wirklich nicht einladend genug.

Der Seniorbauer hauste, besser gesagt vegetierte für sich alleine im ersten Stockwerk, er verließ sein Zimmer fast gar nicht mehr, ihm wurde sogar das Essen auf sein Zimmer gebracht und ansonsten gänzlich sich selbst überlassen. Er verrichtete gelegentlich auch sogar seine Notdurft im Zimmer und es roch nicht nur dadurch bei ihm entsprechend ungeheuer schlecht und so konnte es einem schon fast übel werden, wenn man nur den kleinen Raum durchqueren musste.

Zudem wurden wir auch von seinen unflätigen Bemerkungen begleitet, jedes Mal, wenn wir durch seinen Raum gingen, deshalb haben wir diesen leider einzigen Weg nur so wenig wie eben möglich genutzt, das bedeutete somit unseren Raum schon morgens verlassen und erst abends wieder aufzusuchen.

Auf eine Beschwerde meiner Mutter wegen der unmöglichen Umstände auf dem Hof, meinte der Ortsvorsteher der sich seiner Position im Ort mehr als bewusst war, lakonisch und von Oben herab, er könne und wolle an der von Amtswegen erstellten Belegungsverordnung nun nichts mehr ändern.

Zudem sollten wir uns nicht so pingelig anstellen, wir sollten doch froh sein, ein Dach über den Kopf zu bekommen, denn letztendlich wären wir doch nur vorübergehend im Ort untergebracht und zudem auch nicht als Urlaubsgäste hier.

Wir Kinder, dazu zählten auch zwei Nachbarkinder vom Neben Hof sie kamen ebenfalls aus dem Rheinland, waren immer auf einer nie endenden großen Abenteuer und Entdeckungstour rund ums Haus, Hof und Dorf. Natürlich auch mit unzähligen Neueindrücken und einigen auch nicht ungefährlichen Erlebnissen die manches Mal nicht nur uns, sondern auch unsere Mütter in große Aufregung und Bedrängnis brachten.

So jung und klein ich auch damals war, fiel mir besonders das weitläufige der Landschaft auf, denn mir war ja nur die Enge einer, unserer Stadt bekannt, wo man nach kürzester Zeit und Wegstrecke stets eine kräftige Steigung bezwingen musste, nur die Talsohle in der Längsachse entlang der Wupper war ja ohne eine nennenswerte Steigung.

Diese mit sanften Hügeln versehene und weitläufige mit vielen Feldern versehene Landschaft, als unmittelbarer Vorläufer des Thüringer Waldes hatte eine faszinierende Wirkung auf uns. Schon nach kurzer Zeit hatte ich einen Lieblingsplatz auf einem Gemarkungsgrenzstein und einem großen Obstbaum am Ortsrand mit einem grandiosen weiten Blick über das leicht hügelige Land.

Selbst in meinen jungen Jahren ist mir diese andere Form einer Landschaft angenehm aufgefallen, denn in unserer Heimatstadt war ein solcher Weitblick etwas was ich überhaupt nicht gewohnt war.

Besonders auffallend war das man fast zu jeder Zeit ohne gestört zu werden mitten auf der Straße spielen konnte, denn ein schnelleres Fahrzeug als ein Ochsengespann kam so gut wie gar nicht daher, nur ab und zu fuhren mal ein paar Soldaten mit einem Auto über die Landstraßen und durch den Ort.

Neben meinem Lieblingsplatz diesem Stein war ein kleines Rasenstück, auf dem machte ich es mir öfter gemütlich, ich starte in den Himmel und schaute den wandernden Wolken nach und träumte mich in sehr entfernte Bereiche.

Den Wolkengebilden versuchte ich meist einen Begriff oder Gesicht zugeben, nur sehr selten wurde diese ruhige Idylle durch ein Flugzeug in großer Höhe gestört. Dabei habe ich dann auch einige Male total die Zeit verträumt, was mir dann natürlich ein gewaltiges Donnerwetter von meiner Mutter eingebracht hat.

Der ganze Ort erschien mir erstmal wie ein übergroßer Spielplatz, außerdem waren die Tierwelt und die Landluft sowie der tägliche Ablauf auf einem Bauernhof gänzlich neue Begriffe, für mich eine wahre schöne ländliche Idylle.

Doch dass es nicht ein Kindertummelplatz war wurde Einem, besonders meiner Mutter dann in kurzer Zeit doch bald bewusst, denn die Begleitumstände und auch die hier sichtbaren mittlerweile vermehrten kleinen und auch größeren militärischen Bewegungen waren nicht zu übersehen.

Die herben Begleitumstände des Krieges waren auch hier einfach nicht weg zu leugnen, der Jenige der hier im ländlichen Gebiet dachte, weit weg von allem was mit dem Krieg zu tun haben könnte sah sich getäuscht.

Die verhältnismäßige Nähe zu zwei doch recht bekannten berüchtigten Konzentrationslagern war uns damals noch gar kein rechter Begriff und bekannt, doch im Nachhinein bekommt man auch heute noch eine Gänsehaut. Denn die Kenntnisse in der Bevölkerung allgemein, über solche riesigen Lager waren äußerst spärlich, zudem wurde auch recht wenig über diese Einrichtungen in der Öffentlichkeit geredet. Das wahre Ausmaß dieser Anlagen und des über dimensionalen Elends konnte man auch viele Jahre später noch gar nicht ganz erfassen und glauben.

Bei dem was man dann mal hier und da zuhören bekam war wiederum so unglaubwürdig, dass man diesen Dingen keinen wahren Wert zukommen ließ, und das meiste in den Bereich von Hirngespinsten zuordnete, zudem hatte man ja mit den eigenen gravierenden Problemen genug zu tun.

Im ganzen schon etwas weitläufigen Ort herrschte quasi noch das ländliche Idyll längst vergangener Tage, hier suchte man eine allgemeine Straßenbeleuchtung vergeblich, nur hier und da war eine schwache Lampe neben einem Hauseingang angebracht, die aber auch nur bei Bedarf brannte.

Somit war sobald die Dämmerung kam fast eine schon gespenstige Ruhe in allen Gassen und Straßen, ab und an war mal eine schemenhafte Person auszumachen. Oder ein kleines schwaches Licht irrte auch mal gelegentlich umher begleitet mit dem typischen weithin hörbaren Geräusch einer Dynamotaschenlampe umgeben.

Außerdem war so gut wie keine Straße gepflastert oder sogar geteert, eine Kanalisation gab es auch noch nicht, denn jedes Haus und Hof hatte ja noch eine Güllegrube oder einen Misthaufen mit Güllegrube.

Die gelegentliche Entleerung der Gruben war ein wahrlich anrüchiges Unterfangen, das konnte man dann einige Häuser weit riechen und diesen starken Geruchsbereich haben wir Kinder dann auch ohne Warnung von selbst gemieden.

Auf einigen der Gehöfte waren ebenfalls Leute, meist Frauen mit Kindern überwiegend aus dem schwer bombardierten Ballungsgebieten wie das Ruhrgebiet, dem Rheinland und Bergischen Land untergebracht. Im Gesamten waren es etwa um die zwanzig Personen in diesem Ort, davon aber in der Mehrheit wohl Kinder, die hier zugewiesen worden sind.

Die Bauern bekamen dadurch nicht nur einige billige Arbeitskräfte von Amtswegen zugeteilt. Sondern sie bekamen ja auch noch von der zuständigen Verwaltung eine entsprechende festgeschriebene kleine pro Kopf Aufwandsentschädigung gezahlt.

Dieses ganze Unterfangen war somit weniger als eine reine Menschenfreundlichkeit und Hilfe zu verstehen. Sondern mehr ein nutzbringender Grund für die Bauern, andere Beschäftigung und Erwerbsmöglichkeiten waren hier aber auch weit und breit nicht zu finden. Selbst einen Einkaufsladen für die allgemeine Versorgung mit Lebensmittel, wie man es in einer Stadt als selbstverständlich vorfinden kann, oder auch einen Markt suchte man hier ebenso vergeblich.

Da ja die Einheimischen schon seit undenklichen Zeiten Selbstversorger waren. Wer etwas einkaufen wollte oder musste, musste den gelegentlichen Busverkehr nach Gotha nutzen oder sofern er hatte, seine Erledigungen dann eben mit einem Fahrrad versehen, sofern man über eines verfügen konnte.

Dadurch waren die meisten Evakuierten völlig auf die Bauern angewiesen und stellenweise richtiggehend abhängig von dem Wohlwollen der Obdachgeber.

Wir Kinder waren fast immer Barfuß solange die Temperaturen es eben zuließen unterwegs. Denn wir mussten unser Schuhwerk, in den meisten Fällen das einzige Paar und meist schon von den älteren Geschwistern vorher getragen schonen, denn neue Schuhe waren nicht so einfach zubekommen und wenn dann auch kaum zu bezahlen.

Ganz normal war es, das der jüngste ob nun Mädchen oder Junge, da gab es kaum einen Unterschied, fast immer die ältesten Sachen zum Anziehen hatte, Neuanschaffungen beschränkten sich stets darauf, dass bei dem Älteren die Sachen zu klein geworden waren und somit diese dann von den Jüngeren aufgetragen werden mussten.

Es waren stets nur Hochgeschnürte Schuhe, die wenn sie noch etwas zu groß waren, vorne dann leicht ausgestopft wurden, die Sohlen mussten so lange wie eben möglich halten, deshalb schon wurde fast immer Barfuß gelaufen. Damals war es schon so, dass man uns Kindern zum Schuhe tragen an Sonntagen zum Kirchgang und zur Schule erst überreden und angewöhnen musste, praktisch im Gegensatz zu heute.

Heute ist es fast schon umgekehrt, heute muss man die Kinder meistens erst an das Barfuß laufen in der freien Natur gewöhnen, damit sie sozusagen die Natur mit den Füßen kennen lernen und erspüren können. Meine ersten richtigen eigenen Halbschuhe bekam ich erst viele Jahre später zu meiner Konfirmation.

Wir, die Evakuierten so etwa zwanzig Personen in der Überzahl nur Frauen mit Kindern von irgendwoher waren für die meisten Einheimischen im Dorf nur lästige und zwangsweise geduldete Fremdlinge. Wir wurden von diesen, dem entsprechend auch gemieden, eigentlich waren wir in ihren Augen nur unnötige und trotzdem nützliche Schmarotzer.

Die diversen Hilfskräfte auf den Höfen, überwiegend aus östlichen, slawischen Gebieten waren regelrecht entmündigt und rechtlos, sie waren in der örtlichen Rangfolge noch unter der Unsrigen zu finden und stellten die wohl kleinste Gruppe der Ortsbewohner dar.

Solange der Vorteil und der Profit stimmig waren, hat man sich im Ort eben ein wenig, so weit wie nötig mit den Fremden als notwendiges Übel arrangiert.

Aber es wurde trotzdem gehofft, dass wir die Evakuierten, diese nichtsnutzigen Fremdlinge die von der Landwirtschaft so gut wie gar keine Ahnung hatten bald wieder dahin gehen würden wo wir hergekommen waren. Wie stark die Trennung war, kam auch dadurch zum Ausdruck, dass selbst die zwei Kinder von unserem Quartiergeber, im gleichen Hause lebend, kaum einen Kontakt mit uns hatten.

Somit lebten praktisch drei total unterschiedliche vollkommen abgegrenzte Bevölkerungsgruppen im Dorf eng zusammen, was logischerweise nicht als besonders harmonisch zu bezeichnen war und somit des Öfteren zu gravierenden Unstimmigkeiten führte.

Wenn im Ort mal etwas auffällig oder unstimmig war, wurde es fast immer uns den Fremdlingen angekreidet und entsprechend wurden wir dann auch behandelt, auch wenn man gar nichts damit zu tun hatte.

Ja man ersparte sich dann auch meist eine klärende Nachfrage und Klärung, es stand immer gleich fest wo man einen Übeltäter zu suchen hatte. Wenn natürlich eine größere Menschengruppe im Allgemeinen nur mit dem allernötigsten versorgt wurde, brauchte man sich auch nicht wundern, wenn nicht immer wie eigentlich gefordert und gewünscht alles ganz legal zuging.

Wir hatten dadurch auch kaum einen richtigen Kontakt zu den Ortsansässigen, unter uns Kindern war diese Abgrenzung aber nicht ganz so ausgeprägt zu spüren wie bei den Erwachsenen, das war auch schon durch die gemeinsame kleine Schule im Ort bedingt.

Aber doch auch immer wieder direkt spürbar, wenn unsere Spielgefährten gelegentlich etwas Schroff und Barsch aus unserer Spielgemeinschaft abgerufen worden sind, oder aber auch schon mal vorn herein verboten wurde.

Irgendwelche musischen Einflüsse oder auch kulturelle Möglichkeiten fehlten hier komplett. Klavier, Flöte oder andere Musikinstrumente waren in der Schule und auch in den meisten Familien auf den Höfen praktisch nicht zu finden und somit völlige Fremdbegriffe, nicht nur für uns Schüler.

Alles war nur auf das Nötigste des Alltagsbedarfs begrenzt und eine entsprechende künstlerische Vorbildung und entsprechende Beeinflussung war von Grund auf nicht gegeben, man sah es damals auch mehr als eine reine Zeitverschwendung an.

Im Ort war praktisch nur die Orgel in der Kirche ein uns bekanntes Instrument, aber wiederum total unerreichbar für Unsereins. Selbst etwas zu lesen zu bekommen war schon sehr stark begrenzt denn wer hatte als Kind schon ein Buch außer einer Schulfibel.

Wer aber so etwas wie normalen Lesestoff hatte gab es nur sehr ungern in fremde Hände, eine Bücherei oder Ähnliches war auch nicht vorhanden. Eigentlich verwunderlich, wenn man die direkte Nähe zu den geschichtlich relevanten Städten wie Gotha, Weimar und Erfurt und so weiter im Nachhinein bedenkt.

Es gab auch keine Möglichkeit für einen Besuch einer kulturellen Veranstaltung für die Erwachsenen in den größeren umliegenden Städten, selbst nach Gotha war schon unmöglich, da ab zweiundzwanzig Uhr sich keiner mehr freiwillig auf der Straße aufhalten sollte. Wir waren im direkten kulturellen Niemands Land gelandet, der Begriff Radio war zwar bekannt, aber so gut wie nirgends war ein Gerät zu finden.

Es gab im Ort ja auch nur einen Lehrer der mit zwei kleineren Klassen das gesamte örtliche Schulgeschehen bediente und er war damit schon völlig ausgelastet. Somit verblieb in der Schule für weitere kulturelle oder sportliche Aktivitäten keine Zeit.

Somit fiel jede Art von musischer Bildung oder auch Umtrieb neben her und auch schulisch vom Lehrer ausgehend schon ins Wasser, auf diesem Gebiet waren wir in einer regelrechten Kulturwüste. Selbst der Kirchenchor war nur eine sehr kleine begrenzte Gesanggemeinschaft aus einigen alteingesessenen und älteren treuen Gemeindemitgliedern.

Anfangs hat meine Mutter sehr darunter gelitten, da sie früher aktiv dem Chorgesang gehuldigt hatte, und auch das in der sehr gering bemessenen Freizeit so gut wie keine normale Ansprechperson mit gleichem Interessenhintergrund im Ort zu finden war, das Angebot war gleich Null, außerdem wurde der Umgang mit den für sie Fremden von den Ansässigen ja strikt und bewusst vermieden.

Erst nach geraumer Zeit bekam sie die Gelegenheit durch eine Nachbarin gelegentlich im Chor mitwirken zu können, was wiederum gerne gesehen wurde, da sie ja über einige Erfahrung auf diesem Gebiet verfügte.

Zudem war es für sie, wie im Allgemeinen nicht ratsam sich alleine in der Umgebung vor allem gegen Abend zu bewegen, denn mit ihren knapp dreißig Jahren und recht ansehnlich, mittelblond war sie schon von Natur aus eine gefährdete Person. Denn die Soldaten egal welcher Nationalität und auch die Zwangsarbeiter waren stets auf Mädchen und Frauenfang aus, wenn sie dazu die Zeit und Gelegenheit fanden.

Von vielen gravierenden und versuchten Übergriffen konnte man auch des Öfteren vernehmen, doch dass dieses überhaupt möglich war, wurde aber überwiegend dann den Opfern solcher Attacken selbst zu geschrieben und so gut wie gar nicht geahndet. Es galt allgemein kategorisch die Auffassung, wer sich vor allem an Abenden, nach draußen begab war an eventuellem Unbill selber schuld.

Auch der indirekte allgemeine öffentliche Druck war schon beachtlich, denn das grassierende Misstrauen, allem und jedem gegenüber wurde besonders von den Amtsstuben aus in die Bevölkerung massiv getragen, mit dieser gestreuten Unsicherheit wurde selbst der unschuldigste Mitbürger zum willkommenen Denunziant.

Denn auch irgendwelche selbst private Zusammenkünfte jedweder Art wurden hinterfragt oder kaum geduldet. Und von diversen unverbesserlichen immer noch linientreuen Leuten genau beäugt, somit wurden irgendwelche Treffen um nicht unangenehm aufzufallen auch nicht vorgenommen.

Man wähnte beim Zusammentreffen von ein paar Personen sogleich eine Verschwörung, gegen was auch immer, das Misstrauen gegen alles und jeden war nun mal überall existent und fast schon körperlich spürbar.

Bei diversen Personen war auch der Argwohn gegen alles was ihnen nicht genehm war schon fast manisch, überall wurde sogleich Verrat vermutet wo auch nur ein paar Leute zwanglos vielleicht zu einem informierenden kleinen Schwätzchen zusammen standen.

Deshalb wurde schon zwangsläufig darauf verzichtet, bis sie durch einen reinen Zufall eine junge Frau mit ihrer kleinen Tochter auf der Straße traf, die ihr aber vom Sehen her bekannt vorkam, die sie dann bei einer passenden Gelegenheit einfach mal ansprach.

Die wie sich dann schnell rausstellen sollte zudem auch welch glückliche Fügung, aus der unmittelbaren Nähe unserer Großeltern aus Wuppertal kam, sie kannten sich eigentlich schon vom Sehen her aus ihrer früheren gemeinsamen Schulzeit.

Sie haben sich dann nur ab und zu mal zu einem kurzen Gedankenaustausch oder auch wegen der gegenseitigen Nachfrage ob es Neues von zu Hause aus Wuppertal zu vermelden gab getroffen. Sie haben sich dann auf der Straße wie zufällig getroffen, engeren Kontakt hat man schon wegen der möglichen allgemeinen Verdächtigungen und auch die eventuell unnötigen folgenden Unannehmlichkeiten unterlassen.

Es war schon sensationell, wenn überhaupt eine aktuelle Nachricht oder Meldung zu uns in den Ort vordrang, den Wahrheitsgehalt musste man dann auch vorerst mit einem ganz großen Fragezeichen versehen.

Die gesamte normale Information war sehr Bruchstückhaft und zudem wusste man nie, war die gerade als neueste und wichtige Meldung oder Auskunft überhaupt noch aktuell, oder ist sie schon wieder hinfällig und von den sich überstürzenden Begebenheiten dann doch schon wieder überholt.

Fast alles, besonders aber die amtlichen Belange wurden nur durch einen Aushang, dem schwarzen Brett am Eingang an dem örtlichen Verwaltungsgebäude der örtlichen Kommandostelle mitgeteilt.

Das Gebäude war unübersehbar mit einer riesigen Hakenkreuzfahne ausgestattet, allgemeine amtliche Mitteilungen und Verordnungen wurden nur dort bekannt gegeben, aber auch nur wenn es als einer Veröffentlichung für nötig und würdig angesehen wurde.

Die allgemeine Nachrichtenlage im gesamten Land war daher mehr als ein Desaster, man muss schon sagen mehr als sehr schlecht, alle persönlich relevanten Mitteilungen waren sehr dürftig und selten noch aktuell. Stellenweise konnte man das empfinden haben, dass frei nach dem Motto, was mancher nicht weiß macht ihn auch nicht heiß, verfahren wurde.

Zudem ließen sich die Beschaffung von benötigten Dingen aus Gotha gut gemeinsam erledigen, diese Treffen wurden aber meistens im Freien, in der Ermangelung von entsprechenden geeigneten anderen Räumlichkeiten vorgenommen.

Die nicht ganz uneigennützige Devise, nur nicht durch irgendetwas aufzufallen und in den Fokus einiger Hartliner zu geraten und eine eventuelle Nachfrage zu vermeiden war allgegenwärtig und massiv ausgeprägt.

Die Duldung oder die vorgegebene Akzeptanz und Toleranz durch die Dorfbewohner diente überwiegend nur dazu, um Vorteile zu dem Anderen zu bekommen. So entstanden Verdächtigungen, Anschuldigungen und auch das übermäßige Misstrauen gegen Alles und Jeden, sie waren eben allgegenwärtig und stark ausgeprägt.

Für einen kleinen Jungen ist das nun mal gar nicht einfach und fast unvorstellbar, praktisch beim Spielen draußen unsichtbar zu sein, somit war die weitere Umgebung meist das bevorzugte erwählte Spielgelände, was wiederum meiner Mutter nicht so recht gefallen wolle.

Der Neideffekt war ebenfalls deutlich ausgeprägt, denn man wurde ständig von den verschiedensten Leuten argwöhnisch beäugt, alles wurde genau beobachtet und beurteilt. Es mutet einen doch schon irgendwie komisch an, kaum einer hatte viel mehr als er unbedingt zum Leben benötigte und trotzdem herrschte aller Orten eine unverständliche Missgunst. Über allem schwebte fast unbemerkt stets der doch recht makabre Sinnspruch:

Wir wollen ein Volk von Brüdern sein,
doch willst du nicht mein Bruder sein,
dann schlag ich dir den Schädel ein.

Tolerant sein, heißt ja eigentlich Leben und leben lassen, nach dieser Devise unserer Mutter sind wir aufgewachsen, ihr oft geäußerter gedankenschwerer Spruch den ich nie wieder vergessen habe lautete:

Ein fremder Mensch ist auch ein Mensch,
drum achte Ihn und seinen Glauben,
doch lass dir deine Art und Glauben
von keinem Zweifler rauben.

83

Flüchtling oder Evakuierter ?

Dass nicht alle so dachten, haben wir sehr schnell am eigenen Leibe erfahren dürfen, denn wenn man auch nur etwas geduldet wird, wird man noch lange nicht akzeptiert. Es kann einem Menschen noch so schlecht ergehen, es gibt immer wieder Personen die daraus doch noch einen Vorteil für sich raus schinden wollen und den dann auch ohne Rücksicht umsetzen.

Diese Situationen und Erscheinungen von Drangsal, Übervorteilung auch auf der Flucht, heute wie damals haben und werden sich leider immer Wiederholen. Man könnte in der Geschichte bis Moses zurückschauen, der Begriff Flüchtling, der ist in den unterschiedlichsten Versionen verblüffender Weise auch heute wieder hoch aktuell.

Zu den Menschen die wirklich zu bemitleiden sind, weil sie alles verloren haben und zusätzlich auch noch bedroht sind, mischen sich heute auch Personen die es nur auf ihren Vorteil abgesehen haben und stellenweise auch noch spürbar Verachtung ihren Helfern gegenüber entgegenbringen.

Der Unterschied des Evakuierten zu einem Flüchtling damals lag nun mal darin das man als Evakuierter indirekt nicht freiwillig seinen eigentlich an gestammten Platz und Ort verlässt und sein Ziel eben nicht selbst auswählt, sondern zugeteilt bekommt.

Man war praktisch in einem offenen Gefängnis, wo jedes Verlassen des Ortes einer Genehmigung bedurfte, selbst das Einkaufen im entfernten Gotha musste vorher gemeldet werden.

Er unterschied sich damals in seiner Notsituation nur darin, durch eine Verwaltung und Verordnung Ihn irgendwo hin verfrachtete, eben dahin wo es vermeintlichen Platz oder auch Bedarf für ihn geben soll, gleich wie die vielen Zwangsarbeiter damals.

Ob es dort auch eine entsprechende Infrastruktur gab und Lebenswichtige Dinge zu finden waren, wurde anscheinend nicht ernsthaft geprüft, insgeheim wollte man ja nur ein paar dringend nötige Landarbeiter in diese Landstriche unterbringen. Somit musste man zwangsweise in einer anderen Gegend leben und durfte diese aber ohne eine amtliche Genehmigung auch nicht wieder verlassen, da ja auch alle persönlichen Verwaltungsvorgänge automatisch an diesem Ort landeten und getätigt werden sollten.

Ein Flüchtling hat aber für sich eine eigene Entscheidung getroffen, aus welchen Gründen heraus auch immer, er sucht sich sobald er sich orientieren kann und konnte und es ihm möglich ist, dann einen ihm genehmen Ort und Platz.

Bei einem Vertriebenen aus den Ostländern war es fast gleich, mit dem Unterschied, dass er nicht freiwillig seinen bisherigen Ort verlies um so verschieden gelagerten Drangsalen und auch Verfolgungen zu entgehen, doch er konnte sich im Grunde trotzdem seinen Zielort selbst wählen.

Ob er Diesen dann auf Anhieb findet und dort gern gesehen ist, steht auch wohl seit allen Zeiten in den Sternen. Man musste sich eben dem was man am fremden Ort vorfindet unterordnen und anpassen. Bei nicht gefallen, könnte er heute theoretisch gesehen ja auch jederzeit wieder weiterziehen und die Örtlichkeiten wechseln um eventuell eine angenehmere Örtlichkeit zu finden, er ist verhältnismäßig immer noch frei in seiner Entscheidung.

Aber bei allen Gruppierungen ist eins gleich, sie waren und sind eben auch nur Fremde in der Fremde und es braucht sehr viel Zeit bis man in der neuen Umgebung wirklich angekommen war und ist, nicht immer und überall ist diese Aktion mit dem erwarteten Erfolg gekrönt worden.

Ob man sich nun zwangsweise oder freiwillig in fremden Gefilden niederlässt bleibt sich gleich, ob die Bevölkerung einen dann auch akzeptiert ist eben nicht selbstverständlich und nicht immer gegeben. Leider gab und gibt es aber auch immer wieder einige, die dieses entgegen gebrachte Wohlwollen dann doch über Gebühr strapazieren. Man ist eben, so oder so, einfach nur Bittsteller im fremden Land und auf das Wohlwollen Anderer besonders zu Beginn seiner Odyssee angewiesen und für eine Hilfe kann man dann aber gar nicht genug Dankbarkeit zeigen, ohne sich blindlinks von Habgierigen völlig ausnutzen zulassen.

Es werden aber stellenweise auch durch schon unverschämte Forderungen, durch Frechheit und Unlauterkeit der Unmut und die Ablehnung der hilfsbereiten und umgebenden Personen hervorrufen, die sich dann aber auch verfestigen können.

Leider ist es vielen verschiedenen der aufgenommen Personen heut zu Tage völlig gleichgültig, dass sie durch ihr stellenweise schon ungebührliches Benehmen und ihrer Dreistigkeit damit nicht nur sich, sondern auch anderen erheblichen Schaden zu fügen.

Es gilt auch heute noch, wenn man aus einem Kulturkreis mit gänzlich anderem Lebensstil stammt, sollte man sich darüber im Klaren sein, das man sich in einen anderen Kulturbereich begibt und befindet.

Der sich aber doch recht bedeutend von dem bekannten bisherigen Rahmen sehr stark unterscheiden kann, denn altüberlieferte Handhabungen haben doch in einem fremden Land nicht mehr die maßgebliche gewohnte Gültigkeit für einen auf Dauer zugereisten Menschen.

So dass nicht die Gesetze der Gastgeber und seine an gestammten Lebensformen sich nicht an die des Gastes anpassen sollten, sondern zwingend genau umgekehrt.

Wer das aber nicht will und kann, egal aus welchem Grunde auch immer, ob dann aus Glaubensgründen oder auch weil man es nicht anders kennt und auch nicht ändern will, hat sich offensichtlich das falsche Gastland und die falschen Gastgeber ausgesucht. Auf der ganzen Welt gilt seit alters her der überall gültige Verhaltenskodex, in einem mir fremden Land gilt auch für mich das dort geltende Recht, das ich unbedingt zu achten habe und nicht die Vorgaben die ich mir vorstelle oder auch gerne haben möchte.

Egal welchen Status man vor seiner gewollten oder gezwungenen Odyssee in seinem Heimatland auch hatte, dieser hat jetzt eigentlich keinen Wert mehr. Grundsätzlich gilt, auch Heute wie überall auf der Welt, der Gastgeber und sein Land geben die auch für ihn gültigen Regeln vor.

Man muss ihn, den gewünschten Status jedes Mal sich mühsam dann im neuen Wohnumfeld erst wieder erarbeiten um vielleicht später auch einmal in gleicher Weise wie in früherer Zeit anerkannt zu werden. Als Gast oder Neubürger muss man sich dieser, vielleicht noch gänzlich unbekannten Gesetzgebung und Lebensart unterordnen und anpassen, sonst ist ein gedeihliches Miteinander gar nicht möglich.

An dieser auf der ganzen Welt und in jedem Land jeweils gültigen Rechtsform muss sich seit alters her eine aus fremdem Land zu gereiste Person ohne eigene Deutung halten, auch wenn sich durch andere Glaubensrichtung und Auslegung sich ein Widerspruch ergibt.

Denn alles was man in fremden Gefilden antrifft, dass sich mit einer persönlichen Auffassung nicht unbedingt vereinbaren lässt muss dann aber trotzdem ertragen werden und kann nicht nach eigenem Gutdünken geändert werden.

Ein Mensch der, egal aus welchem Grunde sein gewohntes Umfeld verlassen musste, wird zumeist mit recht viel Einsatz und Kraft die neuen Umgebungsbedingungen für sich machbar und ertragbar zu gestalten.

So ist, oder sollte diese uralte Vorgabe auch heute noch seine Gültigkeit haben und behalten, um das nötige Verständnis zu einander zu erhalten, denn ohne diese alte Grundeinstellung lässt sich einfach nicht friedlich zusammen Leben.

Die ersten ländlichen Eindrücke!

Für uns Stadtkinder, die noch nie einen Kuhstall und einen Bauernhof, außer vielleicht in einem gezeichneten Bilderbuch, direkt gesehen hatten wäre es hier real unter normalen Umständen auf dem Land wie ein Eldorado gewesen, eine fast grenzenlose Freiheit, wenn, ja wenn eben die Begleitumstände nicht so gravierend unfreundlich und unnötig egoistisch gewesen wären.

Eines Tages hatten wir Kinder, stets in und um den Ort auf einer spannenden Erkundung unterwegs, ein Zuckererbsenfeld am kleinen Hügel der Kirchstraße am Ortsrand Richtung Morsleben ausgemacht. Wir hatten eben alles was wir erreichen konnten ausprobiert ob es essbar ist, darunter waren dann schon mal Rotdornblüten oder Taubnesseln und sonstiges. Frei nach dem Motto was süßlich und gut schmeckt kann eigentlich nicht schlecht oder giftig sein.

Dort sind wir, drei oder vier Lausbuben heimlich hineingeschlichen, um uns an den rohen Erbsen gütlich zu tun, denn Hunger war zu der Zeit ein ständiger Dauerbegleiter von uns Kindern. Was unserem Innenleben aber dann verständlicher Weise nicht immer besonders gutgetan hatte, die rohen Zuckererbsen hatten in diesem Falle eine verheerende direkt sichtbare Wirkung.

Nach einer Weile und kräftigen zulangen wurde uns allen dann Hundsmiserabel und schlecht, mit total bleichem Gesicht sind wir etwas später zu Hause angekommen. Meine Mutter bestand natürlich darauf zu erfahren warum es mir so elendig und kotzübel war, zu guter Letzt habe ich ihr dann doch unsere heimliche Verköstigung mit den rohen süßlichen Erbsen frisch aus der Schote vom Acker gebeichtet.

Sie schüttelte ernst den Kopf und ermahnte uns dieses nicht zu wiederholen, nicht nur weil einem davon extrem schlecht werden kann, wie ich nun leidlich erfahren durfte. Sondern auch wegen der möglichen Schwierigkeiten mit dem Bauer oder dem Amt, denn das wurde ja offiziell als ein Diebstahl angesehen und auch dem entsprechend geahndet.

Diese und auch andere Begebenheiten auf einen gefährlichen oder auch rechtlichen Hintergrund zu bedenken lag uns Kindern recht fern, denn der Hunger war übermächtig und die Neueindrücke waren viel zu vielfältig und interessant als dass man an so etwas auch nur einen Gedanken verschwendete.

Für eine besonders große Aufregung auf dem Hof sorgte dann bald auch einmal mein Reitversuch, der allererste in meinem Leben. Das aber ausgerechnet auf einem der beiden gewaltigen Friesischen Riesen, diesen übergroßen Fleckvieh Zugochsen. Ich hatte mittlerweile keine Angst mehr vor Tieren, außer dem Ganter und seiner Gänseschar auf dem Hof, auch nicht vor diesen, für mich gewaltigen Tieren, sie waren um einiges wuchtiger und größer als die Kühe.

Zu den Ochsen den ich schon öfter am Kopfgeschirr geführt hatte, hatte ich mittlerweile ein zutrauliches Verhältnis. Auf einen von diesen Riesen hatte mich der Knecht auf mein mehrmaliges eindringliches bitten und betteln hin gehoben, das hätte aber auch sehr schlimm ausgehen können.

Als dann das Ochsengespann mit einem kräftigen Ruck loszog, hatte ich die Höhe der Ochsen und die der Hofeinfahrt vor lauter Aufregung und Halt suchend nicht richtig im Auge behalten und eingeschätzt, ich knallte somit vehement mit dem Kopf an den oberen Torrahmen.

Es bumste ganz gewaltig und mir wurde kurz schwarz vor den Augen, viele Möglichkeiten mich festzuhalten hatte ich auf dem doch recht glatten Tierrücken, ohne Sattel oder Zaumzeug Riemen nicht und eine Mähne wie bei einem Pferd gab es ja auch nicht.

Ich fiel darauf hin also wie ein Stein von dem Ochsen herunter und landete gefährlich nahe bei den Hufen des Tieres auf dem harten Einfahrtsboden. Der Knecht konnte gerade noch rechtzeitig die Tiere zum Stillstand bringen und mich direkt aus dem Hufenbereich dann wegziehen um schlimmeres zu verhindern.

Er musste sich danach dann eine gewaltige Standpauke von dem Bauer, der kam dabei so richtig in Rage und auch von meiner Mutter anhören. Eine geraume Zeit prangte dann eine nicht zu übersehende große Beule auf meiner Stirne und mein Brummschädel für einige Tage war auch nicht zu verachten.

Täglich gab es stets was Unbekanntes und Neues bei diesem uns total unbekannten Landleben zu erleben, ob eine Kuh zum Bullen oder eine Stute zum Hengst geführt werden sollte, wir waren immer und überall als kleine Helfer oder auch stille Zaungäste dabei.

Bei einer heimlichen ohne den öffentlichen Segen der allgegenwärtigen Verwaltung, einer geheim gehaltenen so genannten Schwarzschlachtung eines Schweins wurde unser Hof komplett hermetisch verschlossen. Normalerweise musste ja jede Schlachtung wegen der allgemeinen Rationierung im Amt angemeldet werden.

Um das verräterische Geräusch, das weit hin hörbare Quieken des Tieres, dieses Geräusch kannte ja jeder und wusste es gleich auch richtig zu deuten, das war eben gefährlich, weil die Denunzianten, des eigenen Vorteils willen überall zu finden waren.

Um dieses zu vermeiden, wurde der großen Sau, noch im Stall ein Knüppel mit einem großen Tuch umwickelt in den Rachen gestopft. Somit konnte das verräterische allbekannte Geräusch vermieden und auch der Kopf auch richtig fixiert werden, um dann mit einem wuchtigen Schlag mit der Rückseite einer Axt auf die Mitte der Stirne, das Tier zu betäuben.

Nach dem abstechen und zum anschließenden ausbluten sowie der Innereien Entnahme wurde die große Sau auf eine Leiter gebunden und dann mit vereinten Kräften mit samt der Leiter an der Stallwand außen fast senkrecht aufgestellt.

In dem großen kupfernen eigentlichen Wasch und beziehungsweise Futterkartoffelkessel im so genannten Waschhaus musste reichlich heißes Wasser gemacht werden. Dieses Wasser wurde zum abbrühen des Tieres, zum anschließenden entfernen der Borsten und der Kessel zum garen der Innereien und später für das Brühen der Würste benötigt.

Wir Kinder waren fast den ganzen Tag für das holen von ausreichend Brennmaterial, das hinter der Scheune am anderen Ende von der ganzen Hofanlage aufgestapelt war zuständig.

Das ganze Geschehen war uns total neu und überaus aufregend, mit glühenden Ohren waren wir mit großem Eifer, auch hier wie selbstverständlich bei der Sache. Jeder musste helfend mit Hand anlegen und jeder Handgriff musste dabei aber auch sitzen damit alles so schnell und vor allem so unauffällig und leise wie möglich erledigt werden konnte.

Für das Helfen und natürlich auch fürs Stillschweigen haben wir dann von den fertigen Würsten etwas abbekommen und am Tage darauf auch etwas vom leckeren Schlachtbraten.

Das Gehöft war in einem großen Karree, wie in dieser Gegend überall üblich gebaut, mit einem großen Toreinfahrtsbogen vorne zur Dorfstraße hin und einer kleineren Durchfahrt genau gegenüber auf der Hinterseite durch die Scheune hindurch ging es in den Garten und weiter ins Grüne.

Dazwischen befanden sich die Ställe auf der einen Seite, die Futterräume und Waschküche gegenüber, sowie darüber die Räumlichkeiten für die polnischen Zwangsarbeiter.

Die Geräteschuppen und der Hühnerstall waren in und neben der Scheune, gegenüber dem Wohngebäude intrigiert und mittendrin leicht rechts der Misthaufen, direkt vor dem Kuhstall und direkt daneben das Plumpsklo.

Die eigentliche Waschküche war zugleich auch die Futterküche, in der unter anderem ein oder zweimal die Woche auch die Futterkartoffel in dem großen Kupferkessel für die Schweine gekocht wurden.

So oft es unbeobachtet möglich war haben wir dann einige der heißen Kartoffel stibitzt und sofort mit Hochgenuss in der Scheune nebenan heimlich verspeist. Das war leider nur gelegentlich möglich und daher immer ein besonderer Augenblick, den wir dann aber besonders gern genossen haben.

Direkt neben dem Kuhstall, unmittelbar am Misthaufen, rechts auf dem Hof von der Dorfstraße ausgesehen, gegenüber dem Schweinestall, war das Plumpsklosett als einzige Toilette für uns und das komplette Personal auf diesem Hof.

Das aufzusuchen des stillen Örtchens war meistens besonders bei uns Kindern eine kleine Herausforderung der besonderen Art, es wurde deshalb auch immer bis zum letzten Augenblick gewartet um dann eiligst den Ort anzusteuern.

Ein Ganter der sich mit seiner Schar Gänse im Hof frei bewegen konnte, er war Chef im Hofgelände und manchmal schlimmer als ein scharfer Hofhund. Er hatte nicht immer Lust Jemanden zum stillen Örtchen gehen zu lassen, besonders wenn man sich schnell dorthin bewegte.

Lautstark und unangenehm, mit gestrecktem Hals zischelnd beharrte er angriffslustig auf sein Vorrecht gerade auf diesen Bereich im Hofgelände. Manch blauer schmerzhafter Fleck und auch mal ein Zwickel in der Garderobe durch sein aggressives Zwicken verursacht, musste ertragen werden.

Diese aggressiven Aktionen von ihm besonders uns Kindern gegenüber waren auch nicht immer Unfallfrei durchzustehen, denn man trug damals als Kind noch meistens Unterhemd und Unterhose an einem Stück, wie es das damals ja wohl in Mode war. Zudem wurde nur durch zwei Knöpfe der rückwärtige Hosenlatz gehalten.

Dieses aufknöpfen ging auch nicht immer so schnell von statten, auch durch die Verzögerung durch den Ganter, wie es eigentlich dann von der Dringlichkeit unbedingt angezeigt gewesen wäre.

Somit war in besonders dringenden Momenten die verbleibende Zeit einfach zu knapp und das Malheur war dann auch schon passiert, was meiner Mutter dann verständlicher Weise ganz und gar nicht gefiel und ihr auch Probleme bereitete. Denn in unserer primitiven und unvollständigen Wohnsituation war so ein Malheur schon eine recht gravierende Angelegenheit.

Weil eine Waschmaschine oder sonstige Hilfsmittel, selbst ein normales Waschzuber nicht immer zur Verfügung standen, es musste an allen Ecken stets irgendwie improvisiert werden, zudem standen die nötigen Wäschestücke auch nicht unbegrenzt zur Verfügung.

Die allgemeinen und schwereren Feldarbeiten wurden ausschließlich durch die tierische Kraft der beiden Zugochsen getätigt, da ja jede Art von Motorgeräte, Fahrzeuge und Pferde fehlten oder aber auch geschont wurden.

Es war hier eigentlich schon eine beschauliche Zeit im Gegensatz zu Wuppertal, wenn nur eben nicht die allseits unerfreulichen, unfreundlichen Begleitumstände gewesen wären, hätte man sich mit der Zeit auch hier heimisch fühlen können.

Durch die allgegenwärtige Wehrmacht waren nun schon vermehrt fast täglich irgendwo Übungen im Ort und drum herum oder auch Materialtransporte und andere für uns unverständliche und auch belastende aber wiederum auch interessante Truppenbewegungen.

Dazu gehörte auch das Wirklichkeitsnahe Üben der Soldaten im Straßen oder Häuserkampf mitten im Ort an markanten Kreuzungen und Örtlichkeiten und dabei natürlich auch das allgemeine Übungsschießen.

Das war für uns dann wie Hausarrest denn ob jetzt scharf oder mit Übungsmunition geschossen wurde war für uns in den Momenten einfach nicht ersichtlich und die Herren der Wehrmacht spielten sich auch entsprechend auf, ihre Vormachtstellung nutzten sie dann auch sichtlich aus.

Bei manchen dieser Soldaten merkte man dabei durch ihr blödeln und Lachen es sehr deutlich, dass ihnen diese für sie ungefährlichen Handlungen mit den Waffen sogar einen großen Spaß bereitete.

In dieser Zeit haben wir uns dann die Nasen innen an den Fensterscheiben richtig plattgedrückt, denn das laute Geschehen, für uns Kinder ohne einen tieferen Sinn war für uns aber trotzdem schon recht aufregend. Sehen wollten wir ja aber auch alles, aber hinaus haben wir dann auch nicht wollen und meist auch nicht dürfen.

Die Soldaten benutzten dazu auch schon mal den Hauseingang zu unserer Behausung und sperrten den gesamten Straßenbereich unserer Kreuzung und dem Ortsabschnitt ab, so dass wir dann mitten in dem spannenden aber doch unangenehmen und lauten Geschehen waren. Aus solchen Anlässen wuselten die diversen Fahrzeuge kreuz und quer durch die Gassen und Straßen der kleinen Ortschaft, dann war richtig viel Fahrzeugverkehr an dieser Kreuzung, wo sonst keinerlei Motorfahrzeuge zu sehen war.

Denn solche Fahrzeuge privat gab es anscheinend schon seit langer Zeit nicht mehr im gesamten Ort. Der einzige alte Traktor ein Einzylinder Glühkolben Bulldog den ich im ganzen Ort zu sehen bekam, war mit einem mächtigen großen Schwungrad an einer Seite bestückt und wurde stets gut in einer Scheune, versteckt gehegt und gepflegt.

Er wurde eigentlich nur beim Dreschen also zum Betreiben der Dreschmaschine und zum Holzsägen im Dorf auf verschiedenen Höfen verwendet. Aber eben nur sehr selten, da ja auch außerdem kaum die nötigen Betriebsmittel in einer öligen Form dafür zur Verfügung standen, wurde er nur selten und recht sparsam eingesetzt.

Die tägliche landwirtschaftliche Arbeit im Ort wurde überwiegend von den Ochsen oder Kühen bewältigt, diese Tätigkeiten waren die einzigen sichtbaren Bewegungen auf den Straßen und Wegen, neben denen gelegentlichen der Wehrmacht mit ihren Autos im Ort.

Was auch noch auffallend war, dass im gesamten Ort kaum Pferde außer den zwei Kaltblütern bei dem Bauer neben der Kirche zu sehen waren, was eigentlich zum dörflichen Landleben ja wohl auch gehört.

Da wir ja im Grunde ungeliebte nur auf Zeit geduldete Personen für die Einheimischen waren, war auch die Zuwendung bei der Nahrung, auch nur auf das nötigste für uns beschränkt. Die Speisekammern und Lagerräume waren in einem Abschnitt des Haupthauses, für uns gänzlich unzugänglich und unerreichbar untergebracht, auch der Keller war teilweise entsprechend abgesperrt.

Besonders für uns heranwachsende Kinder war somit ein immerwährender Hunger auch ein ständiger Begleiter, daher nahmen wir jede Gelegenheit wahr etwas Essbares zu erhaschen, auch wenn es nicht immer gern gesehen und genehmigt war.

An einem recht warmen Tag quälte mich der Durst schon gewaltig, so dachte ich mir das ein kräftiger Schluck frische Milch gerade recht wäre, doch im Hause war dieser Schluck für mich gerade nicht erreichbar.

Ich hatte mittlerweile ja schon unzählige Male beim täglichen Melken zugeschaut, was damals ja noch gänzlich von Hand vorgenommen wurde. In meinem noch unerfahrenen Kindlichen Verständnis sagte ich mir, wenn es im Haus keine Milch für mich gibt dann gehe ich eben direkt zu der Quelle wo sie herkommt.

Also ging ich zu der Kuh im Stall zu der ich irgendwie ein wenig Vertrauen und vielleicht auch etwas Zuneigung verspürte. Auf ihrer Lende habe ich schon einige Male praktisch ein kleines Nickerchen abgehalten den die Wärme die sie ausstrahlte tat mir so richtig gut, besonders wenn draußen ein recht kühles und unwirsches Wetter herrschte. Sie lag friedlich Wiederkäuend auf ihrem Platz im Stall, deutlich sichtbar und auch für mich leicht greifbar war für mich der Euter der Kuh, also was die Erwachsenen können kann ich doch auch, dachte ich mir.

Ich kniete mich also nieder und versuchte so nah wie es eben möglich war dem Euter mit offenem Mund zukommen, denn ich wusste ja, dass der Milchstrahl auch in einem kräftigen Bogen spritzen konnte, doch das warum war mir eben nicht bekannt. Dass dazu eine gewisse Technik beim Melken gehörte war mir da ja auch noch nicht bekannt. Also zog und zerrte ich mit Nachdruck an den Zitzen herum aber es regte und spritzte nichts, es tropfte noch nicht einmal.

Bis es der Kuh dann einfach Zuviel war und mit einem gewaltigen Satz ruckartig aufstand, was mir natürlich nicht gerade gut bekam, denn ich flog in einem hohen Bogen gegen die Stalltüre, was wiederum einige Personen auf den Plan rief, die dann alle unbedingt wissen wollten was und wie das denn passieren konnte.

Total verstockt und eingeschüchtert habe ich mich erst mal als gänzlich unwissend gestellt, doch meine Mutter ahnte es anscheinend schon, was geschehen war. Sie nahm mich dann zur Seite und sagte mir eindringlich, dass ich solche Eskapaden nicht wieder machen dürfte, denn auch wenn man Hunger und Durst hat, darf man sich nicht einfach etwas nehmen, das sei nämlich Diebstahl und das kann, wie schon gesagt auch schlimme Folgen haben.

Daher habe ich Keinem in den folgenden Tagen verraten woher ich die mittlerweile in allen Farben schillernde Beule an meiner Stirne hatte. Somit habe ich damals dann auch nie erfahren wie das denn nun mit dem Melken einer Kuh vor sich geht.

Bei der späteren Kartoffelernte mussten wir alle mithelfen, wir die Kinder und auch die Frauen mussten die Auflese und Nachlese auf dem Acker machen, natürlich unter der strengen Aufsicht vom Bauer. Der sich auf einer günstig gelegenen Übersichtstelle für eine Weile zur Kontrolle und Beobachtung postiert und niedergelassen hatte.

Denn er wusste ja ganz genau, Kartoffeln waren ein heißbegehrter Gegenstand der auch gerne zum Handeln unter der Hand auch in kleinen Mengen genutzt wurde. Wehe man war nicht emsig genug oder man übersah dann auch mal eine Kartoffel, das gab dann ein mächtiges Donnerwetter mit den Worten versehen, ob wir glaubten es gäbe hier etwas zu verschenken.

Denn bei hier und da übersehenen Kartoffeln kam dann bei der gründlichen Nachlese schon eine beachtliche Menge doch noch zusammen.

Besonders gut in Erinnerung ist mir, dass fast zum Abschluss der Lese, wenn der Bauer sich schon entfernt hatte, der polnische Knecht als Zwangsarbeiter einige mittelgroßen Kartoffel mit dem Zipfel seiner Arbeitsjacke sauber rubbelte und dann auf dünne Stöcke aufspießte.

Sie wurden dann sorgsam über einem offenen Kartoffelkrautfeuer auf dem Feld gebraten und mit höchstem Genuss auch gleich verzehrt, der polnische Knecht der alles dafür organisiert hatte verlangte Striktes still schweigen darüber.

Da dieses der Bauer eigentlich aber auch nicht wissen durfte, ergab dann das heimliche mitführen einiger dünnen Holzstäbe, die man mir zuvor zum Verstecken gegeben hatte dann auch für mich seinen Sinn. Das war echter Hochgenuss pur, denn wir waren ansonsten ja nicht gerade mit Speisen im Allgemeinen gesegnet, wenn die Bäuerin nicht gelegentlich uns etwas Essbares vom Bauer unbemerkt zugesteckt hätte, wäre unser Hunger noch wesentlich größer gewesen. Die beiden fast gleich alten Kinder des Bauern haben wir nur sehr selten gesehen, sie durften so gut wie keinen Kontakt zu uns und den Kindern des Gesindes dieses Hofes haben.

An unserer Dorfstraße in Richtung Gotha nur wenige Meter entfernt, war die kleine Dorfschule mit dem davor liegenden Schulhof, in die ich dann Ostern 1944 nun auch das erste Mal in meinem Leben eingeschult worden bin. Was sich aber zwangsläufig in den folgenden Jahren bei den sich immer wieder veränderten Bedingungen dann noch einige male an verschiedenen Schulen in diversen Landstrichen und Ortschaften wiederholen sollte.

Ein Stück weiter war ein kleiner Dorfplatz hier gab es nur eine kleine Wirtschaft, eine größere mit einem Saal war auf der anderen Dorfseite. Zudem war dort ein Friseur und ein Geschäft für alles Mögliche, was man im Alltag und in ländlichen Haushalten so benötigte, sowie die Ortsverwaltung und schräg gegenüber in der Kirchstraße war auch die Dorfkirche.

Einen anscheinend speziellen Bereich im Ort hatte man mir indirekt verboten, aber was verboten war, war ja doch auch besonders interessant. Somit bin dann einmal hinter dem Knecht hergeschlichen, weil er allein mit einer Kuh am Halsgeschirr führend den Hof verlies, nun wollte ich von Ihm doch unbedingt wissen wieso die Kuh nicht wie sonst üblich an einem Wagen angeschirrt war.

Doch eine schlüssige Erklärung habe ich von Ihm nicht erhalten und daher wollte ich nun unbedingt wissen wieso er die Kühe durch den Ort spazieren führte, denn wenn er mir nicht etwas erklären will muss ich wohl selbst nachsehen, wie und was sich so etwas Unbekanntes, und warum abspielte.

Somit wurde ich als stiller Beobachter Zeuge wie die Kühe in der Deckstation dem sogenannten Pfarren Stall von einem großen Bullen gedeckt wurden, der Sinn dieser Aktion war mir ja total unbekannt und somit wollte ich später auch mehr über das Erlebte wissen.

Ich brachte diverse Erwachsene nun mit meiner erwachten Neugierde und dringenden Fragerei in gewisse erklärliche Erklärungsnöte. Weil ich einfach keine Ruhe geben wollte und somit ausweichende und lapidare Antworten die aber nicht aussagekräftig genug waren, denn meine Neugierde war ja nun einmal geweckt.

Mein großer Bruder, der immerhin drei Jahre älter war als ich meinte das der Bulle doch wohl etwas von der Schulter der Kuh einfangen wollte oder ein Tier verjagen wollte, darauf habe ich dann nur gesagt, dass er ein Döskopp sei, denn der Bulle könne doch mit seinem großen Maul keine Fliegen fangen.

Dieser Ausspruch von mir wurde dann später bei diversen Familientreffen oft und gerne zu Aller Belustigung lachend zum Besten gegeben.

Ein größeres Malheur konnte mein Lehrer, der Gott sei Dank als Sanitäter ausgebildet war beheben, er musste mir mal den großen Zehennagel am rechten Fuß ohne eine Narkose entfernen, irgendwelche weitere Hilfsmittel waren ja damals in diesem Ort nicht vorhanden.

Der Lehrer der meinen geschundenen Fuß eingehend betrachtete schüttelte seinen Kopf in Anbetracht der nicht gerade üppigen Ausrüstung seiner mehr privaten inoffiziellen Sanitäter Station.

Er meinte nur, es müsse auch so gehen, eben ohne eine richtige Narkose, er gab mir erst einige recht bitter schmeckenden Tropfen auf einem Teelöffel und ein Stück Holz auf das ich dann feste beißen musste.

Dann erst zog er mit einem kräftigen Ruck mir den zertrümmerten, gesplitterten Fußnagel am großen rechten Zehen heraus und verarztete danach gekonnt meinen Fuß.

Ich war während dessen verständlicher Weise wohl ein wenig abgetreten, denn ich bin eine ganze Weile später erst unter großen Schmerzen richtig wieder zu mir gekommen. Da war mein Fuß aber schon in einem Verband verpackt worden.

Den Zehennagel hatte ich mir beim Abladen von einer für mich viel zu großen vollen Milchkanne von einen Handkarren, einem kleinen Leiterwagen total zerstört. Gott sei Dank war aber dann bei der ersten eingehenden Untersuchung keine direkte Knochenverletzung festgestellt worden.

Mein Eifer und Einsatzwille waren eben größer als meine Kraft, als dieser Karren dann auch noch umgekippte konnte ich die große schwere Kanne nicht mehr festhalten und sie landete somit auf meinem großen Zehen am rechten Fuß.

Wäre dabei auch nur etwas von der Milch vergossen worden, dann hätte das vom Bauer ein gewaltiges Donnerwetter gegeben, so aber ließ ihn meine erhebliche Verletzung völlig kalt.

Wäre an den Knochen doch etwas gewesen, hätte man mich ins viele Kilometer entfernt liegende Gotha zum Arzt bringen müssen. Was sich zu dieser Zeit damals ja als eine fast schier unlösbare Angelegenheit darstellte, denn eine nötige Fahrgelegenheit war weit und breit im Moment nicht zu finden.

Alle Motorfahrzeuge, wenn überhaupt welche einmal vorhanden gewesen waren hatte man ja mittlerweile schon konfisziert, selbst Traktoren, ja sogar Pferde waren offensichtlich ja keine mehr im Ort zu finden.

Eine Verbindung nach Gotha gab es eigentlich nur per Fahrrad, oder nur gelegentlich und unregelmäßig mit einem Bus, Telefone waren damals noch die absolute Mangelware, die hätte man wohl an einer Hand im ganzen Ort auszählen können und für uns, den Auswärtigen eben auch überhaupt nicht zu erreichen.

Eines schönen Tages im September stand ein mir total fremder Mann in Uniform vor mir in der Haustüre, vor den Uniformträgern allgemein hatte man aus nicht guter Erinnerung schon eine tiefsitzende Abneigung, ich lief zur Bäuerin und sagte ihr das ein fremder Soldat in der Haustüre stehen würde.

Der aber ein wenig anders aussehen würde als die, die man hier sonst immer mal sah, denn er hatte keinerlei Waffen und auch nicht den üblichen Gürtel samt der umfangreichen Anhängsel um und dabei.

Wie sich dann aber schnell herausstellen sollte, war es mein Vater auf Fronturlaub, den ich in diesem Moment wohl überhaupt zum ersten Mal bewusst in meinem Leben gesehen habe und somit war er einfach nur ein fremder Mann für mich.

Den eigentlichen wichtigen Grund seines Besuchs habe ich damals natürlich nicht gewusst, was mir aber auch gänzlich egal war, denn er war für mich eben nur ein Fremder.

Meine Eltern haben nämlich damals in Friemar wieder geheiratet, wahrscheinlich sind dadurch auch die diversen Probleme mit den Behörden, mit denen sich meine Mutter ständig herumschlagen musste und auch die der finanziellen Art gelöst worden.

Die schon ein paar Jahre zurück liegende Scheidung war wohl auch der Grund warum wir vor dem Bombardement auf Wuppertal im Haus in der Grünewalderstrasse ohne ihn gewohnt hatten und dass dadurch diese Person, mein Vater mir bis Dato total unbekannt war, ich sah ihn nun bewusst das erste Mal.

Ich lehnte aber daher verständlicher Weise diesen mir total fremden Menschen, der nun urplötzlich maßgeblich in unserem kleinen trauten Kreis und kleinen Zimmer eingedrungen war erstmal aus meinem tiefsten Herzen und aus voller Überzeugung ab.

Von dem späteren Vorgang im sogenannten Rathaus, in der Orts Kommandantur haben wir Kinder kaum etwas mitbekommen und zudem war ein solcher Vorgang eigentlich im Moment für uns Kinder auch völlig ohne eine tiefere Bedeutung und von Belang.

Das Besondere an dem Tag war aber, dass es an diesem Tage ein einmaliges für uns und für die damalige Zeit ungewohntes und gutes Essen gab und das dann völlig ungewohnt auch noch in der kleinen Wirtschaft. Doch der persönliche Status und auch die wirtschaftliche Fakten verbesserten sich besonders für meine Mutter ab diesem Tage.

Ich habe ihn aber trotzdem immer noch konsequent von ganzem Herzen abgelehnt und ihn nur als einen wirklich störenden unnötigen Menschen empfunden und betrachtet. Etwas werde ich wohl auch nie vergessen, nämlich dass ich fast einen ganzen Tag wegen ihm in dem Zugang, auf der Treppe des unbeleuchteten dunklen Bauernhofkeller zu bringen musste.

Weil ich meinem mir bis dahin total unbekannten Vater an einem Morgen nicht gebührend begrüßen und auch nach mehrmaligen Überredungsversuchen meiner Mutter, ihm, einem mir total unbekannten und nicht akzeptierten Mann nicht zum Geburtstag gratulieren wollte. Das war etwas, was mir auch später noch hin und wieder, auch in meiner Schulzeit richtig Probleme bereitete, bei intensiven Aufforderungen habe ich mich verweigert und mit Sturheit reagiert, was auch später manches Nachsitzen in der Schule mir eingebracht hatte.

Denn wenn man mich direkt aufforderte und bedrängte etwas zu tun oder zu anderen etwas zu sagen, was nicht meinem eigenen Wollen entsprang, wie zum Beispiel vor der Klasse ein Gedicht aufsagen, das diese Aufforderung dann bei mir regelrecht eine Blockade hervor rief und mich dann sogar stottern ließ. Der Aufenthalt im dunklen Keller, besser gesagt auf der dunklen Kellertreppe seinetwegen hatte meine Aversion gegen ihn dann erst recht noch einmal kräftig verstärkt. Ich habe ihn einige Tage regelrecht ignoriert, er war einfach nur Luft für mich.

Mein Vater, der musisch veranlagt war und in der Jugend auch anscheinend Musikunterricht genossen hatte, wohl auch durch die Fürsprache meiner Mutter und ihrer gelegentlichen Mitwirkung im Chor durfte er einmal in Ermangelung des Organisten, dieser war wohl auch an der Front, zu einem Anlass im Ort in der Kirche die große Orgel bespielen.

105

Somit durfte ich auch mal mit auf die Empore, das war natürlich etwas ganz Außergewöhnliches für mich. Das machte mich dann auch insgeheim doch äußerst stolz auf Ihn, für mich war das ein ganz besonderer Moment und meine Abneigung schmolz danach auch ein wenig dahin.

Dieser Moment, der uns ja auch noch später ein wenig mehr Akzeptierung im Allgemeinen im Ort eingebracht hatte blieb mir auch für immer in meiner Erinnerung. So auch, dass er nicht mit den Wohnumständen die er bei uns auf dem Hof vorfand von Anfang an ganz und gar nicht einverstanden war, er bezeichnete sie als unmöglich und absolut als nicht tragbar.

Er hatte gleich am zweiten Tag seiner Anwesenheit ein heftiges Wortgefecht mit dem Bauer, er verlangte von ihm eine sofortige andere Unterbringung, weil ja auch anderweitig genügend Platz im Haupthaus gewesen wäre. Es war ja eigentlich eben auch noch genügend Platz an vernünftigem Wohnraum in dem großen Wohnhaus, aber der Bauer zeigte keinerlei Einsehen, er meinte nur das er ja schon genug an Hilfestellung ohne große Gegenleistung erbringen würde.

Mein Vater erregte sich darauf mächtig, er fackelte daher auch nicht mehr lange, er ging kurzerhand zur zuständigen Ortsverwaltung und machte dann mächtigen Druck auf den dortigen doch sichtlich etwas selbstherrlichen hochnäsigen Verwaltungsmenschen, er verlangte eine sofortige Änderung der Situation, es musste eben schnellstens geschehen, er hatte ja auch nur seine begrenzte Urlaubszeit.

Dieser Mensch versuchte natürlich sich mit fadenscheinigen Ausreden hinter einer amtlichen Verordnung aus dem Kreuzfeuer zu nehmen.

Der ja auch zu meiner Mutter vor einiger Zeit schon eine fast beleidigende abschlägige Auskunft diesbezüglich gemacht hatte. Mit der damaligen Aussage in der Art wie, man solle doch froh sein überhaupt aufgenommen geworden zu sein.

Diesem Satz hatte dieser überhebliche Beamte auch noch einige Unschöne aber deutlich diskriminierende Bemerkungen als grobe Ausschmückung nachgesetzt, die ihm nun von meinem Vater aber nun gewaltig um die Ohren geschlagen worden sind.

Mein Vater stauchte diesen überheblichen Menschen erst einmal kräftig zusammen und drohte ihm an, dass er sein Verhalten an die übergeordnete Stelle wohl melden müsse und eine amtliche Untersuchung anstrengen werde, um den wirklichen Hintergrund der miserablen Unterbringung zu erforschen.

Diese Androhung traf wohl irgendwie den heiklen Punkt in dieser Verwaltung, dieser Mensch sorgte fast umgehend dafür, dass wir nun doch noch eine andere normale Wohnung bekamen.

Mein Vater wurde trotzdem auch direkt bei der militärischen Kommandostelle und in deren Verwaltung in Gotha vorstellig und forderte, dass diese unmöglichen und unsagbaren Zustände in der wir und diverse Andere sich befanden sofort und umgehend sofort geprüft und geändert werden müssen und nicht ungeahndet hingenommen werden könnte.

Sein forsches Auftreten und sein Erscheinen in Uniform hatten wohl seine Wirkung auf die Leute nun auch in der dörflichen Verwaltung nicht verfehlt, anscheinend war da wirklich nicht alles mit rechten Dingen zugegangen, was meinen Vater zu der Aussage veranlasste, dass eine solche offensichtliche Vetternwirtschaft nicht weiterhin geduldet werden kann.

Selbst hier in der ländlichen Gegend war die Uniform und der militärische Rang sowie die Obrigkeitshörigkeit eben auch in den ländlichen Amtstuben schon extrem ausgeprägt, was in solchen Momenten dann auch schon recht deutlich zum Ausdruck kam und in unserem Falle auch zum Vorteil war.

Der rigorose und scharfe Auftritt meines Vaters hatte auch noch lange Zeit danach seine Wirkung, denn auch in den nachfolgenden nötigen Amtsgängen meiner Mutter war ein deutlich anderer Ton ihr gegenüber zu vernehmen.

Man hätte meinen können, dass der Ortsvorsteher über Nacht ausgetauscht worden wäre. Was sich auch in den folgenden späteren Zuteilungen an Lebensmitteln und Bezugscheinen für wichtige Dinge des Alltags sich deutlich bemerkbar machte.

Wir waren auf einen Schlag fast unbemerkt in der imaginären Hierarchie im Ort plötzlich irgendwie aufgestiegen. Denn plötzlich waren und wurden Dinge möglich die vorher rigoros abgelehnt und schon als Anmaßung angesehen worden sind.

Die neue Wohnung!

Nur ein paar Tage danach, mein Vater war nun schon mittlerweile wieder zu seiner Einheit in Richtung nach Zagreb unterwegs, konnten wir in eine andere möblierte Wohnung, in unser nun mehr drittes Domizil nach dem Ausbomben, einziehen.

Unser bisheriger Obdachgeber schickte sich nur ungern in die nun neue Situation, denn die Zuwendungen ob materiell oder auch finanziell von der Verwaltung für uns an ihn, waren somit für Ihn nun ab sofort auch hinfällig.

Diese Wohnung war direkt schräg gegenüber in dem Parterre, im Hause der Ecke Pfarrstraße und Windmühlenstraße, in einem Haus mit nur zwei Etagen. Die ältere Dame war sogar froh, dass sie nun nicht mehr gänzlich allein im Haus wohnen musste und dass wieder etwas Leben ins Haus kam, sie meinte, wenn sie schon keine Enkelkinder im Hause haben kann, wären wir eine willkommene Truppe als Ersatz dafür.

Es war praktisch ein früherer kleinerer Bauernhof der aber schon länger nicht mehr betrieben wurde, erst recht nachdem ihr Sohn bei der Wehrmacht war, die obere Etage bewohnte somit die Hausherrin, eine nette ältere Frau, eine Witt Frau deren Sohn an irgendeiner Front war, daher war die Parterre zurzeit auch nicht bewohnt. Nach der Haustüre, gleich links im großen Flur war der Eingang zu unserer neuen Wohnung einer voll möblierten Zweizimmerwohnung, eine einfache, wie auf dem Land übliche Toilette war am Hausflurende zum Hof hin.

Dieser Umzug war eigentlich eine gänzlich einfache Sache, eine Angelegenheit die kaum mehrere Minuten dauerte, denn jeder nahm nur seine eigenen Sachen unter den Arm. Viel war das ja so wie so nicht, was wir zu der Zeit unser Eigen nennen konnten, unter den Arm geklemmt wir gingen dann nur schräg über die Straße, der Kreuzung in die anderen Räumlichkeiten.

Doch damit änderte sich nun auch unsere Haushaltsituation von einem Tag auf den Anderen recht deutlich und grundsätzlich, denn ab da mussten wir uns komplett selbst versorgen, denn von unserem bisherigen Obdachgeber war ja keinerlei Hilfe und Unterstützung mehr zu erwarten.

Das war nun auch wieder nicht ganz so einfach, weil es in diesem ganzen Dorf ja keine entsprechende allgemeine Einkaufsmöglichkeit gab. Ein schon etwas älterer näherer Verwandter unserer neuen Hausherrin besorgte ein Fahrrad und begleitete unsere Mutter auch nach Gotha um die ersten wichtigen und unbedingt nötigen Dinge zu erledigen und besorgen, wofür die bisher vorenthaltenden Bezugscheine dann auch eine große Hilfe waren.

Unsere Hausherrin half uns dann aus den ersten Schwierigkeiten heraus, bis sich auch diese neue Situation mit der Zeit langsam wieder einspielte, denn es fehlte zu Beginn praktisch an allem, an Lebensmittel und auch kleinerem Hausrat.

Vor dem Haus waren circa drei Stufen, man stand somit direkt auf der Straße, wenn man das Haus verließ. Einen Gehweg gab es noch nicht überall im Ort, was aber nicht als schlimm zu bezeichnen gewesen war, da es so gut wie keinen Straßenverkehr gab auf den man hätte aufpassen müssen.

Rechts neben dem Haus war ein kleiner mit einem Lattenzaun eingezäunter Gemüsegarten, den die ältere Frau bewirtschaftete, der eben das nötigste zum Leben abgab, aus dem wir uns gelegentlich auch etwas holen durften.

Das gesamte Gebäudeareal war ebenfalls in der hier üblichen, in geschlossener Bauweise erstellt, an das Wohnhaus schloss sich ein Hof mit diversen Schuppen an, der Lattenzaun vom Gemüsegarten reichte bis zur seitlichen Hofeinfahrt in der Nebengasse.

Leider war dieser Innenhof für uns Kinder verschlossen, Spielen war darum nur draußen auf den Straßen möglich, auf denen aber eben kaum irgendein Verkehr stattfand. Wir haben uns darauf aber recht schnell eingestellt und uns auch neue eigene Spielbereiche im Ort erschlossen.

Wir hatten nun einen ganzen komplexen Wohnbereich mit Küche und getrennten Zimmern und eine im Haus befindliche Toilette, praktisch bis auf ein Zimmer war die ganze Parterre für uns alleine bewohnbar. Mit einem Male hatten wir ein gänzlich anderes Leben, wir waren nicht mehr den Launen und den Belangen des Hofes von Gegenüber unterworfen. Bis sich dieser neue Tagesablauf bei uns eingespielt hatte, unterstützte uns die Hausfrau soweit es ihr möglich war.

Bei den allgemeinen immer wieder anfallenden Arbeiten am und um das Haus und Garten, was einer kräftigen Männerhand bedurfte, war der Hausherrin ein junger Soldat gelegentlich hin und wieder in seiner Freizeit behilflich. Ihm durfte ich dann auch mit meinen ja noch begrenzten Möglichkeiten helfen, dabei erzählte er mir auch mal, dass er bei sich zu Hause auch einen Bruder in meinem Alter hätte und ich ihn doch stark an ihn erinnern würde.

Als kleiner Bub registriert man nicht so recht bewusst was um einen herum geschehen ist, aber das sich doch viel Emotionales speichert hatte, habe ich bei einem Besuch des Dorfes nach über siebzig Jahren später verspürt.

Es war schon ein recht komisches nicht genau beschreibbares Gefühl nach so langer Zeit wieder vor Ort zu sein und es fiel mir dann auch so manches schon fast vergessenes doch wieder ein. Ich stellte dabei fest, dass nur der damalige Zaun um den Gemüsegarten, einer mannshohen Hecke inzwischen gewichen war und die Straßen mittlerweile befestigt und wahrscheinlich auch Kanalisiert worden waren.

Ansonsten hatte sich optisch nicht viel verändert und das alle Häuser noch existierten, nur in dem früheren Schulgebäude war jetzt eine Metzgerei angesiedelt. Der ganze Ort war zudem um einiges größer geworden und hatte sich nach allen Seiten kräftig ausgedehnt. In wieweit noch Landwirtschaft auf den einzelnen Höfen betrieben wird, war direkt auch nicht mehr erkennbar.

Was mir auch wiederum besonders auffiel war, dass an dieser Straßenkreuzung genau wie früher keine Menschenseele am helllichten Tage zu sehen und auch alle Hoftore und Türen wie einst geschlossen waren.

Der gleiche Familienname des damaligen, von dem Bauern, wahrscheinlich ein Nachfahre stand noch auf dem mittlerweile angebrachten Klingelschild. Für einen ganz kurzen Moment fühlte ich mich wieder in die alte fast schon vergessene Zeit von damals zurückversetzt.

Der Tod meines Spielkameraden!

Eines Tages bei einem in diesem Landstrich noch nicht alltäglichen Fliegeralarm in dieser Gegend wurden wir Kinder, vor allem die Schüler die ganz nahe der Schule wohnten, wo der Heimweg in jedem Falle noch geschafft werden konnte, vom Lehrer eiligst nach Hause geschickt worden.

Mit mir zusammen auch, in die gleiche Laufrichtung, lief mein direkter Schulbanknachbar und Spielkamerad, er wohnte schräg gegenüber unserem Garten in der Windmühlenstraße fast in Rufnähe. Er und ich rannten schnell das kurze Stück der Straße hinunter, kurz vor dem Gartenzaun bei unserem Haus war einer dieser Tiefflieger bedrohlich nahegekommen und hatte uns fast schon eingeholt.

Weil es großflächig im und um den Ort keine höheren Hindernisse außer dem Kirchturm und ein paar Bäume für die Flieger gab. Flogen sie hier auch besonders tief um alleine dadurch schon Angst und Schrecken zu verbreiten.

Die Flieger folgten der Straßenführung in gerader Richtung und schossen dabei immer wieder volle Garben mit dem typischen Tack – Tack - Tack - Geräusch auf die breite der Straße verteilt ab. Man konnte die aufspritzenden Dreckfahnen dann in großer deutlicher Zickzacklinie über die gesamte Straßenbreite verteilt genau sehen. Der Mann in dem Flieger schoss ohne Rücksicht, als wenn es ihm einfach nur eine Freude bringen würde, einfach drauf los zu ballern und natürlich auch auf alles zielte was sich in seinem Blickfeld irgendwie bewegte, er legte dabei eine lange deutlich sichtbare Spur von staubigen Geschosseinschlägen in der Straße hin.

113

Als wir uns trennten, kurz vor unserem Gartenzaun ich musste nur noch nach links etwa zwanzig Meter zu unserer Haustüre und er nach rechts weiter in die Seitenstraße der Windmühlenstraße. Nur drei, vier Schritte von mir entfernt erwischte es ihn dann mit mehreren Treffern direkt und voll in den Rücken, getroffen brach er ohne noch einen Ton von sich zu geben Tod zusammen.

So sah also der wahre Krieg aus und ich war plötzlich mittendrin, aber das warum habe ich auch viele Jahre danach immer noch nicht ganz verstanden. Ich konnte mir nicht vorstellen, auch später noch, dass er nicht gesehen hatte, dass vor ihm auf der Straße nur zwei kleine Kinder gelaufen sind, war dabei seine Lust zu töten wirklich größer als alle menschliche Vernunft.

Beim Umschauen während dem Lauf nach meinem Spielkameraden war ich gestolpert, ich habe mich dann aber einfach instinktiv in diesem brenzligen Moment fallen lassen und landete auf der Seite, kaum fünf Meter von meinem Schulfreund entfernt.

Meine fast paradoxe Sorge galt in diesem Moment aber besonders meiner Schiefertafel im Tornister, denn sie durfte nicht beschädigt werden da es dafür so gut wie keinen Ersatz gab, denn auch Papier war eben Mangelware und kaum zubekommen.

Mir war damals nicht bewusst wie nahe auch ich selbst gerade dem Tode war, aber dieses dumpfe Plopp, Plopp der Einschläge in seinem Körper, im Rücken habe ich dann noch sehr lange Zeit unvergesslich im Ohr und Gedächtnis behalten, es hat mich sehr, sehr lange begleitet. In diesem Moment in dem er getroffen wurde, nur einige Sekunden dauernd, habe ich eine Vielzahl an Dingen unvergesslich registriert.

Ich habe seinen Tod direkt, mit seinem weitoffen stehenden tonlosen Mund und Augen mit ansehen müssen, er hatte noch nicht mal mehr einen Laut von sich geben können.

Ich konnte dabei außerdem auch noch deutlich den Piloten mit seiner dunklen Lederhaube auf dem Kopf, die unten nicht geschlossen war, Zigarette rauchend in seiner Kanzel sitzend gesehen.

Ich muss wohl selbst auch noch einen grellen Schrei ausgestoßen haben bevor ich am ganzen Körper extrem zitternd zu Boden ging, und kurz darauf von meiner Mutter sofort ins Haus geholt wurde. Was ich in diesem Moment gar nicht mehr richtig registriert habe, ich war einfach total geschockt und regelrecht wie in Trance.

Dieses einschneidende Erlebnis hat bei mir schon irgendwie eine lange anhaltende Angst vor allen Vorgängen über meinem Kopf hervorgerufen, selbst bei größeren Vögeln zuckte ich schon mal verschreckt zusammen.

Dieses tiefgreifende Erlebnis hatte mich mächtig berührt und noch sehr lange beschäftigt, ich bin auch später noch eine ganze Zeitlang nicht mehr auf einer Straßenmitte im Ort gelaufen, auch wenn gar kein Flieger am Himmel zu sehen und hören war.

Gehwege gab es ja im ganzen Ort zu der Zeit ja noch nicht überall, ein brummen in der Luft, es konnte ja eigentlich nur von einem Flugzeug stammen, lies mich zutiefst verschreckt eiligst gleich in irgendeine vermeintliche Deckung verschwinden. Diese schreckhaften Momente haben mich dann lange, besonders in etwas kritischen Situationen, auch immer wieder nachts in meinen Träumen eingeholt und aufschrecken, auch eine Zeit lang sogar das Bett nässen lassen.

Doch Kinder verwinden allgemein solche einschneidend schweren Momente wohl leichter, man kehrt trotzdem verhältnismäßig schnell zum Alltag wieder zurück, unsere Gruppe war eben nur um einen Spiel und Schulkameraden weniger geworden.

Es erfolgten dann fast täglich immer wieder Überflüge des Dorfes, da ein Flughafen jeweils in Gotha und Erfurt nicht besonders weit entfernt war und wir genau dazwischen waren. Die gravierenden entsprechenden Erinnerungen an unsere Heimatstadt wurden obwohl hier schon fast vergessen, wieder mit einem Schlag wieder geweckt.

Es war dann praktisch stets innerlicher Alarm angesagt, denn man wusste zudem ja nie genau wer und was sich dort in der Luft bewegte. Obwohl die schnellen Jagdflieger ja einen ganz anderen Ton verbreiteten als die schwerfälligen Transportflieger.

Doch für mich war schon ein entferntes Brummen in der Luft kurz nach dem Vorfall einfach eine Zeitlang mit größter Gefahr verbunden und lies das Erlebte jedes Mal wiederaufleben. Egal ob sich da deutsche, amerikanische oder russische Flugzeuge bewegten, es bedeutete einfach nur eine vermeintliche Gefahr für mich, heute würde man das als ein ausgeprägtes Trauma bezeichnen.

Ab und zu konnten wir etwas später auch mit bloßen Augen die am Ortsrand bei einem so genannten Stellungskampf aus der Richtung Gotha in Richtung Erfurt abgeschossenen Granaten am sommerblauen Himmel sehen, die aktuellen Fronten waren nun schon recht nahe gerückt. Unser Dorf lag fast genau auf der Mittellinie zwischen den beiden Städten und ihren unterschiedlich großen Flughäfen und zudem doch recht nah an den mittlerweile doch allseits berüchtigten Massenlagern.

Es waren in unregelmäßigen Abständen dunkle etwas längliche Gegenstände die mit einem entfernten dumpfen Wumm - Wumm und dann mit einem leisen Ton, ein Gemisch zwischen leisem Pfeifen und Brummeln begleitet über unseren kleinen Ort und unsere Köpfe hinweg flogen und die dann kurz darauf mit einem gewaltigen Krachen irgendwo explodierten.

Uns Kindern war die Gefährlichkeit dieser meist unterschiedlich hochfliegenden Flugobjekte in keiner Weise bewusst. Aber die Erwachsenen zogen jedes Mal fast automatisch verängstigt die Köpfe ein und waren regelrecht erleichtert, dass kein direkter Einschlag in der Nähe und örtlicher Schaden entstanden war.

Bei unseren kleinen Streifzügen zu dritt durch den Ort immer auf der Suche nach neuen aufregenden Begebenheiten und Erlebnissen kamen wir auch in der Ortsmitte in der Nähe der Kirche an den dortigen kleinen Platz vorbei.

Es duftete im näheren Umkreis des Wagens recht süßlich und verführerisch, für uns war das eine recht verlockende und willkommene Einladung. Auf dem ein Bauer seine ausgekochten Grieben von Zuckerrüben in Säcken auf einem großen Leiterwagen zum späteren Abtransport abgestellt hatte.

Denn wir hatten ja mal wieder etwas vermeintlich Essbares entdeckt und dann noch süß, welches Kind kann da schon ernsthaft widerstehen. Diese Chance haben wir dann, durch kleinere Löcher die wir in die Jutesäcke mit unseren kleinen Fingern gebohrt hatten, auch gleich natürlich dann ausgiebig, gut hinter den Säcken versteckt und heimlich genutzt.

Wir haben dann reichlich diesen ganz frischen Zuckerrüben Grieben zugesprochen, sie schmeckten auch noch recht süßlich und sie waren ja auch ja im Übermaß vorhanden und es störte uns auch keiner, so haben wir uns zu Dritt in aller Ruhe den Bauch auch so richtig vollgeschlagen.

Es war eigentlich klar, nur uns nicht, dass das unserem Innenleben natürlich auch wieder nicht so gut bekommen sollte, denn unsere Körper waren auf so etwas, und auch in der großen Menge nicht geeicht genug, nur ein wenig genascht wäre wohl auch nicht so gravierend gewesen.

Meine Mutter hatte zuerst gleich wieder die Erbsen im Verdacht, als ich dann etwas später Käsebleich und mit recht weichen Knien nach Hause kam. Doch ich beteuerte, dass ich das Erbsenfeld seither gemieden hatte und gestand ihr nun unseren kleinen Mundraub der ausgekochten Rübenschnitzel von dem Wagen bei der Kirche, das zog dann natürlich wieder eine gewaltige Standpauke und auch einen kürzeren Hausarrest nach sich.

Hausarrest war zur der damaligen Zeit wohl die härteste Strafe die uns Kindern wiederfahren konnte, denn man besaß ja überhaupt keinerlei Spielzeug, insbesondere erst recht nicht, auch primitives für den Innenbereich.

Die Besatzer waren da!

Die Besetzungen der verschiedenen Regionen und Ortschaften, durch das einmarschieren der fremden Soldaten, erst durch die amerikanischen Soldaten und später durch die Russen, war für uns Kinder eine aufregende und interessante aber trotzdem auch eine verängstigende Angelegenheit.

Die Erwachsenen sprachen allenthalben vom ersehnten Kriegsende und das sich hoffentlich alles bald zum Besseren ändern würde und das man hoffentlich bald wieder in seine Heimatstadt zurückkehren kann und wieder normale Lebensmöglichkeiten vor sich sah.

Was für uns Kinder im Allgemeinen ja keine besonderen Begriffe waren, wir nahmen das Geschehen um uns herum ebenso hin, wie es im Moment war, denn alles Neue wurde gern von uns Kindern in dieser doch recht öden ländlichen Gegend gesehen. Wir bestaunten höchstens somit sehr interessiert und neugierig die für uns unbekannten neuen Vorgänge, Dinge und Personen, jede neue Begebenheit im Ort wurde eben mit größtem Interesse aufgenommen und natürlich sehr wichtig zu Hause erzählt.

Die maßgebliche Veränderung der damaligen gesamten Alltagssituation hatte sich eigentlich auch für uns Kinder gänzlich unverständlich schon ein paar Tage vorher angekündigt.

Als wir nur ein paar Tage vorher, bevor die Amis kamen auf Geheiß von unserem Lehrer, der alle Bücher und Dinge die mit Hakenkreuz und entsprechenden Aufschriften versehen waren aussortierte und auf den Boden warf und wir alles was nun auf dem Boden lag nach draußen tragen sollten.

Wir mussten also alles was er auf den Boden geworfen hatte auf den Schulhof hinaus bringen wo dann alles dort von einer Hilfskraft, dem alten Hausmeister der örtlichen Häuser mit einem großen Feuer verbrannt wurde.

Das mutete uns doch recht seltsam an und war ganz und gar nicht verständlich für uns, besonders da auch die Erwachsenen großen Zweifel an dieser doch eigentlich nur inoffiziellen Anordnung hegten, denn das kam ja für viele, besonders den Hartgesottenen und Verfechtern der Hitlerdoktrin einer Rebellion gleich.

Wir mussten eigentlich doch sogar noch vor ein paar Tagen, sehr sorgsam mit diesen Büchern und Dingen umgehen. Sonst gab es mächtigen Ärger, sie wurden doch lange Zeit schon fast als Heiligtümer angesehen und verehrt, und nun dies alles ins Feuer werfen, das verstehe wer will.

Das war für uns verständlicher Weise nun mal total unverständlich und ergab im Moment auch keinen Sinn für uns, es hat uns dann auch irgendwie sehr irritiert. Gestern hätte man noch eine Strafarbeit oder noch härtere Strafen erwarten können und bekommen, wenn man nicht ordentlich und sorgsam mit genau diesen Sachen umgegangen wäre.

Das hätte normalerweise eine beachtliche Strafarbeit oder sogar noch andere unangenehme Repressalien durch die Verwaltung nach sich gezogen. Denn der Verehrungskult war bei diversen Personen schon fast abartig anzusehen, das sogar zur Denunziation und Verrat innerhalb verschiedener oder der eigenen Familien reichte. Zumal der Lehrer uns sagte und ermahnte das wir auch alle in unsere Ranzen und Schultaschen nachschauen sollten.

In denen musste eigentlich über lange Zeit ja doch immer genauste Ordnung herrschen, darauf wurde ja besonders viel wert gelegt und nun sollten wir uns von all solchen Dingen, zum Teil auch lieb gewonnenen befreien und ebenfalls verbrennen.

Besonders üppig bestückt waren die Ranzen sowieso nicht, das eigentliche Heiligtum im Ranzen war die Schiefertafel in ihrer Schutzhülle und die Schulfibel.

Mit der Tafel musste man besonders vorsichtig sein das ihr bloß kein Schaden geschehe, eine neue zubekommen war zu dieser Zeit eine überaus schwierige Angelegenheit. Daher wurde so manche Tafel nach einem Bruch auch so weit als möglich wieder zusammengeflickt und weiter gebraucht.

Der indirekte Auftrag vom Lehrer auch zu Hause nach allen, dem entsprechende Druckwerke mit Hakenkreuz und dergleichen zu schauen und zu vernichten brachte ihm gehörigen Widerspruch einiger Eltern ein.

Denn auch im Laufe von 1944 und 45 waren da noch viele davon überzeugt das sich alles in die seit langem proklamierten Richtungen zum Besseren wenden würde und seine Richtigkeit hätte. Da offenbarte sich auch stellenweise der politische Starrsinn recht deutlich.

Das verstanden natürlich zuerst ja auch einige Erwachsene kaum, dadurch kam auch etwas Unruhe im Dorf auf und es wurde von Vielen erst einmal eine Rückfrage gemacht. Bevor die jetzt geächteten Gegenstände wirklich ausgemustert, oder auch von verschiedenen Leuten erst mal vermeintlich sehr gut versteckt wurden.

Selbst vermeintlich überflüssiges wurde nicht leichtfertig fortgeworfen zumal das alles ja auch mal Geld gekostet hatte, das ja auch nicht so üppig zu der Zeit zur Verfügung gestanden hatte, zudem wusste ja keiner was in ein paar Tagen dann vielleicht wieder gültig war.

Zu der Zeit war alles was Öffentlich und Amtlich erschien, irgendwie mit großen Fragezeichen versehen, denn was im Moment augenscheinlich richtig erschien war am nächsten Tage auch schon wieder hinfällig.

Vernichtet war es im Moment ja schnell, aber wenn nötig dann wiederbeschaffen fast unmöglich, deshalb wurde auch diverses vermeintlich gut im Hause versteckt. In diesen Tagen hatte der Ortsvorsteher eine recht unruhige Zeit, denn es gab doch noch recht viele Bewohner des Ortes die mit dem revolutionären Vorgang in der Schule überhaupt nicht einverstanden waren und sofortige Maßnahmen forderten.

Im überwiegenden Teil der Dorfbewohner war aber kaum eine direkte offene Reaktion darauf zu finden, da hier in der tief ländlichen Gegend im Gegensatz zu den Städten im zurückliegenden Zeitraum kaum etwas von den fast schon überbordenden Personen und unnatürlichem Paradenkult zu sehen war.

Und die gravierenden Machenschaften und den überall Gesinnungsbildenden Parolen optisch nicht so richtig Fußfassen konnte. Aber auch in diesem Ort gab es zu der Zeit doch auch einige die regelrecht fanatisch reagierten, wenn etwas an der großen angestrebten Ideologie des Führers angezweifelt oder auch angetastet wurde.

Ja einige der Anhänger meinten das wäre doch glatt Landesverrat und man verlangte sogar, dass der Lehrer und seine Helfer sofort dafür zur Rechenschaft gezogen werden müssten. Hier zeigte sich ganz deutlich, dass der Bazillus der Verleumdung und das Anprangern selbst in diesen Gottverlassenen Ort seine harten Verfechter hatte.

Es gab eben auch noch einige wenige die ihre Gesinnung noch ganz offen demonstrativ zur Schau trugen, in dem sie ein Parteiabzeichen am Revers oder auch den damals vorgegebenen obligatorischen nationalsozialistischen Haarschnitt überbetont trugen, sie wurden aber mehr als Exoten angesehen.

Außer den üblichen Durchhalteparolen und Endsiegfantasien, oder der Führer wird schon alles richten und dergleichen mehr, hinter denen sich viele auch zu gerne verschanzten und damit dann auch die Verantwortung so weit als möglich von sich zu weisen.

Doch damit hatte man hier eigentlich allgemein nicht so viel zutun, man hatte ja mit den dringlichen täglichen Aufgaben der Landwirtschaft genug um die Ohren und daher wenig Zeit sich um so etwas zu kümmern. Es waren eben doch nur Parolen die durch die hier fast komplett fehlende, wie anderen Ortes alles übertönende damalige Medienflut, nicht so präsent waren.

Aber hier auf dem Land genau genommen und gefühlt schon lange keine große Gültigkeit erreicht und vielleicht auch nicht mehr hatten. Diese Vereinzelten zum Teil unverbesserlichen auch verbohrten Herrschaften wollten die deutlichen neuen Zeichen der Zeit einfach nicht sehen und wahrhaben. Oder aber diese standen auch dem momentanen gierigen eigennützigen Streben vieler Orts entgegen.

Doch wenn der Lehrer, für uns immerhin eine Respektperson das von uns verlangte, haben wir das vielleicht auch schon mal recht widerwillig gemacht. Also immer im Zwietracht der Gefühle, wieso waren die vorher so hoch gelobten, ja fast heiligen Dinge auf einmal nichts mehr wert. Auf diese Frage hatte man von Niemandem, für uns Kinder total unverständlich eine für uns richtige und auch logische Antwort erhalten.

Im Allgemeinen wurde nur es muss wohl so sein geäußert, aber warum wusste eben auch keiner so genau, man merkte das sich keiner mit einer Aussage irgendwie festlegen und eventuell belasten wollte. So richtig Wohl hat sich zu dieser Zeit kaum einer gefühlt, denn die Angst vor Repressalien und vor den überall anwesenden Denunzianten und Besserwissern war deutlich wahrnehmbar, denn richtig überzeugt war wohl keiner.

In dieser recht unsicheren Zeit konnte man aber immer deutlicher bemerken und spüren wer wirklich für die Allgemeinheit dachte und handelte oder nur auf seinen persönlichen Vorteil und der indirekten, vielleicht sogar direkten Bereicherung aus war.

Doch die Hoffnung auf eine bessere Zeit war auch deutlich spürbar, wie diese aber aussehen und sein würde, wusste wiederum auch keiner so genau, man sagte sich nur, dass alles im Leben besser ist als das was man bisher erlebt und durchgemacht hatte.

Die Unsicherheit war zu der Zeit übergroß und auch überall spürbar. Endgültige Informationen, was werden würde und was noch Gültigkeit hatte, waren äußerst gering und man war sich auch nicht sicher ob das was gerade gesagt worden war nun stimmte oder ob es auch nur eine persönliche Aussage war und im nächsten Moment sogar verräterisch ausgelegt werden konnte.

Was sich dann vielleicht in den nächsten Tagen als total falsch sich herausstellen konnte, aber schriftlich bekam man auch so gut wie nichts. Alles an Information war fast unmöglich in dieser Zeit, denn Telefon und Radio und fundierte Information zur Behebung dieser allerseits grassierenden Unwissenheit war weit und breit kaum zu finden. Man musste sich genau genommen einfach überraschen lassen was aus den Geschehnissen und Aussagen dann letztendlich wurde, doch dass was man dachte auch wenn es schon die Realität war durfte man nicht laut sagen, denn verleumdende Fanatiker waren selten weit entfernt.

Nur wenige Tage später hat es uns Kinder dann aber auch gefreut, als es dann hieß, dass es vorerst keinen Schulunterricht mehr geben würde und die Schule geschlossen wurde. Das Wieso und Warum, war uns Kindern ganz und gar nicht bewusst aber auch völlig egal, denn welcher Schüler wäre darüber nicht auf höchste erfreut, wenn seine Schule plötzlich im Jahr geschlossen wird.

Die deutschen Soldaten, die vor Friemar in Richtung Erfurt stationiert waren, zogen auch kurz vorher mit Ihrer großen Wagenkolonne und den einfachen kleineren Kampfgeräten durch unser Dorf in Richtung Gotha ab. Auf der großen Kreuzung, eher eine große langgezogene Straßenbiegung direkt vor unserer Haustüre hielt der Tross kurz an. Sie zogen von Ost nach West in Richtung einer Kaserne vor den Toren von Gotha in der Nähe des Flughafens nur ein paar, wenige Tage vor dem Einmarsch der Amerikaner ab.

Dort gab ein ranghoher Soldat in seiner deutlich sichtbaren überheblichen Großherrenart in seinem Geländewagen stehend über Lautsprecher die letzten Anweisungen zum inoffiziellen Rückzug. Dieses Wort wurde natürlich tunlichst vermieden es wurde als eine einfache Verlegung und Bündelung der militärischen Kräfte bezeichnet.

125

Er brüllte in dem damals wohl üblichen militärischen herablassenden Befehlston seine Untergebenen über seine Lautsprecher an, was zu tun und zu lassen wäre, dass jeder der eventuell fallen sollte, doch nur durch seine eigene Dummheit dann fällt.

Er war dann anscheinend aber doch wohl der erste den es noch kurz vor Gotha bei einem angeblich feindlichen Angriff erwischt hatte. Es wurde etwas später sogar gemunkelt er sei von hinten erschossen worden, diese vage Aussage und Vermutung ist eigentlich aber auch nie so richtig widerlegt worden.

Aber keiner zeigte auch irgendwie ein eindeutiges Bedauern, denn beliebt war dieser Mensch ganz und gar nicht, er war ja indirekt auch Orts Kommandant gewesen, ob bei Soldat oder Zivilanten war man anscheinend überhaupt nicht so richtig überrascht gewesen.

Im nach hinein muss man feststellen das fast immer dann, wenn wichtige uniformierte Personen oder auch maßgebliche Verwaltungsmenschen, eben nicht nur Soldaten, egal welcher Nationalität in meinen Erlebnissen und Erinnerungen eine Rolle spielten, ging mit ganz wenigen Ausnahmen, eigentlich nichts Gutes von Ihnen aus. Von diesen uniformierten Personen ist fast stets eine gewisse Unruhe, Veränderungen oder auch sonstiges Unangenehmes und auch nicht kalkulierbare Gewalt aus gegangen, ganz selten waren erfreuliche Momente damit verbunden.

Ganz nach dem allgemein gültigen negativen Motto:

„ gebe einem kleinen Geist eine Uniform oder Posten
und er wächst weit über sich hinaus
und ist von niemandem und durch nichts mehr zu erreichen".

Nach diesem Motto wird leider Stellenweise auch heute noch, oder auch schon wieder an vielen Stellen gehandelt. Man kann ja eigentlich auch nicht mehr sagen, dass Erfahrungen aus alter Zeit doch klug machen sollten, denn nur erlebte Erfahrungen haben einen nötigen längeren Bestand.

Diesen Vorfall erfuhren wir nur ein wenig später, noch am gleichen Abend von dem Landser der sich in der damals recht unsicheren und konfusen Zeit von seiner Truppe abgesetzt hatte.

Denn die Soldaten waren genau gesehen in einer Zwickmühle, aus der Richtung Erfurt rückten im März Fünfundvierzig die Russen immer näher vor, und die Amerikaner waren auf der anderen Seite schon fast im Bereich Gotha, nur einige Tage später sogar in unserem Ort.

Er hatte sich im Schutze der Dunkelheit fast die ganze Strecke im Straßengraben robbend unbeobachtet zu unserem Haus zurückbegeben können. Er ließ sich von unserer Hausherrin, der er ja früher im Haus und Garten öfter behilflich gewesen war mit Zivilsachen von Ihrem Sohn und etwas Proviant versorgen. Er zog sich die Zivilgarderobe an und warf seine militärischen Dinge einfach in den Ofen.

Um sich dann bei den allgemeinen militärischen unüberschaubaren Auflösungserscheinungen noch am gleichen Abend in Richtung seiner Heimat abzusetzen und nach Hause sich durch zu schlagen. Viele Soldaten versuchten sich zu dieser Zeit so aus dem allgemeinen konfusen und führungslosen Chaos zu retten, ob es ihm gelungen ist haben wir nie erfahren, wir und auch die Hausherrin haben nicht wieder etwas von Ihm gehört.

Ein paar Tage später kamen also dann die Amerikaner aus westlicher Richtung von Gotha her in unser Dorf. Es begann aber ohne eine Vorwarnung und Anzeichen an einem helllichten Mittag und kündigte sich eigentlich dann nur durch einen erheblichen und für uns total unbekannten und kräftigen Motorenlärm an. Wir Kinder haben den fremden Soldaten an einem scharfen Knick am Ortseingang, wie das sowohl überall üblich war, neugierig aber erst mal gut versteckt ihrem Einmarsch, besser gesagt dem Vorfahren bei der örtlichen Kommandantur zugeschaut.

Als erstes kam ein riesiger Panzer mit etwas Abstand vorneweg, der passte aber nicht so recht durch diesen Engpass der engen Kurve, er setzte wieder etwas zurück und richtete das Kanonenrohr nach rückwärts und nahm dann einen neuen kurzen Anlauf.

Es krachte dann schon gewaltig, kurz danach gab es dann eine brauchbare Scheune, besser gesagt die Hälfte davon weniger im Ort, die in einer riesigen Staubwolke zusammengefallen war und unsere bis dahin sicheren Versteckmöglichkeiten am Ortseingang waren somit auch dezimiert.

Der Panzer schob alles Störende mit seinem großen Schild an der Vorderseite auf der Straße wie Spielzeug zur Seite und rollte dann Ketten rasselnd und mit einer gewaltigen Abgaswolke im Ort ein, zugleich suchten wir uns gezwungener Maßen ein neues vermeintlich gutes Versteck, um weiterhin das Geschehen gut beobachten zu können.

Der Panzer postierte sich dann vor dem Haus der Ortsverwaltung, wo aber überraschender Weise die obligatorische große rote Hakenkreuzfahne schon fehlte. Nun konnte der nachfolgende Tross ungehindert ebenfalls ins Dorf einziehen.

Wir Kinder haben lange jede Bewegung der Fremden, in vermeintlich sicherer Entfernung, Zeit verloren hinter einem Baum versteckt beobachtet, wir haben die fremden Neuankömmlinge mit unseren Augen regelrecht verfolgt, das alles war ja äußerst aufregend und neu.

Doch die größte Aufregung sollte mir noch an diesem Tage bevorstehen, denn ich habe in diesem Moment den ersten wirklich Kohlrabenschwarzen Mann meines Lebens leibhaftig vor mir gesehen.

Riesen groß, rabenschwarz mit glänzender Haut und blendend weißen Zähnen und weißen Augäpfeln, eine für mich lebende wahrhaftige Spukgestalt, so hat man in den schlimmsten Alpträumen sich eine Horrorfigur wohl vorgestellt, und nun stand so eine lebende Figur keine drei Meter vor uns.

Als dieser große dunkelhäutige Mann freundlich lächelnd auf mich und meinen Freund im vermeintlich sicher geglaubtem Versteck zu kam und etwas für uns unverständliches zu uns sagte, zum Überfluss uns auch noch etwas rundes rötliches, eine Orange wie ich erst viel später wusste mit einem breiten Grinsen entgegen streckte, bin ich fast in Ohnmacht gefallen, ich hatte das unbestimmte Gefühl mein Herz bleibt gleich stehen.

Ich war regelrecht erstarrt vor Angst und Schrecken, das war für den Moment einfach Zuviel für mich und meinem Gefühlsleben, ich habe am ganzen Körper nur noch gezittert, ich wollte nur noch ganz schnell weg. Ich bin so schnell wie möglich, mit meinen weichen Knien und laut schreiend wie von Furien gehetzt die Dorfstraße Richtung unserer Wohnung hinunter davongerannt.

Von so einem Mohren, von der mir total unbekannten Orange ganz zu schweigen, hatte ich bisher ja nur in den Bilderbüchern oder einer Kinderfibel überhaupt jemals etwas gelesen und gesehen und nun stand so einer leibhaftig vor mir.

Das war für mein kindliches Nervenkleid und Gefühl einfach zu viel, ich habe unsere Wohnung regelrecht wie im Trance erreicht, meine Mutter musste mich erst mühsam, einmal wieder besänftigen und beruhigen, ich schlotterte selbst jetzt noch am ganzen Körper.

Meine Neugierde zog mich aber in der doch nach kurzer Zeit trotz diesem aufregenden Moment immer wieder in die Nähe der fremden Soldaten. Die es sich mit entblößten Oberkörper so angenehm wie eben möglich machten und ungeniert sich auf den Panzern und Fahrzeugen in der Sonne räkelten und natürlich hinter jedem weiblichen Rock, den sie sichteten her pfiffen.

Sie waren offensichtlich guter Laune und teilten das auch durch ihr Verhalten der Umwelt deutlich mit, ihr uns total unbekanntes Ballspiel mit diesem Riesen großen Lederhandschuh erweckte natürlich unsere Kindliche Neugierde ungemein.

Nach nur kurzer Zeit, etwa zehn Wochen, zogen die Ami's aber, bevor man sich an sie richtig gewöhnen konnte, wieder in gleicher Richtung wie sie gekommen waren ab. Insgeheim wurde es aber auch von einigen sogar bedauert, dass sie schon nach der eigentlich kurzen Zeit den Ort wieder verlassen haben.

Denn durch die internationale Gelände und Raumaufteilung sollte dieser Landesbereich durch russische Wehrmacht und Verwaltung besetzt werden.

Hilfe, die Russen kommen!

Kurz darauf von der anderen Seite des Ortes, aus der östlichen, also von Erfurter Seite her kamen wenig später eine Menge wilder Gestalten, auf den ersten Blick war das ein ziemlich verwahrloster und undisziplinierter Haufen von etwa dreißig Männern.

Einige mit Pelzmützen auf, auf kleinen Panje Pferden zum Teil ohne Sattel reitend, sowie einige Pferdegespanne mit Planwagen und einer offenen leicht dampfenden Gulaschkanone kamen gegen die Mittagszeit in unseren Ort. Fast geräuschlos ganz im Gegensatz zu den Amerikanern, ohne irgendwelche stark lärm erzeugende Motorfahrzeuge, zog die Russenvorhut nun im Ort fast Geräuschlos ein, eben aber auch aus der entgegen gesetzten Richtung.

Eine Horde Kosaken die alleine schon durch ihr Äußeres ungepflegtes Aussehen schon Angst Schrecken verbreiteten, sie waren unübersehbar da, entgegen aller Hoffnungen das der Ort davon verschont bleiben würde, denn die wildesten Geschichten kursierten schon eine Weile vorher von Mund zu Mund.

Recht wilde und grausige Geschichten erzählten sich die Erwachsenen und eilten ihnen, diesen Horden voraus, zum Teil auch einige wilde grausige, wohl auch einige Ammenmärchen deren Sinn wir als Kinder noch nicht so ganz verstehen und ermessen konnten.

Aber entsprechend groß war nun mal die allgemeine und auch nicht ganz unbegründete Furcht vor diesen Horden, vor denen hatte man uns Kinder allgemein und auch ganz eindringlich gewarnt, man traute sich ab sofort so gut wie gar nicht mehr alleine vors Haus.

Wenn es nicht gerade unbedingt sein musste ging keiner mehr auf die Straße, der Ort war eine kurze Zeit regelrecht wie eine Geisterstadt, diese Kosaken hatten quasi den Ort für sich alleine und kosteten das auch weidlich aus.

Sie ließen die Bewohner des ganzen Dorfes gleich überaus deutlich spüren das jede Art Widerstand überhaupt keinen Sinn machte. Sie hatten keinerlei Skrupel, wenn etwas sie bei ihren Vorhaben störte dieses sofort auch öffentlich Sichtbar zu beseitigen, dann war für Frauen die sich alleine draußen bewegten, und auch wenn Bedarf war, für schlachtreifes Getier höchste Alarmstufe im Ort.

Sie bauten ihr vorläufiges Lager aus ein paar Zelten bestehend ausgerechnet direkt um die Ecke in der Seitenstraße, genau gegenüber unserem Gartenzaun und unserer Hofeinfahrt unter den drei Bäumen in der Windmühlenstraße auf.

Besonders kritische Momente waren immer, wenn sie zu dritt oder viert auf Streifzug waren. Es war reiner Horror und Terror was sie verbreiteten, niemand wusste was in der nächsten Stunde passieren würde, jeder Hof und jedes Haus war demonstrativ geschlossen, was aber nicht viel nutzte, wenn sie in ein Anwesen oder Gehöft hineinwollten.

Sie holten sich im ganzen Dorf einfach wahllos nach und nach was sie wollten oder auch vermeintlich brauchen konnten, jede Art von Gegenwehr war zwecklos, sie brachen auch wenn sie es als nötig ansahen Haus oder Hoftüren mit Gewalt auf.

Wenn es irgendwo ein unbestimmtes Geräusch zu hören gab, erstarrten erst mal alle, ob Groß oder Klein, dass jeder erst einmal einen kurzen Moment verharrte und man hoffte nur dass es nicht diese Kosaken waren die dieses Geräusch verursacht hatten.

Wer sich weigerte oder sich dagegen wehrte, bekam die ganze Härte dieser Burschen zu spüren und hatte somit dann überhaupt nichts mehr zu lachen und damit hatte dann auch schon mancher auch sein Leben verloren. Schüsse fielen unkontrolliert immer wieder, besonders im späten Dämmerlicht gegen Abend, so mancher Ortsbewohner hat diese Zeit nicht überlebt, vielleicht auch nur weil er nicht gleich ihren Forderungen gefolgt ist.

Unser ehemaliger Quartiergeber dessen Hof ja direkt, unmittelbar neben dem Lager der Russen war, war mit einer der Ersten im Ort der dran glauben musste. Er wurde an einem Abend einfach erschossen als er sich weigerte, sie auf den Hof zu lassen und das von ihnen verlangte auszuhändigen.

Besonders Frauen und Mädchen, ob jung oder auch schon etwas älter, hatten in diesen Tagen keine ruhigen Stunden mehr, wenn sich eine ohne Begleitung auf der Straße sehen ließ, war sie fast schon selbst schuld an den dann meist folgenden schweren Belästigungen und auch anderem deutlichem Ungemach. Sie trieben ihr Unwesen auch am helllichten Tag wann, wo und wie es sich eben ergab und auch schon mal mit brutaler Gewalt, es störte sie auch nicht, wenn man ungewollt Zeuge von recht unschönen Momenten wurde.

Was ihnen gefiel oder nützlich erschien, dass sahen sie sogleich als ihr Eigentum an und was ihnen missfiel oder im Wege war wurde meist von ihnen sofort beseitigt.

Uns kleineren Kindern gegenüber waren sie aber verblüffend freundlich, man gab uns sogar aus ihrer stets dampfenden Gulaschkanone etwas zu Essen. Wir konnten davon sogar etwas mit nach Hause nehmen, nachdem wir durch Zeichensprache, man verstand ja gegenseitig kein Wort, aufgefordert worden waren doch ein entsprechendes Gefäß zu holen.

Gott sei Dank dauerte dieses fast gesetzlose, eigenwillige brutale Treiben aber nur kurze Zeit, denn die reguläre Sowjetarmee zog nach einigen wenigen Tagen ebenfalls aus der Richtung von Erfurt kommend nun in den Ort ein.

Bei den zum größten Teil doch stark verschüchterten und geschockten Dorfbewohnern war schon fast eine allgemeine und erkennbare Erleichterung zu verspüren, auch daran, dass man nun wieder mehr Bewegung und Leute auf der Straße sehen konnte.

Sie verhielten sich aber doch schon wesentlich umgänglicher als ihre Vorhut, auch die vorher so wilden Kosaken waren auf einmal wie ausgewechselt. Aber jedes Haus wurde Straßenzug um Straßenzug von Ihnen genau inspiziert, auch wegen versprengter oder versteckter deutscher Landser oder auch nach Waffen.

Aber wohl auch um eine gewisse Bestandsaufnahme zu machen und um zusehen was wo zu holen wäre, wenn es denn mal benötigt wird. Das eine oder andere Haus wie die frühere Ortverwaltung wurde dann auch kurzerhand von Ihnen ganz oder zum Teil erstmal besetzt oder auch direkt konfisziert.

Ein höher gestellter russischer Soldat, wohl ein Major oder Oberst umgeben von einer Gruppe seiner Landser kontrollierte auch unseren Straßenzug.

Sie klopften auch bei uns mit dem Gewehrkolben heftig an die Haustüre, als meine Mutter dann die Türe öffnete und unvermittelt direkt in die Mündung einer Waffe sah, klappte sie beim Anblick der Situation und der großen Gruppe der russischen Soldaten direkt in der offenen Haustüre aber gleich zusammen.

In diesem Moment hatte sie wohl Ihren ersten Herzanfall, dieses erkannte dieser Mann aber an gewissen Merkmalen sofort, denn er war Gott sei Dank ein Arzt wie sich dann sehr bald herausstellen sollte. Er sorgte sogleich erstmal für Hilfe für meine Mutter und schickte seine Untergebenen die sich schon in dem großen Treppenhaus befanden sofort aus dem Haus.

Mein Bruder und ich und unsere schon ältere Hausherrin hatten eine unbeschreibliche Angst als er meine Mutter kurz darauf dann auch noch in seinem Jeep mitnahm.

Die russischen Soldaten blieben nach einem kurzen Befehl von ihm aber erst mal außen vor, nur einer postierte sich direkt vor der Haustüre. Wir haben tausend Ängste ausgestanden, denn uns war in keiner Weise bekannt, wann unsere Mutter wieder zurückkommen würde und was mit ihr in der Zwischen Zeit geschehen würde.

Nach geraumer Zeit brachte er unsere Mutter aber wohlbehalten zu uns zurück, überglücklich haben wir sie wieder in die Arme nehmen können, er war kurzerhand mit Ihr in der Stadt in einem Lazarett gewesen um ihr dort auch gleich eine wichtige Spritze geben zu können.

Mit ein paar Brocken deutsch und vielen erklärenden Gesten, gab er so meiner Mutter dann zu verstehen, du kaputt dabei deutete er eindeutig auf die Herzgegend, du mehr essen, auch dieses wurde mit verständlichen Gesten begleitet.

Er zeigte also besonders auf meine Mutter und der Herzgegend, er machte dabei die entsprechenden Gesten in der Magengegend und dabei ein recht ernstes und besorgtes Gesicht.

Sie gab ihm auch in Zeichensprache und Schulter hochziehen deutlich zu verstehen das Lebensmittel nicht ausreichend zu bekommen seien und auch nicht im Hause wären.

Am Anfang unserer Thüringer Zeit konnte manche Bedarfslücke ja auch noch mit etwas städtischer Tauschware abgedeckt werden. Denn in den amtlichen öffentlichen Zuwendungsrationen war nur das allernötigste beinhaltet. Obst oder andere auch wichtige Nahrungsmittel waren darin nicht enthalten.

Aber alles was etwas städtisch geprägt und zum Tauschen irgendwie geeignet war, war ja mittlerweile auch schon drauf gegangen und ohne Tauschware war so gut wie nichts mehr erhältlich, außer den spärlichen regelmäßig zugeteilten öffentlichen Rationen.

Doch auch diese Zuteilungen waren nun schon seit einigen Tagen hinfällig, da ja niemand mehr für irgendetwas zuständig war oder aber erst mal sich selbst reichlich versorgte. Zudem war keiner für nichts mehr zuständig, wo er vor ein paar Tagen noch den allmächtigen Ortverwalter dargestellt hatte, war er plötzlich nicht mehr ansprechbar oder zuständig, so ließ er auch unseren Reiseantrag auf lange Zeit unbearbeitet liegen.

Am anderen Tage, um die Mittagszeit kam er, der russische besorgte Major mit einem Beiwagenmotorrad vorgefahren und forderte meinen Bruder mehrfach auf er solle sich in den Beiwagen setzen und das alles eben nur auf Russisch und mit einer Gebärdensprache, eben nur mit ein paar Gesten.

Er tippte mit seinem Zeigefinger meinen Bruder an die Brust und sagte „du da" und zeigte in seinen Beiwagen, er machte eine entsprechende Bewegung des Sitzens, keiner wusste im ersten Moment überhaupt nicht so recht was das zu bedeuten hatte.

Da mein Bruder drei Jahre älter als ich in dem Alter war, wo andere bereits schon Anwärter bei der Hitlerjugend oder einer anderen der Jugendorganisationen sogar schon aktiv waren, war die wohl berechtigte Angst meiner Mutter besonders groß das dieses Ansinnen nicht so ganz freundlich sein könnte. Es geschah ja fast täglich das mindestens zu einer Überprüfung der Personalien sehr oft Personen mitgenommen wurden und dann später vielleicht wieder freigelassen oder auch nie wiedergesehen wurden.

Meiner Mutter stand das blanke Entsetzen ins Gesicht geschrieben, sie versuchte verzweifelt diesem Menschen zu verstehen zu geben das mein Bruder keiner dieser jetzt in sehr schlechten Licht stehenden Organisationen oder Gruppen angehören würde und auch nicht irgendwie bei irgendwelchen fragwürdigen Dingen beteiligt gewesen wäre.

Der Russe versuchte sie und uns mit einigen Gesten und ein paar deutschen Wortbrocken „alles gutt, du ruhig" zu beruhigen, was natürlich nicht so ganz richtig gelingen wollte. Der Russe schob ihn dann einfach vor sich her und schubste ihn unmissverständlich in den Beiwagen und donnerte auch schon mit ihm davon.

Die ältere Frau im Hause befürchtete schon, dass sie, meine Mutter einen neuen Anfall bekommen würde und ließ meine Mutter daher nicht mehr aus den Augen. Eine ganze Weile später, es dämmerte bereits schon ein wenig und meine Mutter war die ganze Zeit wieder in höchster Aufregung als sie dann wiedermit dem Motorrad vor dem Haus erschienen. Mit einem deutlich sichtlich vollgepackten Beiwagen voller Kommissbrote, Wurst und anderen Konserven. Er ließ sein Motorrad ohne ein Motorgeräusch einfach bis vor unsere Haustüre ausrollen und trieb uns dann mit mehrfachem Dawai, Dawai rufen an.

Das wir jetzt schnellstens die Dinge die sie mitgebracht hatten ins Haus tragen sollten. Wohl auch damit auch kein Neugieriger und Neider im Ort so richtig mitbekommen konnte was dort, bei uns passierte.

Ab dann waren wir für eine geraume Zeit bestens mit den wichtigsten Lebensmittel versorgt, so gut versorgt waren wir schon seit langer Zeit nicht mehr gewesen.

Dieser hilfreiche und höfliche Russe besorgte einige Tage später auch noch einmal die dringend nötige Arznei für meine Mutter und auch etwas für die Hausbesitzerin und das alles ohne die sonst wohl üblichen Gegenleistungen einzufordern.

Er hatte vielleicht auch ein wenig ein schlechtes Gewissen, das er den Herzanfall meiner Mutter indirekt durch sein forsches Auftreten verursacht hatte. Uns war es eigentlich auch egal, wir aber waren diesem Mann in Gedanken von ganzen Herzen unendlich dankbar.

Besonders, etwas später auf unserer dann endlosen Wanderung war der Proviant aus den Dosen ein unbezahlbarer Reichtum. Ehrlich gesagt diese Handlung und Einstellung von einem Russen hatten wir wirklich nicht erwartet, denn es kursierten ja allgemein auch die gruseligsten Geschichten.

Wie es in einem kleinen Ort wohl so üblich ist, irgendjemand beobachtet stets den Anderen. Der Neid und auch der Hunger waren ja ein ständiger Begleiter eben auch bei den aus allen möglichen Himmelsrichtungen evakuierten Menschen. Ein anarchistisches Treiben griff dann auch merklich immer mehr um sich, denn jeder war sich selbst am nächsten und viele agierten auch dem entsprechend.

Der ausgeprägte Neid und die Missgunst war überall sehr deutlich spürbar, keiner gönnte oder glaubte seinem Gegenüber etwas. Es war über Wochen eine fast unbeschreibliche harte entbehrungsreiche und auch recht unsichere Zeit. Selbst wenn man vielleicht durch viel Glück oder auch Beziehungen plötzlich etwas zu Essen hatte.

Denn man war unter ständiger Beobachtung und war immer in einer Gefahr Gegenstand der ständigen Denunziationen zu werden, wenn man diese Anschuldigungen nicht widerlegen konnte bedeutete das sogleich unangenehme rechtliche Schritte gegen einen. Eben natürlich und speziell auch bei den Lebensmitteln tat man gut daran es tunlichst nicht offen zu zeigen.

Zu einem, mir nicht mehr bekannten Anlass, ich glaube es war irgendein Feiertag, hatte meine Mutter mit ihrer Bekannten aus Wuppertal und der Hausherrin gemeinsam einen Kuchen und einen Tortenboden gebacken. Der Tortenboden sollte mit den eingemachten Kirschen, die von unserer Hausherrin spendiert wurden, belegt werden, diese waren schon zum ab tropfen in einem Sieb. Doch irgendetwas fehlte meiner Mutter noch. Sie ging schnell zu einer anderen Nachbarin zwei Häuser weiter um es sich dort auszuleihen.

In dieser kurzen Zwischenzeit hatte ich der Versuchung einfach nicht widerstehen können, diese roten Kirschen übten einen unbeschreiblichen, aber auch verständlichen Zwang und fast schon eine übermächtige Anziehungskraft auf mich aus. Es war ja im Moment auch keiner in der Wohnung der mich direkt hätte hindern können, ich habe erst mal ganz vorsichtig nur eine Kirsche probiert, dann aber noch eine, noch eine und so weiter genascht, mein Naschen hatte dann doch unübersehbar deutliche Spuren der heimlichen Verminderung hinterlassen.

139

Das Resultat war dann doch eindeutig, was ich dann übrig gelassen hatte reichte längst nicht mehr für das belegen einer ganzen Torte aus. Meine Mutter war davon absolut nicht begeistert und die gewaltige Strafpredigt war dann auch dementsprechend.

Zur Strafe habe ich von der später fertigen Torte, meine Mutter hatte nochmals ein anderes Einmachglas mit Obst organisiert, kein Stück abbekommen. Meine Mutter meinte nur lakonisch, ich hätte ja mittlerweile schon genug Obst gehabt.

Diese Strafe schmerzte mich wesentlich mehr als wenn sie mich anständig verhauen hätte und es war für mich noch viel schlimmer als das im Keller eingesperrt sein, vor einigen Wochen.

Denn Essenentzug war wirklich härter als jede Art von körperlicher Züchtigung. Was in der damaligen recht kargen Zeit eben doch wohl auch die härteste Strafe war die man sich vorstellen konnte.

Meine Mutter war in ihrem Wesen ja eigentlich warmherzig und Herzensgut aber sie konnte in solchen Momenten auch sehr hart und unnachgiebig sein.

Diese für mich sehr harte Strafe war mir eine Lehre, man könnte sagen für das Leben, denn Naschen war für mich nie wieder ein Thema.

Nichts wie weg von hier!

Im Ort waren ja noch einige andere Evakuierte, überwiegend Frauen und Kinder von überall her, dabei war ja auch die Frau mit Ihrer Tochter Doris, aus der Friedrichstraße, der Elberfelder Nordstadt, ganz aus der Nähe meiner Großeltern wie schon erwähnt, sie kannten sich ja schon vom Sehen aus früheren Zeiten aus der Schule.

Meine Mutter und diese Marie hatten sich daher inzwischen angefreundet, das war in solchen Zeiten und Begebenheiten doch recht hilfreich, sie beschlossen dann irgendwann gemeinsam diesen Ort Friemar bald zu verlassen, wo es keinerlei Perspektiven für uns gab. Weil hier auf längere Sicht auch kein bleiben möglich erschien, da es hier zudem keinerlei von Arbeitsmöglichkeiten oder Erwerbsmöglichkeiten außer bei einem Bauer gab und die Versorgungssituation sich in absehbarer Zeit bestimmt auch nicht bessern würde.

Das wir hier überhaupt keine Aussicht hatten, auch für später, auf irgendeine Beschäftigung um unseren Lebensunterhalt zu bestreiten. Wir waren schlussendlich eben nur dem Wohlwollen der Einheimischen und Bauern ausgeliefert was dann zu dem Entschluss besonders Ausschlag gebend war.

Denn auch viele dieser bisher gastgebenden Leute hatten sich mittlerweile schon gänzlich und komplett abgeschottet, oder leisteten wirklich nur noch das aller nötigste. Zudem hieß es im Juli Fünfundvierzig, dass die ganze Gegend, also ganz Thüringen erst einmal auf unabsehbare Zeit unter russischer Verwaltung bleiben werde und dass die deutsche Verwaltung und Regierung zu der Zeit praktisch auch keinen unmittelbaren Bestand mehr haben wird.

Somit wurde auch von vorn herein eine gewünschte, beantragte offizielle Ortsveränderung von diversen mehr oder weniger zuständigen Personen erst einmal rigoros unterbunden, weil eben keiner mehr für irgendetwas sich zuständig wähnte und sehr fraglich war, ob nach alten Vorgaben noch entschieden werden konnte.

Da jede Art von Verwaltung zu der Zeit auch in Gotha nicht mehr richtig funktionierte, weil ja auch noch Niemand Heute richtig wusste was Morgen sein würde und jeder im Grunde versuchte seine eigene Haut zu retten.

Es wurde einfach erst einmal vorsichtshalber alles abgelehnt was nicht unbedingt erforderlich war. Somit gab es auch keine Ausreise Genehmigung, die wir aber offiziell eigentlich haben mussten um den Ort verlassen zu können.

Wenn man es genau betrachtet waren wir praktisch in einem fast offenen Gefängnis, denn im Ort konnte man sich ja bewegen, aber den Ort durfte man ohne Genehmigung nicht verlassen.

Denn wir waren ja von Amtswegen offiziell hier in diesem Ort untergebracht worden und gemeldet, daher war auch eine offizielle Genehmigung zum verlassen unbedingt von Nöten, denn ohne gültige Papiere war man sämtlichen Launen und Anordnungen von auch übersteigerten Verwaltungspersonen regelrecht ausgeliefert.

Auch die normale magere Unterstützung an Lebensmittel versiegte zusehends immer mehr, wo diese Unterstützung hin versickerte war zu der Zeit einfach nicht feststellbar. Irgendwer hätte vielleicht seine Pfründe wohl aufgeben müssen um dieses Dilemma zu ändern, denn eine richtige Kontrolle gab es eben auch nicht mehr.

Es war im Moment, auf jeden Fall für uns Zwangsevakuierten eigentlich fast nicht möglich den Aufenthaltsort offiziell zu wechseln, wir waren praktisch wie in einem offenen Gefängnis, ohne Genehmigung durfte man eigentlich den angewiesenen Ort nicht verlassen.

Alles was mit der Verwaltung zu tun hatte, war extrem schwierig oder aber auch nicht gerade einfach, und eine baldige Besserung war auch nicht in Sicht und somit fast aussichtslos für einen Ortswechsel eine Genehmigung zu erhalten. Einen Zuständigen im Dorf zu finden war auch schon fast hoffnungslos, alle Verantwortung wurde erst mal nach Gotha verschoben und dort war im Prinzip dasselbe Fiasko und Unvermögen anzutreffen.

Keiner, auch nur Einer und besonders die, die es noch vor ein paar Tagen besonders wichtig hatten, waren mit einem Schlag nun nicht mehr auffindbar oder aber zuständig. Keiner der wenigen noch anwesenden wollte zu der Zeit etwas verantworten auch weil keine diesbezügliche gültige Verordnung greifbar war.

Zudem bedurfte es dabei auch einer sehr triftigen Begründung oder eventuell ein entsprechendes hochwertiges Tauschgut, über das wir aber schon lange nicht mehr verfügten, um einen dann vielleicht genehmigten Ortswechsel doch noch vorzunehmen zu können.

Wir waren ja von Amtswegen an diesem Ort auf unbestimmte Zeit festgebunden. Bildlich konnte man den Eindruck haben, dass wir wie Gefangene uns in einem begrenzten und überwachten Bereich aufhalten würden und nur mit einer schriftlichen Erlaubnis, die aber zu der Zeit einfach nicht zu bekommen war, bewegen konnten.

Trotzdem wollten es meine Mutter und diese Marie ohne diese dringend erforderlichen Papiere versuchen diese hier fast aussichtslose Situation zu ändern.

Ein paar Tage der Vorbereitung mussten nun noch vergehen, um so unauffällig wie eben möglich aus dem Ort, aber eben ohne die nötigen Papiere zu verschwinden.

Unsere Hausherrin war sichtlich betroffen, als meine Mutter ihr als einzige im Ort offenbarte das wir bald nicht mehr im Hause sein würden. Meine Mutter hatte sie gebeten so lange wie möglich unser Verschwinden geheim zu halten, aber ohne sich damit selbst in Gefahr zu bringen. Unsere einzigen Orientierungsmöglichkeiten waren damals dann ein kleiner Schulatlas meines Bruders und eine alte Thüringer-Wald Wanderkarte unserer Hausherrin.

Erst außerhalb der Ortschaft haben wir uns alle zusammengefunden und sind dann gemeinsam bei Nacht und Nebel zu fünft zu Fuß losgezogen. Wir Kinder sind den größten Teil und die meiste Zeit Barfuß der sehr langen Strecke unterwegs gewesen.

Wir waren aber stets besonders darauf bedacht keinem Unterwegs unnötig zu begegnen, vor allen mussten wir militärischen Fahrzeugbegegnungen vermeiden, da wir ja nicht wussten wie die Leute sich dann verhalten würden, besonders vor Militärfahrzeugen mussten wir uns besonders hüten.

Deshalb spielten wir jedes Mal den toten Mann, wenn ein Fahrzeug sich näherte. Dann ließen wir uns sofort fallen, immer im Bestreben hinter irgendetwas sich reglos so flach wie eben möglich am Boden zu verharren bis das Fahrzeug außer Sichtweite war. Jeder war mit mindestens einem Bündel oder Rucksack mit dem Nötigsten bepackt, denn übermäßig viel besaßen wir ja sowieso nicht.

Wir haben uns dann auf den langen Weg in Richtung Sonneberg gemacht und sind erst mal noch tiefer in den Thüringer Wald gelaufen. Die Landschaft war hier dann gänzlich anders, ein weit ausgedehnter dunkler dichter Wald mit wenigen kleinen Ortschaften und vereinzelte Bauernhöfe stellenweise beachtliche landschaftliche bedingte Höhenunterschiede die jeweils gemeistert werden mussten.

In dem kleinen Ort Oberweißbach wollten wir eine Bekannte von Marie auf gut Glück aufsuchen, die in einem Brief mal kund getan hatte das sie es in ihrem neuen Domizil recht gut angetroffen und sogar Arbeit gefunden hätte.

Als wir dann vor Ort waren, sah diese Frau aber leider keine langfristige Möglichkeit vor Ort für uns. Denn auch hier waren wir verbotener Weise immer noch in der russischen Verwaltungshoheit und die allgemeinen Umstände hatten sich auch hier nicht zum Guten geändert, zudem war die Firma in der sie arbeiten konnte, mittlerweile geschlossen worden.

Den endgültigen Grenzverlauf wusste zu allem Überfluss zu der Zeit ja auch noch keiner so genau, sonst hätten wir vielleicht den kürzeren Weg über Sonneberg nach Bayern, um aus dem russischen Bereich heraus zu kommen, nehmen können.

Doch wie es dort wirklich aussah, konnte auch keiner sagen, es waren tausend Geschichten im Umlauf, jeder wusste etwas, was aber wirkliche Realität war oder vielleicht auch nur eine haltlose Vermutung, blieb total offen. In diesem Ort war es auch nicht wesentlich besser als dort wo wir weggegangen waren, zudem waren die fehlenden Papiere besonders auch hier ein übergroßes Hindernis.

Selbst am helllichten Tage musste man darauf achten nicht entdeckt zu werden. Motorisierte Fahrzeuge mussten wir komplett, besonders in der Dunkelheit meiden, denn diese waren in der Regel immer Militärisch besetzt.

Da wegen eventueller zu erwartender Luftangriffe der Jagdflieger diese Fahrzeuge ja ihre Scheinwerfer mit quergestreiften Lichtblenden abgedunkelt hatten. Es gab dann auch schon mal die eine oder andere urplötzliche und gefährliche Schrecksekunde, wenn ein Fahrzeug mit ihrer Minimal Beleuchtung aus dem Nichts sehr nahe vor uns auftauchte.

Da ja zu der damaligen Zeit die greifbaren und nutzbaren Kommunikationsmöglichkeiten mehr als dürftig waren und so gut wie gar nicht für uns greifbar waren, haben wir die lange Strecke mangels aktueller Information leider vergeblich zurückgelegt. Somit sind wir dann einen großen Abschnitt der Strecke, fast den gleichen Weg wieder zurück gelaufen den wir vor ein paar Tagen erst gekommen waren.

Das alles aber wie gehabt heimlich und nur in der Dunkelheit der Nacht, um zu vermeiden das wir in eine Kontrolle der Russen oder anderer Obrigkeiten geraten würden, wir hatten ja wie schon erwähnt keine gültigen Papiere um uns in, oder auch aus dieser Gegend heraus bewegen zu können.

Großen Wirbel gab es vorher im Thüringer Wald, weil mein Bruder durch ein menschliches Bedürfnis bedingt, fast die Bergbahn nach Oberweißbach, eine Standseilbahn verpasst hätte.

Wir haben noch gerufen, dass er sich beeilen solle, etwas verspätet erreichte er noch die Bahn, die mit uns schon in Bewegung bei sechsundzwanzig Prozent Steigung bergauf sich befand. Er rannte ein Stück steil bergauf neben der Standseilbahn her, verlor dann auch noch eines seiner Bündel, Gott sei Dank war nichts besonders Wichtiges darin.

Meinem Bruder verließen schon langsam die Kräfte und die Puste, als ihn eine starke Hand mit einem gewaltigen Ruck in die Bahn, gerade noch in das hinterste Waggonteil zerrte. Ein blutiges Schienbein war dann noch längere Zeit eine schmerzhafte Erinnerung an diese Bergbahnfahrt im Thüringer Wald.

Diese rote Standseilbahn mit ihrer auffälligen Treppenförmigen Bauweise, an die ich mich so gut erinnern konnte und von der ich später immer wieder erzählt hatte. Ich habe sie dann rund siebzig Jahre später wiedergesehen und festgestellt wie genau meine Erinnerung doch war. In dem kleinen Bahnmuseum stand sogar noch ein Waggon aus damaliger Zeit, der liebevoll weitergepflegt wurde.

Natürlich habe ich es mir, bei meinem späteren Besuch auch nicht nehmen lassen, die 26% Steigung auf rund eineinhalb Kilometer Länge von der Schwarza Talstation nach Oberweißbach rauf und runter zu befahren. Ich habe mich mit dem Fahrer, eigentlich nur das Schaffnerpersonal in Personalunion ausgiebig über die mittlerweile statt gefundenen, den doch deutlich sichtbaren Veränderungen unterhalten.

Modernisierte Standseilbahn

Von hier aus bestand besonders damals, aber auch heute noch nur recht spärliche Möglichkeiten zur Bahnfahrt, damals fast gar keine Möglichkeit, zudem musste man damals die sowieso überwachten Fahrgelegenheiten meiden.

Die heute noch bestehende Schwarzatal Bahn, der Eisenbahnstrecke war zur damaligen Zeit hauptsächlich für den militärischen und örtlichen Güterverkehr vorgesehen, da war dann kaum ein Personenverkehr möglich.

Außer einer gelegentlichen nicht immer ganz geduldeten kurzen Teilstreckenmitfahrt auf einem Werks oder Güter Betriebszug in Richtung Norden, war da nicht viel vor zu finden. Da diese Betriebsbahnen ja nachts nicht und wenn nur nach Bedarf unregelmäßig fuhren und zudem fast immer genauestens kontrolliert wurden.

Diese Chancen waren doch recht spärlich und nicht immer ungefährlich, so sind wir überwiegend zu Fuß wieder mal weitergezogen, unsere Hauptwege Richtung war somit dann vom Süden nach Norden.

Hin und wieder ergab sich auch mal eine Mitfahrt auf einem bäuerlichen Gefährt, es war schon verwunderlich wie viele Leute Kreuz und Quer je nach Zielvorgabe im Lande unterwegs waren, zum größten Teil aber auch zu Fuß, so wie wir.

Darunter waren auch viele Personen verschiedener Nationalitäten, die in ländlichen Bereichen als Landarbeiter auf diversen Bauernhöfen als Knechte und Mägde und Zwangsarbeiter in Industriebetrieben verpflichtet gewesen waren.

Die Hauptsächliche Wanderbewegung war eigentlich Richtung von Ost nach West aber auch recht stark entgegengesetzt, wir dagegen waren in der Süd nach Nordrichtung dann für einige Wochen unterwegs. Die Landvertriebenen kamen aus den großen östlichen Bereichen in großen Trecks und die Zwangsarbeiter in vielen kleinen Gruppierungen, genau entgegen gesetzt in die östliche Richtung genau den Trecks entgegen, was nicht immer Reibungslos von statten ging.

Bei den allgemeinen kurzfristigen Verwirrungen, in der sehr oft auch keine intakte Verwaltung mehr zu finden war haben diese Leute auch die günstige Gelegenheit wahrgenommen um ihren ungeliebten Zwangsaufenthalt bei Nacht und Nebel zu beenden. Einige haben sich dann sofort auf die recht abenteuerliche Reise in ihre Heimatorte aufgemacht, stellenweise nicht ohne ihre vormaligen vermeintlichen Peiniger um diverse Werte als Entschädigung zu erleichtern.

Nichts war zu der Zeit vor ihnen mehr sicher sie bewegten sich wie in einem für sie total Rechtsfreien Raum, sie zeigten stellenweise sehr wenig Rücksicht und Hemmungen auf dem Weg in ihre Heimat. Was im Grunde sehr auffallend war, dass diese streunenden „Ausländer" überwiegend alleine oder nur in sehr kleinen Gruppen, aber recht selten mit Kindern unterwegs waren.

Diesen kleinen Gruppierungen sind wir, wenn es eben möglich war, auch aus dem Wege gegangen, denn viele waren doch recht Skrupellos und überwiegend nur auf Selbstbereicherung und indirekter Rache aus.

Denn schlechte Erfahrungen hatte fast Jeder irgendwann schon gemacht, da konnte man schon recht unangenehme Erzählungen vernehmen. Daher waren wir auch auf unserer Strecke selten bei den Einheimischen willkommen, wenn wir an einem Gehöft um etwas zu Essen oder wegen einer Scheunenübernachtung angefragt haben.

Selbst diese Anfragen mussten aber mit größter Vorsicht getan werden denn des Öfteren wurden Hilfesuchende auch an die überall kontrollierenden Soldaten verraten. Vielleicht auch nur um sich selbst nicht zu belasten, oder um sich damit auch vermeintliche Vorteile zu verschaffen.

Ohne die fehlenden offiziellen Unterlagen kam man sich irgendwie wie Freiwild vor, ob bei den meisten Einheimischen oder auch den Besatzern, man hatte stets die große Angst der ungewünschten Entdeckung und den dann zu erwartenden Schwierigkeiten   als Wegbegleiter im Nacken.

Denn wenn zwei junge Frauen so um die dreißig Jahre alt, dann auch noch mit drei kleinen Kindern im Schlepptau unter Wegs waren, auch das noch ohne gültige Legimitation konnte es bei einer eventuellen Kontrolle ganz schön kritisch für uns werden. Sie waren für so manchen Streuner und auch marodierendes Militär ein recht willkommenes Opfer, denn ohne eine gültige Genehmigung waren sie eben genau genommen für jeden wie Freiwild, oder aber Verwaltungstechnisch auch gar nicht existent.

Also konnte man täglich wirklich gar nicht vorsichtig genug sein, selbst bei vermeintlichen normalen Bürgern. Denn bei einer Entdeckung durch die stets patrouillierenden Soldaten ohne eine offizielle Genehmigung wäre zudem eine sofortige Verhaftung fällig gewesen.

Und das wäre speziell bei den hier tonangebenden Russen auch nicht gerade besonders erstrebenswert gewesen, denn die Verschleppungen ins tiefe Russland war eine stets drohende Gefahr. Man hörte immer wieder davon, dass Leute ohne Papiere einfach verhaftet und mit unbekanntem Ziel fortgeschafft wurden. Einige hat man dann tatsächlich auch nicht wiedergesehen.

So wurde überall von verschiedenen Leuten immer wieder berichtet. Es war im Allgemeinen eine sehr unsichere Zeit selbst im Ort bei der Bekannten von Marie mussten wir den Soldaten soweit das möglich war aus dem Wege gehen.

Die Bekannte von Marie berichtete das sie glaubhaft von einer Neueinrichtung erfahren hatte die aber im Hessischen Bereich bei Helmstedt entstanden wäre, wo Flüchtlinge registriert und auch mit gültigen Papieren ausgestattet würden, der Entschluss war schnell gefasst, das war nun unser nächstes Ziel, denn ohne Papiere waren wir überall gefährdet.

Vorwärts es geht zurück!

Als es dann klar wurde, dass unser Weg hierher umsonst war, haben wir fast den gleichen Weg zum größten Teil wieder zurückgenommen, den ersten Teil also wie wir gekommen waren und später dann als das Gelände wieder offener wurde, haben wir uns mehr links gehalten und eine andere Richtung eingeschlagen als die nach Gotha.

Unsere neue Route, über einige Wochen, führte uns dann von Oberweißbach bei Wetzstein im Thüringer Wald, über Eisenach der Warth Burg, dann über Halberstadt nach Friedland im Großbereich von Goslar.

Wir mussten uns ja praktisch unsichtbar bewegen und mit fünf Personen ist das nun mal nicht ganz so einfach. Wir standen ständig unter größter Anspannung, denn das Ungemach war unser ständiger fast unsichtbarer Begleiter zu der Zeit.

Zudem wäre auch ein größeres Problem bei einer Kontrolle auf uns zu gekommen, denn beide Frauen hatten überwiegend aus unserem praktisch geheimen Proviantbestand von dem freundlichen Russen einiges in ihren Rucksäcken. Wie sollte man dann erklären und beweisen wo und wie wir an diese für uns so lebenswichtigen Dinge gekommen sind, das wäre für Außenstehende ja höchst verdächtig und unverständlich gewesen und wäre ganz bestimmt als Diebesgut bezeichnet worden.

Auf Diebstahl stand aber fast überall zu der Zeit die Todesstrafe, da wurde nicht lang gefackelt, sondern rigoros gehandelt, also trugen die beiden Frauen nicht nur eine beachtliche Last in ihren Rucksäcken, sondern auch eine unmittelbare Lebensgefahr mit sich herum.

Da wir nun schon einige Tage unterwegs waren wurden die Lasten nun aber schon deutlich leichter aber die Gefahr war damit noch lange nicht gebannt. An das kalte Essen aus den Konserven hatten wir uns eigentlich schnell gewöhnt, doch das Kommissbrot war mittlerweile schon recht trocken und fast Steinhart geworden, es ließ sich nur noch zerbröselt oder angefeuchtet verspeisen.

Aber lieber lange auf harten Brocken rumgekaut als gar nichts im Magen, es ist wirklich erstaunlich was man in der Not alles fertigbringt.

Diese schon beachtliche unnötige Wanderung hätte man mit besserer Information, die aber schon länger zu der Zeit überhaupt nicht zu funktionieren schien, man sich vielleicht gänzlich hätte sparen können.

In diesem weitläufigen, stellenweise auch weit einsichtigen Gelände war unsere Bewegungsmöglichkeit teilweise fast nur in der Dunkelheit gegeben da jeder der gesichtet wurde, von dem Militär eingehend kontrolliert wurde, und ohne Passierschein dann aber für unbestimmte Zeit erst einmal eingebuchtet wurde.

Unser Bestreben war für uns sobald wie möglich aus dem ungeliebten russischen noch nicht klar erkenntlichen Verwaltungsbereich in dem wir auf absehbare Zeit keine vernünftige Perspektive hatten, entfernen zu können.

Eine offene aber sehr wichtige Frage wurde vor Ort von keinem schlüssig beantwortet, wenn man unbeschadet die unsichtbare Grenze endlich überschritten hat, was ist dann, ist es dann besser oder sogar noch schlechter, es kursierten zum Teil die wildesten Gerüchte.

Auf die man sich keineswegs auch nur annähernd verlassen konnte, man musste stets erst seine eigenen Erfahrungen machen. Das was man so hörte, war es auf der anderen Seite aber humaner und etwas besser, man musste sich wirklich einfach überraschen lassen, daher waren unsere Nerven die ganze Zeit über immer leicht überstrapaziert.

154

Doch es war auch stets eine unbeantwortete Frage, wo hört dieser russische Einflussbereich denn nun eigentlich auf und was ist auf der anderen Seite zu finden, würde uns das Gleiche erwarten oder sollte es wirklich humaner zugehen wie man das so des Öfteren vernommen hatte.

Als ein einziges optisches deutliches Zeichen für Grenznähe waren die vermehrt anwesenden Soldaten, keiner, wen man auch vorsichtig befragte, konnte einem genau sagen wo die Grenze denn nun genau wäre.

Was damals ja noch keinem bekannt und bewusst war, dass wir uns die gesamte Strecke dann praktisch genau auf der Linie der späteren DDR mal links mal rechts davon bewegen würden, somit haben wir uns stets wechselseitig im russischen oder im englischen oder sogar im amerikanisch verwalteten Gebiet befunden.

Da diese anscheinend noch nicht letztendlich vor allem in den ländlichen Regionen unter den Alliierten richtig festgelegt war, war die Grenze nun auf der einen oder auf der anderen Seite eines Weges oder vor oder hinter dem kleinen Waldstück.

Noch eine Eigenart im russischen Grenzgebiet, vor allem in den unüberschaubaren Waldbereichen, waren die so genannten versteckt ausgelegten Stolperdrähte, diese waren zwischen den einzelnen strategisch gelegenen Wachposten jeweils lose unterm Laub ausgelegt.

Ab einem gewissen Abstand zu den Wachposten musste man besonders leise und vorsichtig sein und bloß kein Geräusch verursachen und vor allem sich nicht mit einem dieser Drähte verhaken oder drüber stolpern, selbst das rascheln im Laub war schon verräterisch.

Man hatte uns Kindern vorab eindringlich eingeschärft, dass das für Kinder doch so beliebte Fußschleifen durch das Laub, eben jetzt in der Herbstzeit, ganz und gar zu unterlassen ist und wir immer unsere Füße richtig und vorsichtig anheben müssen.

Um eben ein verhaken mit den Trittfallen zu vermeiden und auch um das weit hin hörbare Geräusch zu vermeiden, in der Dunkelheit war das ganz schön anstrengend.

Zudem konnte man sich nur leise flüsternd oder auch nur mit Gesten verständigen, denn in einem dunklen dichten Wald war selbst das leiseste unbedachte Geräusch schon auffallend laut und verräterisch und somit auch für uns alle äußerst Gefährlich.

Das man einen Grenzbereich vor sich hatte konnte man kaum erkennen, denn Schilder oder andere Hinweise gab es noch nicht, nur durch fremdartige Gesprächsfetzen und typische Geräusche die von den Wachen kamen, dann wussten wir aber bestimmt das höchste Gefahr im Verzug war.

Wir mussten dann stets besonders auf die eventuellen so genannten Stolperfallen, die Drähte unter dem Laub versteckt achtgeben, denn diese kaum sichtbaren Drähte konnten sofort einen Alarm auslösen, wenn man sich darin verfing. Einen dieser Drähte hatte ich leicht berührt, da wir Kinder aber eindringlich vorgewarnt waren, blieb ich sofort wie eine Salzsäule stehen, bis man mich ganz vorsichtig von dem Draht befreit hatte.

Die Aufregung war gewaltig ich traute mich kaum noch Luft zu holen, ich habe unbeschreiblich am ganzen Körper gezittert, mir war regelrecht schlecht und ich hätte beinahe in die Hosen gemacht.

Hat es nun einen Alarm ausgelöst oder nicht, das Ganze spielte sich ja mitten im herbstlichen Wald und in fast völliger Dunkelheit ab. Die gefürchteten grellen Suchscheinwerfer, die alles jeden Augenblicklich in gleißendes Licht setzten konnten, blieben Gott sei Dank aber aus. Jetzt hieß es erst mal ganz tief durchatmen, Ruhe bewahren und dann den Verlauf des Drahtes feststellen und dann noch vorsichtiger als schon vorher unseren Weg weiterzugehen.

Ich habe Rotz und Wasser geheult, meine Mutter ermahnte mich eindringlich ich solle leiser sein und meinte ich solle mich jetzt zusammenreißen und mein Heulen auf später, wenn es denn sein muss nach der Überschreitung der zurzeit nicht sichtbaren imaginären Grenze verlegen.

Mit bangem Herzen, zitternden Knien und einer Unmenge Angst schlichen wir durchs Gelände, uns quälte stets die eine Frage, ob nicht doch noch irgendwoher laut „Stoi„ das russische Wort für Halt gerufen würde. Würden jetzt die großen Suchscheinwerfer doch noch alles hell erleuchten, aber es blieb Gott sei Dank dunkel und weiterhin ruhig.

Aber auch etwas anderes konnten wir lange nicht beantworten, waren wir nun schon über die Grenze gegangen oder nicht, verläuft diese Grenze in gerader Linie. Fast schon stündlich fragte man sich war das Ganze denn noch immer nicht vorbei, auf welcher Seite waren wir denn nun. Diese Fragen hatten uns Stunde um Stunde gequält, die uns begleitende Anspannung war schon fast schmerzhaft und körperlich zu spüren. Mit einem Mal wurde es Taghell im Wald, wer oder was hat den Auslöser dieser Beleuchtung gegeben, wir haben uns einfach nur fallen lassen und jeder schaute den anderen fragend an, aber ehe wir uns darüber einig werden konnten war es auch schon wieder stockdunkel.

Wir haben dann noch eine ganze Weile still auf dem Flecken verharrt wo wir uns haben fallen lassen, etwas weiter ab konnten wir die Stimmen von den Soldaten, es war aber immer noch Russisch, vernehmen.

Als es dann nach einer für uns unendlich langen Zeit wieder und weiterhin total still geblieben ist sind wir besonders leise dann gleich seitlich abgebogen und Schritt für Schritt langsam aus der gefährlichen Zone raus geschlichen. Selbst mit genehmigten Papieren war es nicht leicht die Regionen zu wechseln, ganz ohne ein besonderes Restrisiko eben auch nicht, da es ja auch auf die jeweilige Stimmung und Laune der Soldaten ankam.

Denn eines war allseits bekannt und unbestritten, wenn einer ungenehmigt die Grenze, und dann noch ohne die nötigen Papiere und vor allem aus einer anderen Region überschritt und dabei erwischt wurde, auf den kam eine Menge Ärger und Repressalien zu, dass konnte auch eine Deportierung nach Sibirien beinhalten.

Denn die klare Grenzziehung wurde durch die Alliierten erst einige Monate später offiziell eingerichtet und bekannt gegeben, bis dahin war es eigentlich eine nicht genau erkennbare Grenzlinie ohne feste Bollwerke oder Schranken, in diesen Bereichen musste man sich eigentlich überraschen lassen und nur an der gleichbleibenden Fahrstrecke der entsprechend patrouillierenden Armeefahrzeuge war der Grenzverlauf klar erkennbar, doch davon musste man deutlichen Abstand halten.

Wenn man bedenkt das sich zwei junge Frauen mit drei kleinen Kinder bei Nacht und Nebel viele hundert Kilometer sich durch das Land schlugen. Konnte man schon von einem großen Wagnis und nicht nur von einem Abenteuer sprechen, das Ganze dann eben auch noch ohne ausreichende Papiere.

Die Russen waren ja bekannter Weise eben nicht zart besaitet und verstanden bei solchen Dingen überhaupt kein Pardon. So waren die beiden Frauen für manchen Mann eigentlich Freiwild, was aber in unserem kindlichen Verständnis noch gar nicht von so großer Bedeutung war, somit musste jede Begegnung und auch Kontakte Einheimischen mit äußerster Vorsicht gemacht werden.

Bei einer späteren Übernachtung während unserer Wanderung, in einem riesigen großen Strohlager auf der Wartburg mit unzähligen Menschen wurde meinem Bruder von Ratten ein großes Loch in seine Schirmskimütze, einer sogenannten Schiebermütze mit Ohrenklappen gefressen.

Diese Tiere waren wohl durch den verbliebenen Geruch von fressbarem angelockt worden. Denn wir hatten ja ab und zu bei unserer Wanderschaft immer mal wieder ein Stück Essbares für später in unserem Mützenrand eingeklemmt und bis zum Verspeisen dort deponiert.

Von der Verwaltung bei dieser Übernachtung haben wir dann definitiv bestätigt bekommen, was wir schon vor einigen Wochen erfahren hatten, dass ein zentrales Auffanglager in Friedland errichtet würde und dass dort auch wieder vorübergehend gültige Papiere ausgegeben würden, um aus dem wirren Zeitgeschehen wieder eine etwas normalere Verwaltungsarbeit werden zu lassen.

Tage später, in der Morgendämmerung als wir etwas entfernt eine andere Sprache hörten und andere Militärfahrzeuge als Russische sehen konnten hatten wir Gewissheit wir haben es aus dem besonders gefährdeten russischen Bereich ohne Papiere und größeren Problemen heraus geschafft.

Aber trotzdem waren wir mit einer großen Portion Zweifel beladen, was würde uns denn nun erwarten, wie würden sich nun diese Soldaten deren Nationalität uns auch noch nicht bekannt war, gegenüber verhalten. Oder würde hier ebenso unerbittlich mit Personen ohne die nötigen Papiere umgegangen wie vorher auf der russischen Seite.

Wir wussten es beim besten Willen nicht, und genau genommen legte auch keiner von uns direkt größeren Wert darauf dieses festzustellen, da wir ja auch zwangsweise weiterhin noch die verschiedenen Randregionen der verschiedenen Besatzungsmächten zwangsläufig streifen mussten, denn unser Weg zum Ziel dem Durchgangslager war dummerweise zum größten Teil fast parallel zur späteren Grenze.

Vor Freude haben wir trotzdem alle doch erst mal ein paar Tränen der Erleichterung kollektiv vergossen und für einen kleinen Moment lagen wir uns alle gemeinsam lautlos in den Armen. Meine Mutter bremste unsere erste fast schon überschwängliche Freude aber erst einmal. Auf es geht weiter wir sind noch lange nicht da wo wir hinwollen und müssen, auch weil wir das zurzeit verhältnismäßig noch gute Wetter noch ausnutzen mussten.

Mittlerweile waren wir ja nun offensichtlich in einem anderen Verwaltungsbereich, in welchem wussten wir ein paar Tage lang auch nicht, nach nunmehr unzähligen langen   Wochen der anstrengenden Wanderschaft waren wir nun anscheinend in einer humaneren Region angelangt. Welche wussten wir zuerst auch noch nicht so recht, eigentlich war das auch egal, denn schlimmer als bisher konnte es ja wohl auch kaum sein. Meine Mutter versuchte bei einem Bauer genaueres über die hier herrschende Situation und der hiesigen Verwaltung zu erfahren.

Die Auskünfte waren in jedem Falle ein wenig positiver als vor Tagen auf der russischen Seite noch. In jedem Falle konnten wir uns endlich etwas freier auch wieder etwas mehr bei Tageslicht bewegen. Doch auch hier war das Fehlen der nötigen Papiere ein großes Handicap, aber das eine oder andere Bauerngefährt konnten und durften wir dankbarer weise dann auch mal zur Mitfahrt benutzen, oder eine Übernachtung in einer Scheune war dann auch Mal möglich.

Doch es war immer noch allerhöchste Vorsicht geboten, da wir nicht wussten wie das andere Militär und die Verwaltungen mit uns verfahren würden. Man konnte jetzt trotzdem auch mal hin und wieder mit Leuten auf unserem Wege vorsichtig Kontakt aufnehmen um immer noch vorsichtig nach dem Weg zu fragen ohne Angst haben zu müssen das man im nächsten Moment verraten oder verhaftet wird, denn für einen vermeintlich persönlichen Vorteil wurde auch gern einmal etwas verraten was für uns dann nicht unbedingt zum Vorteil gewesen wäre.

Auch um ein wenig Proviant oder auch gelegentlich eine Übernachtung in einer Scheune zu erhalten, was eine geraume Zeit vor allen in der russischen Grenznähe, ja ganz und gar nicht möglich gewesen war, aber mittlerweile wurde das Herbstwetter auch immer unangenehmer. Auch die Einheimischen hatten ja so ihre nicht immer kleinen Probleme zu bewältigen, daher war es nicht immer gewährleistet das ein Ausgebender oder Helfer nicht auch ein Verräter ist, um seine Position dadurch zu verbessern.

Der Informationsfluss war allgemein überhaupt schon sehr mager, Telefone waren ja für unser Eins eine unerreichbare Technik. Stellenweise war überhaupt keine Verständigung über Entfernungen möglich, irgendwelche, wenn auch wichtige Informationen waren daher mehr als spärlich.

161

Manch mal kursierten auch nur Halbwahrheiten und somit musste man sich doch oft von den tatsächlichen Begebenheiten einfach überraschen lassen, was auch hin und wieder auch unangenehme Überraschungen beinhaltete.

Man war immer wieder froh, wenn das angesagte auch nur annähernd der Wahrheit entsprach, doch das wurde einem immer erst hintennach bekannt und bewusst.

Es ging weiterhin überwiegend zu Fuß immer weiter über Halberstadt weiter, bis wir unzählige Tage später dann schließlich im Auffanglager in Friedland ankamen. Dieses Auffanglager war ja gerade erst erstellt worden und logischer Weise war auch die Organisation noch in den Kinderschuhen. Doch von allen Seiten kamen täglich unzählige Leute an, überwiegend von Osten nach Westen. Es waren natürlich auch unzählige Zwangsarbeiter verschiedener nationaler Herkunft auf dem Weg in umgekehrter Richtung zurück in ihre Heimat unterwegs.

Wir waren nun insgesamt schon einige Monate zu Fuß über hunderte von Kilometer unterwegs, fast die ganze Zeit immer auf volle Deckung bedacht und überwiegend aber auch in der Dunkelheit unterwegs. Den größten Teil dieser unendlich langen Wanderung wurde von uns überwiegend Barfuß zurückgelegt, denn unsere einzigen Schuhe mussten gezwungener Maßen geschont werden, da es total unklar war wann man wieder ein Paar erstehen konnte, oder geschenkt bekam.

Zu dem stand ja die Kalte Jahreszeit nun auch schon bald an, wo man seine Schuhe schon Witterungsbedingt anziehen musste. Die letzte kürzere Strecke durch das Gebiet der Alliierten Verwaltungen war schon um ein Vielfaches einfacher als vorher durch das Verwaltungsgebiet der Russen.

So hatten wir es natürlich schon länger erhofft, aber ob es auch wirklich umgänglicher sein würde musste sich im gegebenen Fall dann auch erst einmal erweisen. Doch was man so gelegentlich erfahren konnte war das rigide Verhalten was wir bisher erfahren mussten hier dann doch nicht mehr so ausgeprägt.

Je näher wir dem, unserem angestrebten Ziel, dieser ersten wieder funktionierenden deutschen Verwaltung als Durchgangslager Anfang Sechsundvierzig kamen, um so vielfältiger waren die sichtbaren Wanderbewegungen vieler Leute in die verschiedensten Richtungen.

Hier nun in Friedland war das ganze Ausmaß der gewaltigen Völkerwanderung nun ganz deutlich zusehen, aus allen Himmelsrichtungen kamen und strebten täglich neue, tausende Leute ins und auch aus dem Lager. Der größte Anteil kam, wie schon erwähnt aus den östlich gelegenen Länderbereichen, aber auch viele die für uns erst unverständlich genau in die Gegenrichtung wollten.

Wir hatten das Zwischenziel erreicht!

Jeder war mit einer anderen Geschichte und mit anderen Problemen behaftet und natürlich auch viele ohne gültige oder ausreichende Unterlagen. Zuerst mussten wir uns anmelden, wir besaßen ja seit unserem nächtlichen Fortgang von Friemar keine gültigen Papiere mehr und waren aber offensichtlich ja auch keine Flüchtlinge im herkömmlichen Sinne, weil wir ja nicht von einer Verwaltung oder Doktrin vertrieben worden sind, sondern es war eine eigene Entscheidung ohne amtlichen Druck und Vorgabe.

Da wir ja nur aus einem anderen Verwaltung und Besatzungsbereich kamen, uns hatte genau genommen ja keiner vertrieben, das traf zuerst auf wenig Verständnis bei den Beamten.

Man musste schon plausibel begründen wieso und warum man auch noch ohne Genehmigung und gültige Papiere den zuvor von einer Verwaltung fest angewiesenen Ort unerlaubt verlassen hatte, diese maßgebliche Frage hat uns dann noch viele Wochen regelrecht verfolgt.

Vor allem wollte man von Amtswegen wissen wohin man denn nun gedenkt zu gehen, unser Ziel war klar wir wollten einfach nur nach Hause, nach unserem Wuppertal.

Es musste dann in jeden Falle erst einmal geklärt werden ob der angestrebte Ort überhaupt per Bahn zurzeit noch zu erreichen ist, oder wie der angestrebte Ort auch anders zu erreichen wäre. Wichtig war auch, ob das Rote Kreuz irgendwelche relevanten Daten und Angaben von einem selbst, seinem Zielort und vor allem von den angegebenen Zielpersonen hatte oder bekommen konnte.

Da waren unvollständige Unterlagen und fehlende Papiere schon ein gewaltiges Problem, denn damals gab es ja noch keine Computer, alles musste noch von Hand und mit Karteiarten bewältigt werden. Dieses Lager in Friedland hatte noch nicht mal ein halbes Jahr bestand und doch war es schon mit den damals spärlichen Mitteln regelrecht der Nabel der rundum zerstörten und verstörten Welt geworden.

Viele suchten, da keine klaren Auskünfte zu erhalten waren auch vergeblich nach ihren Verwandten und sind mehr auf gut Glück weitergereist, wenn man das dann überhaupt Reisen nennen konnte. Zufällig wurden wir Zeuge einer nicht alltäglichen Familien Zusammenführung, ein Beinamputierter Landser wollte in den Osten, in seine alte eigentliche Heimat.

Zur gleichen Zeit war der Rest seiner Familie aus dem bisher angestammten Wohnbereich vertrieben worden, auf dem Weg in den Westen, sie trafen sich zufällig, wie Gott gegeben im gleichen Moment in der Verwaltungsstube wieder. Das zufällige Wiedersehen und Zusammentreffen nach vielen ungewissen Jahren war eine unbeschreibliche Situation, die selbst schon den anwesenden und abgeklärten Verwaltungsleuten dann gefühlsmäßig doch auch ihnen gewaltig zu Herzen ging.

Erst hier erfuhren wir von amtlicher Seite das der Krieg seit Mai des Jahres ´45 offiziell beendet war, man hatte zwar schon hier und da etwas davon gehört aber richtig amtlich wurde es für uns erst hier.

Die überstandenen Gefahren waren daher auch nicht kleiner, denn überall war noch der frühere fast schon übertriebene Verwaltungswahn spürbar, so mancher spielte sich auch hier in seinem Büro wie ein kleiner allmächtiger Gott auf.

Denn viele der unverbesserlichen Karrieristen die nur ihr eigenes Ich kannten und damit auch bewusst rücksichtslos viele Leute ins Unglück gestürzt hatten, waren auch jetzt wieder stellenweise am sogenannten Drücker.

Meine Mutter und Marie erhielten dann nach dem erledigen der ganzen umfangreichen Formalitäten nach ein paar Tagen jeweils eine Reise und Mitfahrerlaubnis für sich und uns, den Kindern mit unseren Namen und dem Zielort versehen ausgehändigt. Denn ohne dieses Schreiben war es nicht möglich auch nur in die Nähe der unregelmäßig fahrenden Eisenbahnwaggons zukommen, das wurde rigoros unterbunden.

Von nun an waren wir wieder ganz normale Menschen und Bürger und nicht mehr herumziehende Leute, wie reisende Zigeuner, die auch ohne gültige Papiere keinerlei Rechte hatten, wie wir bis jetzt in der Ermanglung der nötigen Papiere. Die sich auch in dem damaligen noch stark chaotischen Deutschland bewegten ohne damit rechnen zu müssen, gleich von irgendwem unter irgendeinem vorgegebenen Vorwand verhaftet zu werden.

Diese Papiere mussten dann auch bei jeden Zwischenstopp und umsteigen vorgezeigt werden und wurden jedes Mal peinlichst genau kontrolliert. Ohne diese strengen Kontrollen wären gewiss in kürzester Zeit auch diese nun mehr erfreulichen, aber doch spärlichen Fahrmöglichkeiten total zusammengebrochen.

Denn rücksichtslose Zeitgenossen gab es zu der Zeit zu Hauff, sie hatten nur ihren persönlichen Vorteil im Blick, es war ihnen eigentlich völlig gleichgültig das wir im Grunde doch alle die gleichen Probleme zu lösen hatten und auch genau genommen alle im gleichen Boot saßen.

Selbst wenn eine Hilfe von einem Fremden Unterwegs angeboten wurde, musste man sehr auf der Hut sein, dass daraus nicht ein helles Erwachen wurde, denn wirkliche Hilfe von fremden Personen war sehr selten, obwohl wir keine größeren Gepäckstücke hatten, musste man auf seine wenigen Habseligkeit höllisch aufpassen, denn bei Unachtsamkeit fehlte ganz schnell irgendein Teil.

Meist waren da doch immer eine kleinere oder auch größere Aufgabe und Hinterlist verborgen, die bei nicht einlösen fast immer mit einer Anzeige wegen Landstreicherei oder mit Diebstahl und Betrug begründet wurde.

Hier bestätigte sich auch was man zwischenzeitlich so gehört hatte, von hier gingen ab und zu unregelmäßig Transporte, meistens nur aus Güterwagen bestehend auch in Richtung Ruhrgebiet ab.

Mal in offenen früheren Kohlenwaggons oder mit ein wenig Glück einem geschlossenen Güterwaggon, ganz selten sah man dann auch mal einen so genannten Passagierwaggon, ein oder zwei dieser Wagen die manches Mal auch nur an einem normalen Güterzug angehängt waren.

Für den Personentransport wurde eben alles was irgendwie einsatzbereit und zur Verfügung stand genutzt und das bei jedem Wetter, denn so langsam machte sich der Herbst mit seinem wechselhaften Witterungen und Temperaturen unangenehm aber mit aller Macht bemerkbar.

Richtung Heimat, oder?

Die erste Etappe, eine kürzere Strecke fuhren wir nur nachts langsam in einem überfüllten Personen Waggon, denn tagsüber hatten die Versorgungszüge Vorrang, es war in jedem Falle besser als die ganze Strecke zu laufen.

Es ging leider nur recht langsam weiter voran, in diesem weitläufigen ländlichen Landstrich in dem wir uns nun befanden, war das nunmehr doch offizielle Kriegsende stellenweise wohl noch nicht so richtig angekommen, so mancher führte noch die alten Gepflogenheiten weiter aus um sich über die schwere Zeit zubringen, denn eine grundlegende Ordnung war auch noch nicht überall wieder eingekehrt.

Zudem waren auch viele Streckenabschnitte nur Eingleisig befahrbar und darum musste dann schon mal auch auf Gegenverkehr gewartet werden. Es waren auch noch immer einige Flieger oder auch vereinzelte Armee Gruppen unterwegs, zu meist war es kaum erkenntlich welcher Nationalität die Flieger oder Truppen waren, man wusste eigentlich nie ob deren Erscheinen nun Gutes oder doch Schlechtes bedeutete.

Es war schon ein gewaltiges durcheinander in den verschiedenen Verwaltungsbereichen, die Gefahr war eigentlich überall, in der Luft, aber vermehrt auch am Boden. Es war eine Zeit wo es für nichts eine Gewähr gab, denn auch einige streunende marodierende Gruppen und Banden machten die Strecke und unsere Fahrt nicht gerade sicherer. Was diesen Personen irgendwie brauchbar erschien wurde von ihnen manches Mal auch mit grober und brutaler Gewalt fortgenommen.

Zudem war man sich nie ganz sicher ob bei den einzelnen Gruppen schon das endgültige Kriegsende bekannt war und auch wirklich eingehalten wurde. Aus Sicherheitsgründen durfte darum auch kein Licht gemacht werden, nur der Himmel und der Mond gaben ein diffuses Licht ab.

Zudem waren auch sehr viele Personen aus den östlichen Landstrichen jenseits der Deutschen Grenzen in entgegen gesetzter Richtung auf dem Wege in ihre östlichen Heimatbereiche unterwegs, sie haben dann teilweise auch alles an sich genommen was nicht Niet und Nagelfest war, um sich indirekt an den unbeliebten deutschen Befehlsgeber für ihre Drangsalen zu rächen.

Viele dieser in der Industrie oder auch auf dem Land verpflichteten Zwangsarbeiter aus dem Osten ließen ihrem Frust über die erlittene Pein auf ihrer Rückwanderung in ihre Heimat, auch an den entgegen kommenden eigentlich unbeteiligten Flüchtlingen mit stellenweise unvorstellbarer Brutalität freien Lauf.

Es war eine fast unbeschreibliche chaotische Völkerwanderung in beiden Hauptrichtungen, wo der Menschenstrom von Ost nach West aber eindeutig doch überwog. Es war somit auch keinem bekannt, was sich so alles links und rechts an der Bahnstrecke so tat und was für Personen sich dort befanden. Ob sie einem mehr oder weniger wohl gesonnen waren oder nur auf den eigenen Vorteil bedacht waren, Informationen per Radio oder Telefon gab es auch hier weit und breit erst recht nicht.

Es folgte die Fahrt in einem nur etwas schnelleren Lauftempo im offenen fensterlosen Waggon bei einem langen weiteren Streckenabschnitt, diese Wagen waren früher und vorher wohl als Kohlenwaggon im Einsatz gewesen.

Wir mussten sehr leise sein, man konnte sich nur flüsternd verständigen, als dann trotzdem einer seine Dynamolampe in Betrieb nehmen wollte gab es ein kurzes Gerangel. Denn das typische entsprechende Geräusch war eindeutig und nicht gerade leise, man nahm ihm die Lampe einfach ab und es blieb weiterhin dunkel und still.

Man wollte vermeiden das nach außen hin gleich erkennbar wurde das in den Waggons keine Gegenstände wie Kohle, sondern Menschen waren, die allgemeine Verängstigung war schon beachtlich, denn die streunenden Banden die nur auf persönliche Bereicherung aus waren, kannten keine Hemmungen wenn sie der Meinung waren das vielleicht etwas zu holen war.

Dann auf einmal blieb der Zug mit quietschenden Bremsen mitten im leicht bewaldeten Gelände langsam für uns unerklärlich stehen. Zuerst wusste keiner so recht warum und eine fast spürbare Angst breitete sich aus, viele meinten sogar, dass das wohl ein Überfall wäre.

Doch die erleichternde Erklärung kam von einem der mit Hilfe einiger Leute vorsichtig über die Waggonwand geschaut hatte und machte dann auch bald die Runde. Einige Männer halfen dem Zugpersonal dann auch beim Beladen des Tenders mit neuen Holz Heizmaterial auch um die Standzeit wesentlich zu verkürzen, nach kurzer Zeit ging es dann auch wieder weiter.

An irgendeiner unbekannten Verladestelle oder einem Güterbahnhof, an einem im Moment namenlosen Flecken, keiner wusste so recht wo man sich gerade befand, mussten wir alle aus den Waggons raus. Der Grund war das es keine weiteren intakten Gleise mehr gab, denn der Großbereich vom Ruhrgebiet war schon gewaltig zerstört worden.

Nur ein Teil des Zuges fuhr mit leeren Waggons sogleich die Strecke wieder zurück, die anderen blieben zur Entladung noch vor Ort. Wieder mal mussten wir ein Stück des Weges zu Fuß aber immer am Bahngelände entlang bewältigen, bis man wieder einen intakten Streckenabschnitt mit ganzen Gleiskörper und einen improvisierten Haltepunkt vor sich hatte.

Den größten Teil der Fahrstrecke bewegten wir uns auf Einzel oder Nebengeleisen da die gesamte Strecke Hauptsächlich für wichtigere Transporte vorbehalten war. Die alle bewegende Frage wie lange der nächste intakte Abschnitt wohl sein mag, vermochte niemand so richtig zu beantworten man musste sich Dreinschicken und überraschen lassen, ob positiv oder negativ.

Das angespannte Warten und Hoffen wie es nun weitergehen soll, dauerte Gott sei Dank nur knapp einen Tag. Also nicht besonders lange bis sich ein fast leerer Zug langsam unserem momentanen Aufenthaltsort näherte.

Stellenweise wunderten wir uns dann doch, dass dahin wo wir her kamen tatsächlich andere Leute wollten. Es war jedes Mal ein riesiges Gedränge, der allgemeine Egoismus war schon gewaltig und Rücksicht auf schwächere war gleich Null. Bei solchen Gerangel ging auch schon mal ein Kind oder auch Gepäckstücke und Gegenstände kurzfristig verloren die in den meisten Fällen aber bald wiedergefunden werden konnten, leider nicht immer.

Für uns war es stellenweise unbegreiflich was so mancher dieser Reisenden an Utensilien mit sich schleppten und dadurch unnötig Platz belegten, der von anderen dringend gesucht wurde. Diese manchmal nur kurzen Streckenabschnitte wurden praktisch im unregelmäßigen Pendelverkehr bewältigt, denn der militärische Faktor hatte alle Male immer noch Vorrang.

Es gab auch manches mal eben nur ein paar enge Restplätze, einige Mutige machten dann die Weiterfahrt sogar auch auf den Puffern oder dem Dach der Waggons sitzend mit. Zwischenzeitlich mussten wir immer wieder warten und hoffen, dass sich eine neue Möglichkeit für uns ergab, die Auskünfte die man erhalten konnte widersprachen sich doch sehr oft.

Bei jedem Stopp oder Wagenwechsel stellte sich immer die gleiche Frage, kommt nun doch noch eine Transportmöglichkeit oder nicht, oder musste man ab hier nun wieder laufen, genaues wusste vorher eben keiner, man musste sich zumeist überraschen lassen und eine gehörige Portion Vertrauen entwickeln.

Denn wenn man ungeduldig einfach drauf los lief war danach auch keine Zusteige Möglichkeit mehr gegeben. Wenig später ging es aber dann doch mit der Bahn auch wieder weiter, wir hatten mal wieder ein riesiges Glück. Diesmal konnten wir sogar in einem geschlossenen Güterwagen fahren in dem in der Mitte ein so genannter gusseiserner Kanonenofen stand. Der aber nur ab und an oder nur schwach brannte, wegen Mangel an trockenem brennbarem Material.

Wenn der Ofen dann mal brannte gab es auch hier ein heftiges Geschiebe und Gerangel, jeder wollte so nah wie möglich an der Wärmequelle sein, denn das Jahr ging langsam zu Ende und der Winter stand mittlerweile schon vor der Tür, es war schon beachtlich kalt draußen.

Doch die, die für kleine Kinder etwas Nahrung aufwärmen mussten hatten selbst verständlich Vorrang, was aber auch nicht alle beherzigten, denn der Grundsatz, jeder ist sich selbst der Nächste kam selbst hier zum Tragen.

Es ging eben nur langsam voran, man sagte, dass der Gleiskörper stellenweise defekt sein könnte und darum auf Sicht gefahren werden musste, soweit waren die Auskünfte der Reisenden in der Gegenrichtung. Eben über das Ruhrgebiet und immer näher nach Wuppertal unserem eigentlichen zu Hause.

Die Hauptsache war für uns aber, wir kamen nach und nach weiter in Richtung zu unserem eigentlichem Ziel und schlecht gefahren war immer noch besser als gut gelaufen. Irgendwie haben wir es dann nach vielen Tagen doch bis zu einem Vorort von Recklinghausen geschafft. Hier war dann aber im Moment fürs erste, für eine Weile die Fahrt zu Ende.

Der Winter hatte nun mittlerweile richtig Einzug gehalten und wir standen erbärmlich frierend erst einmal in einer nicht der Jahreszeit angepasster Garderobe, weil wir auch mittlerweile gar nichts anderes mehr hatten, im Vorortbereich von Recklinghausen auf einem zugigen Güterbahnhof, hier war nun wohl erst mal unsere Reisemöglichkeit zu Ende.

Es dauerte natürlich länger bis alle nötigen Formalitäten der vielen Leute, auch hier erledigt waren, manches Papier fehlte auch, das man hätte haben sollen. Denn die Unterlagen von Friedland waren für die hiesige provisorische Verwaltung anscheinend nicht ausreichend genug.

Einige Male wurden wir wegen der fehlenden Unterlagen Verständnislos gefragt wieso und warum wir denn nicht um die nötigen Papiere gekümmert hätten. Es war gar nicht so einfach eine für den zuständigen Menschen verständliche Erklärung zu finden und abzugeben, denn von den Zuständen hatten sie nicht unbedingt ausreichende Kenntnisse.

Zum Beispiel wegen unserer fehlenden Ausreisegenehmigung und Abmeldung aus Friemar waren für ihn in seiner logischer Denkweise nicht greifbar. Das wir ja bei Nacht und Nebel den letzten offiziellen und uns zugewiesenen und für diesen Menschen sicheren Aufenthaltsort ohne einen für ihn erkennbaren zwingenden Grund verlassen hatten.

Der Beamte der die Formalitäten ordnete hatte anscheinend keinen blassen Schimmer von den Zuständen, die wir vor einiger Zeit verlassen hatten. So Chaotisch es auch zu dieser Zeit alles war, der Papierkrieg hatte nun mal seine Wichtigkeit und Priorität, bis alles so weit wie möglich erledigt war, standen wir in einer ungeheizten Vorhalle in der Kälte.

Es wurde uns vorüber gehend ein Quartier, ein Zimmer bei einer Familie mit einer größeren Wohnung ebenfalls mit zwei Jungen in unserem Alter zugewiesen, dahin mussten meine Mutter und wir beiden Buben dann durch den Schnee stapfen. Wir haben die ganze Zeit über ganz jämmerlich gefroren, wir hatten einfach nicht genug und auch nicht die richtige Kleidung gegen diese Kälte.

Ein Ortskundiger führte mehrere kleine Gruppen an und setzte dann nach seiner Liste folgend die einzelnen Grüppchen bei den angegebenen Adressen ab.

Zwischen Station, Ruhrpott!

Marie mit ihrer Tochter Doris wurde ganz woanders einquartiert, es wurde uns auch nicht mitgeteilt wo, damit trennten sich zwangsläufig für lange Zeit, für Jahre unsere Wege. Es sollte dann wirklich einige Jahre dauern bis wir sie in Wuppertal rein zufällig wieder getroffen haben.

Doris ermöglichte mir viele Jahre später, da sie mittlerweile bei der Bühne als Friseuse tätig war, dann eben viele Jahre später meinen ersten kostenfreien Operettenbesuch in der alten, ehrwürdigen Stadthalle in Elberfeld.

Aber hier in Recklinghausen ging zu der Zeit überhaupt gar nichts mehr, denn stellenweise war nur ein intaktes Gleis vorhanden, wo mehrere gebraucht wurden, besonders je näher man den Großstätten und Stadtkernen kam.

Wieder mussten wir eine unbestimmte längere Zwangspause für unbestimmte Zeit bei unserem Vorhaben, unserer Heimfahrt zum eigentlichen Ziel Wuppertal einlegen. Vorübergehend waren wir, mein Bruder und ich in Recklinghausen sogar wieder in eine total überbelegte Klasse kurzfristig provisorisch inoffiziell eingeschult worden.

Nach fast eineinhalb Jahre erzwungener völliger Schulabstinenz war die Eingewöhnung in der überfüllten Schulklasse schon eine größere Aufgabe. Einer der beiden Buben aus unserer Gastfamilie nahm mich erst einmal einfach mit in seine Klasse, es wäre sogar die richtige Schule und Klasse gewesen.

Doch zum regelmäßigen Schulbesuch und der eigentlichen amtlichen Einschulung ist es dann doch erst einmal nicht mehr gekommen, weil ja eben auch noch irgendein Papier fehlte.

Man merkte an allen Orten täglich, dass der normale Ablauf noch recht weit entfernt war, vieles musste auch einfach eben mal erst provisorisch gemacht werden, denn die Versorgung und auch das finanzielle machte an jedem Aufenthaltsort einen neuen mühsamen Verwaltungsweg nötig, der stets auf Neue zu bewältigen war.

Unserer Mutter gelang es aber dann doch noch, bevor das gewünschte und erforderliche Dokument für unsere endgültige Einschulung eintraf. In den darauf nun folgenden Monaten war es gelungen irgendwie über das Rote Kreuz und auf Umwegen einen Kontakt per Post, die auch noch nicht so richtig und verlässlich wieder funktionierte, mit unseren Großeltern in Wuppertal zu bekommen.

Sie waren Gott sei Dank, von den großen wiederholten verheerenden Bombenhagel über Wuppertal verschont geblieben. Es war fast schon wie ein Wunder das sie nicht direkt in dieses Bombardement eingebunden waren, da sie nur von einer Straßenbreite und dem Bahnhofsvorplatz von Eisenbahnschienen getrennt wohnten.

Aber man hatte es wohl stets auf den Hauptstrang der Schienen im Tal unmittelbar neben der Schwebebahn und der Wupper abgesehen, wo ja bekannter Weise auch die meisten Industrie Anlagen sich befanden. Aber dass sie noch in ihrer Wohnung waren und das alle noch lebten, war uns bis dahin ja auch nicht bekannt gewesen und in jeden Fall für uns wohl das Wichtigste. Bei ihnen war fast alles noch in Ordnung, bis darauf das unser Opa krank war, aber auf dem Weg der Besserung in einem Krankenhaus lag.

Darüber waren wir, vor allem meine Mutter höchst erfreut, wir hatten viele Monatebeziehungsweise Jahre lang überhaupt keine direkte Verbindung mehr zu ihnen gehabt und nicht gewusst ob überhaupt noch jemand von der Familie lebt.

Es gab für nichts eine Garantie es gehörte selbst bei einfachsten alltäglichen Angelegenheiten stets eine gehörige Portion Glück dazu, selbst auf den Postweg war eben auch kein Verlass, eher eine Glückssache zu der Zeit, so manche Post kam erst viele Monate oder auch überhaupt nicht beim Adressaten an.

Die Nachrichtenwege waren fast überall gekappt, ein Telefon oder Radio zu besitzen war schon eine Rarität, wer so etwas noch besaß hütete diese Dinge wie einen Schatz. Jeder Versuch etwas über einen Ort oder auch von der Familie zu erfahren war ein reines Glückspiel, auf Verdacht sich irgendwohin zu begeben war eine Unternehmung mit ungewissem Ausgang.

Es gelang uns zum Beginn 1947 Wuppertal zu erreichen, rund um den Bahnhof und der Innenstadt waren immer noch nur Ruinen und Schutthalden zu sehen.

Dort stand kaum noch ein brauchbares Gemäuer, was irgendwie als Wohnstätte zu gebrauchen war, man hatte sie zum Teil in fast abenteuerlichen Weisen mit Brettern und Planen so weit wie möglich brauchbar gemacht.

Endlich wieder Wuppertal!

Durch die frühere Innenstadt der Achse zwischen dem Bahnhof und Rathaus sowie dem Marktplatz, die Poststraße die früher die erste Adresse für Geschäfte war, standen nur noch Reste und Fragmente von den früheren großen Häusern, kaum eine Ruine konnte man noch als ein Wohn oder Geschäftshaus bezeichnen.

Diese Poststraße hatte früher einen Straßenbelag aus Holz wie ein Parkettboden als sogenanntes Fischgräten Muster, sie war mit unzähligen tiefen Brandlöchern versehen die durch die niedergegangenen Phosphor Brandbomben hervorgerufen waren.

Es war nur ein schmaler Wege durch die Trümmer und dem Schutt frei gemacht worden, eben so viel, so dass ein Fahrzeug gerade hindurch kam.

Wie ein Wunder war die Schwebebahn außer zwei unbedeutende kleinere Treffer vom Bombenhagel weitest gehend verschont geblieben und noch in einiger Maßen funktionsfähigem Zustand. Fast am Ende der Straße, vom Bahnhof herkommend, kurz vor dem Rathaus und Marktplatz, unter dem früheren großen Hotel Post war einer der größten Luftschutzbunker der Innenstadt gewesen.

Dort in diesem Keller und davor sind alle Personen durch diese Phosphor, den sogenannten Brandbomben ums Leben gekommen, sie sind alle in dem Keller entweder erstickt oder auf der Straße, wenn sie sich aus dem Keller befreien konnten in dem höllischen Feuer dann verbrannt.

Auffallend war, dass das imposante Rathausgebäude und der davor befindliche große Springbrunnen beides aus rötlichem Sandstein auf dem Marktplatz keine größeren Beschädigungen aufwiesen. Aber auf der dem Rathaus gegenüberliegenden anderen Marktseite sah das dann ganz anders aus, das Gebäude der „von der Heyd Bank" aus dem gleichen Baumaterial dem roten Sandstein. Davon waren nur noch Fragmente im Parterrebereich zu sehen und rundum stand kein Haus auf dieser Marktplatzseite mehr.

Kaum eine Nennenswerte Restmauer war etwas höher als die des früheren Parterres, der gesamte Häuserblock um die Bank und das Hotel Post die im hinteren Bereich früher zusammen stießen waren nur noch ein riesiger gewaltiger steinerne Trümmerhaufen.

Meine Mutter blieb eine kurze Weile neben dem Brunnen stehen und hatte fast einen verklärten Gesichtsausdruck als sie an dem Rathaus hinaufsah. Es war offensichtlich sie war wieder Zuhause angekommen, nach einem erleichterten tiefen Schnaufer gingen wir dann weiter zu den Großeltern. Ab dem Elberfelder Rathaus in Richtung der Nordstadt und dem Mirker Bahnhof wo ja meine Großeltern wohnten, waren bis zur Hälfte der Strecke nur noch vereinzelte punktuelle Zerstörungen zu sehen und festzustellen.

Wir haben dann eine geraume Zeit wieder in der drei Zimmerwohnung im dritten Stockwerk mit unseren Großeltern, den beiden Schwestern meiner Mutter, also wieder zu siebt recht eingeengt gewohnt. Wir Kinder schliefen wieder im Schlafzimmer bei den Großeltern, ich durfte wieder, wie damals nach der Bombardierung zwischen ihnen auf der so genannten Besucherritze und mein Bruder auf einer Liege schlafen und die drei Schwestern haben im zweiten, dem früheren eigentlichen Wohnzimmer geschlafen.

Ein Badezimmer, solch einen damaligen Luxus gab es nicht, so was hatte ich auch bis dato noch gar nicht kennen gelernt, jeder badete höchstens einmal in der Woche, meistens am Wochenende, nach einander in der Küche vor dem Küchenherd in einer großen Zinnwanne. Am Badetag einmal in der Woche, meistens am Freitag gab es gegen Abend eine festgelegte Reihenfolge für die ganze Familie, zuerst wir Kinder, danach ging es für uns sogleich ins Bett.

Schonmal gab es auch etwas Unstimmigkeiten unter den drei Geschwistern, die beiden noch ledigen Schwestern meiner Mutter waren einige Jahre jünger als sie und brachten dann den üblichen Ablauf kräftig durcheinander, wenn sie ihre Verabredungen einhalten wollten.

Meine Oma musste öfter mit einem Machtwort für Ordnung sorgen, auch wenn sie in vermeintlicher Eile etwas zu offenherzig sich in der Wohnung bewegten. In der damaligen Zeit war man da doch noch recht prüde, eine Frau in spärlicher Kleidung, die etwas auf sich hielt und in der Öffentlichkeit nicht abschätzig beurteilt werden wollte, vermied es eben tiefere Einblicke zu gewähren.

Das Badewasser wurde stets durch neues heißes Wasser zugießen immer wieder aufgewärmt, mit einem Eimer wurde dann etwas Wasser abgeschöpft und mit frischem heißen Wasser wieder nachgefüllt, das man überhaupt baden konnte war damals ja schon fast Luxus. Das Wasser zum Baden wurde in verschiedenen großen Töpfen auf dem Kohleherd, der einzigen Heiz und Kochmöglichkeit in den gesamten drei Zimmern erhitzt.

Da auch die allgemeine Gaszufuhr zu der Zeit immer noch nicht wieder richtig funktionierte und durch Verkauf von Gasmünzen reglementiert und auch rationiert war, mussten die Zeiten zum Kochen und dergleichen auch darauf abgestimmt werden.

Es wurde überwiegend fast alles mit dem einzigen Küchenherd, wenn das nötige Brennmaterial vorhanden war bewerkstelligt, Heizen, Kochen und Baden alles musste in einem genau abgestimmten Ablauf von statten gehen. Dieser Küchenherd war zudem ja die einzige brauchbare Heizmöglichkeit in der ganzen Wohnung, immerhin drei Zimmer und für uns dann insgesamt sieben Personen.

Es gab auch nur eine Toilette auf halber Treppe tiefer im Treppenhaus, die noch von einer anderen auf gleicher Etage wohnenden vierköpfigen Familie auch genutzt wurde.

An den Fenstern gab es im Winter bis zur Hälfte hoch dicke Eisblumen. Durch sie hindurch zu sehen und die Außenwelt in ganz bizarre Formen und Gestalten wahrzunehmen wurde durch unser wiederholtes kräftiges Anhauchen dann noch verstärkt und in unzähligen Versionen ausgestaltet.

Mein erster offizieller Schulbesuch nach langer Zeit war dann erst einmal in Elberfeld in der Malerstrasse neben dem großen Stadtfriedhof. Es war nun mein dritter aber noch nicht der letzte Schulneuanfang aber wieder in der zweiten Klasse, im gesamten gesehen in drei verschiedenen Ortschaften und jeweils aber nun schon in einem anderen Länderbereich.

Mir fehlte mittlerweile das komplette zweite Schuljahr das musste ich nun erst einmal nachholen. So ganz langsam kam auch die Verwaltung wieder in Gang und versuchte das überall herrschende Durcheinander und Chaos zu ordnen. Wenig später musste ich sodann aber noch einmal die Schule wechseln, in die für mich zuständige Volksschule am Mirker Bach musste ich ab da gehen, da die Zuständigkeiten neu geregelt worden waren.

Jede neue aufmunternde Begebenheit in dieser trostlosen Zeit, davon gab es natürlich nicht gerade viele, wurde mit voller Begeisterung aufgenommen. So auch, dass ich das erste Mal einmal in den Schulsommerferien einen für mich längeren Ausflug machen durfte.

Mit der Waltraut, der Freundin und Kollegin der jüngsten Schwester meiner Mutter, im Allgemeinen wurde sie nur Walli genannt, für einige Tage durfte ich zu ihr mit nach Hause fahren, nach Müngsten an der Wupper.

Walli´ s Eltern betrieben dort auf halber Berg Höhe ein großes Ausflugslokal mit einem großen Biergarten. Direkt an, besser gesagt fast unter der Müngstener Brücke, der bekanntlich höchsten eisernen Eisenbahnbrücke in Deutschland.

Dort herrschte durch die Ferienzeit bedingt reger Trubel trotz der allgemeinen Mangelzeit, es waren ständig viele Leute da, die sich in dem großen Gartenlokal einfanden. Ideal war auch das man fast ganz nah ran an das Lokal mit der Straßenbahn fahren konnte.

Von der großen Terrasse wo man eine direkte Sicht auf die fast über den Köpfen hinweg fahrenden Züge hatte, war das schon ein besonderes Erlebnis, so nah konnte man eben nur hier der Bahn sein.

Rund herum war nur Wald und etwas weiter entfernt ein Märchengarten, ein unendliches Paradies für mich. Tante Walli, so nannte ich sie, sie war für mich trotzdem wie eine große Schwester da sie ja auch öfter bei meinen Großeltern zu Gast war. Sie hatte mir eingebläut, dass ich mich nicht mehr ohne Ihren großen Hund, den ich sofort in mein Herz geschlossen hatte, in das mir total unbekannte weitläufige bewaldete Gelände begeben durfte.

182

Diese indirekte Einschränkung hatte ich mir durch mein fast Verlorengehen selbst eingehandelt, denn ich hatte gleich in den ersten Tagen mich damals in dem anliegenden Waldstück einmal gehörig verlaufen.

Ich hatte dadurch eine allgemeine große Aufregung verursacht und mir selbst doch auch eine gewaltige Portion Angst eingebracht. Aber nun mit dem Hund an der Leine konnte mir fast gar nichts mehr passieren, denn der war von dem Vater von Walli jagdmäßig ausgebildet und passte bestens auf mich auf.

Wenn er aber einen speziellen Pfeifton hörte, war er dann nicht mehr zu halten und zog mich, ob ich nun gerade wollte oder nicht, unweigerlich mit in die richtige Richtung und zügig nach Hause. Natürlich kam dieser Pfiff für mich immer unpassend aber loslassen wollte ich die Leine auch nicht, so wurden wir ein untrennbares Gespann, über das sich die Erwachsenen köstlich amüsierten.

Was so weit ging das ich auch gelegentlich in der Hundehütte schlafen wollte, beim nicht so guten Wetter lag ich dann sowieso in der Hütte und mein großer Freund ohne zu knurren und murren draußen davor.

Im großen Anbau dem Saal stand ein großes Orchestrion, mit gewaltigen Ausmaßen, es war Decken hoch und nahm fast eine ganze Wandseite ein.

Man konnte durch eine kleine Pforte in das Innere dieses Instruments, was ich natürlich heimlich auch des Öfteren gemacht habe, die Trommel und Pauke habe ich dabei zu gern selbst bedient. Was auch verständlicher Weise nicht so gern gesehen wurde und ich somit meinen eigentlich geheimen Aufenthaltsort dann auch unweigerlich verraten hätte.

Aber der Reiz des verbotenen und Geheimnisvollen war einfach zu groß, es zog mich immer wieder dorthin, denn es war schon eine gewaltige Anzahl verschiedener Instrumente die hier mechanisch durch Lochstreifen gesteuert betätigt wurden.

Um die vielen Instrumente hören zu können, erbettelte ich immer wieder eine dafür nötige Münze, des lieben Frieden willen wurde dieses große Gerät unzählige Male mit einem Geldstück dann in Betrieb gesetzt. Ich muss im nach hinein eingestehen, ich habe die Leute, die ja mit ihrem Geschäft voll ausgelastet waren, ungewollt ganz schön genervt.

Drei Wochen waren eigentlich viel zu kurz, doch Walli musste ja auch wieder zurück in ihren Dienst, so nahm ich dann schweren Herzens Abschied von meinem neuen vorübergehenden kurzzeitigen Paradies. Das Versprechen an meinen neuen großen Freund, bald wieder hierzukommen, konnte ich leider nicht einlösen, die Ereignisse zu jener Zeit ließen es einfach nicht wieder zu.

Die Wohnung unserer Großeltern war genau dem Mirker Bahnhof mit einem großem Vorplatz und Güterbahnhofsgelände mit einigen Lagerschuppen gegenüber. Fast gänzlich oberhalb liegend vom normalen Straßenverkehr abgeschottet, dazwischen verlief nur noch die wenig befahrene Mirkerstraße.

Im Hinterhaus war in Parterre eine Marmorschleiferei und in dem Rest des großen Hauses hatte der Brockhaus Verlag sein Druck Domizil. Man nannte diese Eisenbahnlinie die Rheinisch Märkische Strecke, eine damals recht wichtige Versorgungsstrecke zwischen dem Ruhrgebiet und anderen Industriebereichen, für uns Kinder war der große gepflasterte Bahnhofsvorplatz das ideale Spielgelände.

Nach einiger Zeit hatten wir uns auch an die doch beachtlichen Eisenbahngeräusche, vor allem des Nachts gewöhnt, es gab ja zu der Zeit nur die Dampfloks mit ihren eigenen speziellen nicht gerade leisen Geräuschen.

Die Züge, nur einige Vorort Personenzüge, aber vor allem Güterzüge fuhren überwiegend in der Nacht, über die Querverbindung der märkischen Stecke. Etwa fünf hundert Meter entfernt vom Bahnhof war ein Viadukt, eine Tunnelartige Überführung über die Hauptverkehrsführung zwischen der westlichen Nordstadt und der unmittelbaren Innenstadt.

Über das Viadukt konnte zu der Zeit, früher eigentlich viergleisig, durch die Beschädigungen der Bomben nur noch langsam zweigleisig gefahren werden, denn das Stützgerüst innerhalb des Tunnels musste von unnötigen starken Erschütterungen durch die Züge geschützt werden.

Etwas besorgen, aber wie?

In dieser Zeit wo es eigentlich mehr Mangel als Bestand von allen nötigen Gebrauchsartikel gab, war es besonders wichtig die diversen zum Teil auch geheimen Quellen zu finden und natürlich mit kleinen Gegenleistungen oder auch Tauschartikel wahrzunehmen.

Symptomatisch für die damalige Versorgungssituation, war ein oft geäußerter Spruch meiner Mutter, wenn sie etwas Milch zum Kochen brauchte. Ich werde jetzt unsere Kuh melken gehen, wenn sie den Wasserhahn aufdrehte, und das Ergebnis mit etwas Milchpulver in ihrem Topf war mehr blau als weiß zu bezeichnen gewesen.

Zu dieser Zeit hingen auch überall Plakate auf denen vor dem Kohlenklau, auch bildlich mit einem Sack tragenden schwarzen Mann dargestellt, mit Strafandrohung gewarnt wurde. Es wurde ohne Rücksicht auf Räuber und Diebe in gewissen Bereichen auch scharf geschossen.

Doch das wurde von einigen mutigen Jungen ignoriert, sie hoben, meistens in der angehenden Dämmerung, die kleineren Burschen auf die Kohlenwaggons, die ja nur langsam und im Schritttempo auf den Engpass auf das beschädigte Viadukt zu fahren konnten.

Wir haben dann in Windeseile so viele kleinere Stücke der Bruchkohle wie eben möglich von den Waggons geworfen, die großen Burschen haben dann diese schnellstens aufgelesen und die Knirpse von den Waggons beim Absprung wieder aufgefangen.

Wie ein Spuk waren dann alle von der Bildfläche wieder verschwunden, der gemachte Fang wurde dann unter den Teilnehmern aufgeteilt. Auf diese Weise wurde auch unsere Koch und Heizsituation etwas aufgebessert und damit haben wir auch einigermaßen die kalte Jahreszeit überwinden können.

Diese Bruchkohle, im allgemeinen Steinkohle war eigentlich für den Hausbrand nicht richtig geeignet, erst durch massive Bearbeitung im Keller mit einem Hammer zu kleinen Brösel zerkleinert und mit Holz oder Braunkohlereste vermischt wurde das Brennmaterial halbwegs brauchbar.

Nachdem einer der Jungs auf einem Waggon zu mutig geworden war und zulange drauf geblieben war, das war mehr als leichtsinnig von ihm. Er wurde von den Wachleuten gesichtet und nach dem Anruf von Ihnen, die im Dämmerlicht nicht genau erkennen konnten wer auf dem Waggon war, von einer Kugel tödlich getroffen fiel er dann vom Waggon herab.

Wir haben ihm nicht mehr helfen und ihn noch nicht einmal von den Gleisen holen können. Überall auf dem Gelände waren plötzlich bewaffnete Wachleute die man vorher nirgends gesehen hatte. Die nun ohne Rücksicht auf Alter und Aussehen im Dämmerlicht von der Schusswaffe Gebrauch machen würden.

Danach wurde die Strecke vor dem Viadukt bis über den Bahnhof hinaus noch strenger überwacht und unsere Kohlenbeschaffung tendierte ab dann mehr in Richtung Null, sie war erst einmal dahin und hier kaum noch möglich, man musste nun nach anderen Quellen für Brennmaterial Ausschau halten.

Zudem schränkte sich dadurch unser schöner Spielplatzbereich gewaltig ein, mehr als der direkte Bahnhof Vorplatz war ab sofort nicht mehr drin. Denn das alte eiserne Tor zu dem Gelände das sonst stets offen gestanden hatte, mit den Lagerschuppen einer Spedition und dem ganzen Gelände drum herum wurde nun konsequent geschlossen und bewacht.

Zu der damaligen Zeit wurden sehr viele, ja fast die meisten Autos überwiegend mit Holzvergaser angetrieben. Da waren neben vielen Personenwagen mit nachträglich primitiv aufgebauten kleinen Ladeflächen auch die verschiedensten auch recht abenteuerliche Transporter der Marke Eigenbau.

Diese Fahrzeuge mussten immer das nötige Brennmaterial ja mitführen und sie kamen auf den Steigungen der Straßen nur recht langsam voran. Das war die beste Gelegenheit, die Fahrzeuge um einige Holzstücke zu erleichtern, besonders wenn der Fahrer nicht besonders aufpasste. Darunter auch recht alte und altertümliche Autos mit Vollgummirädern und Kettenantrieb ohne Kardanwellen auf der Straße.

Dieses Holz für diese Fahrzeuge musste auch über eine Stelle im Amt genehmigt werden und war somit auch nur begrenzt für die Betreiber der Fahrzeuge erhältlich, entsprechend waren sie wohl wissend, dass das Brennmaterial immer in Gefahr war, besonders wachsam.

Die gesamte Menge der Fahrzeuge auf den Straßen hielt sich sowieso in dieser Zeit in einer überschaubarer Größenordnung, es waren zum Teil schon rechtseltsame Fahrzeuge unterwegs, vorne sah es aus wie ein Personenwagen und von hinten wie ein Teil von einem Pferdegespann.

188

Manche Verkehrssituation wurde aber auch einfach inszeniert um den Fahrer kurz abzulenken und schon waren einige Holzscheite in anderen Besitz übergegangen.

Um Fahrzeuge mit Benzin oder Dieselantrieb zu betreiben waren schon sehr gute Beziehungen und wichtige Begründungen von Nöten und nur mit entsprechenden Bezugscheinen erhältlich. Eben dadurch nur einem begrenzten und bestimmten Firmen und Personenkreis möglich.

Auf dem Weg zu meiner Schule musste ich direkt vor dem beschädigten Eisenbahnviadukt rechts ab in die Mirkerbachstraße abbiegen. Bei einem äußerst grausigen Unfall im Winter innerhalb dieses etwa dreißig Meter langen Tunnelbauwerks wurde ich direkt und unmittelbar Augenzeuge.

Im Winter war das Autofahren damals schon recht beschwerlich und abenteuerlich, denn spezielle Winterbereifung und abgestimmte Schneeketten waren damals noch nicht bekannt, als einziges Hilfsmittel wurden ganz normale Ketten um die Räder gelegt. Und somit mussten die Autos schon deshalb recht langsam fahren. So recht und schlecht versuchte man eben seine Strecke zu bewältigen und in den doch recht kräftigen Anstiegen in Wuppertal war das schon mal mehr als eine große Herausforderung.

Eines Morgens, ich war gerade auf dem letzten Stück meines Schulweges, genau vor dem Tunnel zweigte die Straße zur Schule ab. Es war höllisch glatt nach einem so genannten Blitzeis, durch den leichten Regen bei den starken frostigen Bodentemperaturen, man hatte sogar die größte Mühe sich überhaupt auf den Füßen zuhalten, zwei unfreiwillige Bodenkontakte hatte ich schon glimpflich überstanden.

Ein voll beladener alter Lastwagen mit Vollgummirädern vom Vogelsang Bereich herkommend, mir praktisch entgegen, war in der Richtung zur Stadtmitte bergab kommend unterwegs. Er rutschte unkontrolliert teils quer auf der glatten Straße vor dem Tunnel in diesen hinein und stieß in diesem Moment mit der ihm entgegenkommenden Straßenbahn im Tunnel, genau in diesem Engpass frontal zusammen.

Fahrzeugteile und auch Personen die gerade dort unterwegs waren, sowie einige der hölzernen Baumstamm dicken Brückenstützen flogen sogleich wild durch die Luft, es sah schlimmer aus als auf einem Schlachtfeld, wo eine Bombe eingeschlagen hatte, der Lastwagen und die Straßenbahn die aus den Schienen gesprungen war, sowie einige der Viadukt Stützen blockierten den ganzen Tunnel komplett, da war überhaupt kein Durchkommen mehr.

Die Helfer und die Feuerwehr hatten selbst auch beträchtliche Schwierigkeiten und erheblich mit dem Eis auf den Straßen zu kämpfen. Sie mussten, um auf die andere Seite des Viadukts zu kommen zum Teil den Umweg durch den zweiten Tunnel auf der anderen Seite vor dem Mirker Bahnhof und auf der Rückseite des Geländes über den Güterbahnhof machen um auf die andere Seite der Unfallstelle mit ihren Fahrzeugen zu gelangen.

Das doch grausige Geschehen hier vor Ort war für mich in Moment natürlich wichtiger als alles andere auf der Welt, die Pflicht und die Schule waren total vergessen, ich bin natürlich wie angewurzelt stehen geblieben um zu sehen was hier nun noch alles geschah.

Die Schule war vorübergehend in weite Fernen gerückt, spätestens als die ersten aus der Schule kamen war mir klar, dass gab ganz gewiss wieder erheblichen Ärger mit der Lehrerin und mit meiner Mutter.

Dieses große Donnerwetter von meiner Mutter kam nach der Verwarnung der Lehrerin dann unweigerlich als ich kräftig durchgefroren wieder nach Hause kam.

Das oberste Gebot der Zeit war auch damals nun mal Selbstversorgen wo und wie es eben möglich war, selbst in den kleinsten Flecken Erde oder auch in Blumenkästen wurde alles Mögliche, selbst Gemüse angepflanzt. Mein Großvater zog auf der breiten steinernen Balkonbrüstung im dritten Stockwerk zum Bahnhof hin Tomaten, Kräuter und Tabakpflanzen und andere Pflanzen in fünf selbst gezimmerten großen Blumenkästen groß, was so mancher neidisch von unten von der Straße aus beäugte.

Denn ein kleiner Garten war wie eine Goldgrube zu der Zeit, nur von dem Balkon konnte keiner bei Nacht und Nebel sich selbst bedienen und etwas mitnehmen. Die älteren Jugendlichen vom Bahnhofsplatz haben mich und meinen Bruder oft unter Druck gesetzt, dass wir ihnen ab und zu mal ein oder mehrere Tabakblätter von Opas Balkon besorgen sollten.

Mein Opa hatte aber stets ein waches Auge auf seine Kostbarkeiten, er schnitt den Tabak nach dem trocknen in ganz feine Streifen. Er benutzte dazu eine besonders kleine alte manuelle von Hand betätigte Brotschneide Hebelmaschine, die er speziell dazu hergerichtet hatte.

Dadurch hatten wir damit ein allgemein beliebtes und begehrtes Tauschmittel, was uns dann des Öfteren auch etwas zu Essen einbrachte, komischer Weise auch dann, wenn es eigentlich nichts mehr zu essen gab.

Da zu dieser Zeit keine Versorgung und Lebensmittelgeschäfte noch nicht richtig funktionierten, zu dieser Zeit gab es die Lebensmittel Marken Bögen noch nicht. Man hat des Öfteren auch umsonst vor den Geschäften stundenlang angestanden.

In jeden Fall hat aus unserer Familie immer einer irgendwo angestanden, je frühzeitiger man dran war umso kürzer war die Warteschlange vor einem. Vor allem beim Bäcker, direkt um die Ecke hat sich in einer schier unendlichen Schlange einer von uns so früh wie möglich postiert. Bei dem Bäcker gab es dann aber meistens auch nur knatsch gelbes pappiges Maisbrot, es half uns auch nichts, dass einer der Bäckersöhne in meiner Klasse war.

So manches Mal, zwei bis drei Stunden vor dem Schulbeginn, habe ich dann auf meinem Tornister sitzend noch ein kleines Nickerchen gehalten, bis zur Ablösung durch eine meiner Tanten oder meiner Mutter.

Eine geraume Zeit vor allem im Winter bin ich sogar in Halbschuhen meiner jüngeren Tante Erika in die Schule gelaufen, wir hatten ja fast die gleiche Schuhgröße. Unser Opa hatte die Schuhe dann entsprechend ein wenig bearbeitet und auch durch verkürzen des Absatzes um modelliert. In der Schule gab es ab und zu Carepakete aus Amerika, bestückt waren sie mit einigen wichtigen Lebensmitteln, natürlich mit Milchpulver, Keksen, Cornedbeef, etwas Kakaopulver, Schokolade und so weiter.

Es wurde und war streng pro Kopf reglementiert, wer was und wie viel, wovon bekam, da diese Zuteilungen unregelmäßig erfolgten war es jedes Mal fast wie ein Feiertag, wenn wieder mal Ausgabe war. Die Ausgabe wurde stets in unserer Schule gemacht und die jeweiligen Zeiten dazu wurden uns immer kurz dann vorher bekannt gegeben, so dass es nicht zu einem unnötigen Gedränge kam.

Meine Mutter machte, öfter mit einer gehörigen Portion Galgenhumor und Sarkasmus aus der Not eine Tugend. Sie sagte dann den altbekannten Satz, dass sie nun die Kuh melken würde, wenn sie mit etwas Milchpulver und der Betätigung des Wasserhahnes eine Portion wässerigen Milchersatz machte.

In einem alten Militäressgeschirr durften wir, die dafür berechtigt waren auch eine große Portion von der täglichen Quäker-Schulspeisung, meist Erbswurst Suppe oder ähnliches mit nach Hause nehmen. Nur die täglich ausgegebene Milch nicht, die sollten wir aus wichtigen ernährungstechnischen gesundheitlichen Gründen, der Vitaminversorgung wegen noch in der Schule austrinken, was natürlich auch so weit als eben möglich kontrolliert wurde.

Da wir aber Erfindungsreich waren, haben wir aus der Milchflasche einen großen Schluck genommen und wieder einfach unbeobachtet aus dem Mund in ein kleineres Gefäß aus dem Tornister zur Mitnahme umgefüllt, denn die geleerte Flasche musste zum Schulschluss abgegeben werden.

Einen warmen Wintermantel bekamen wir, mein Bruder und ich jeweils von unserem Opa aus einer alten dicken Pferde Wolldecke geschneidert. Sandalen für den Sommer machte er uns aus einer alten braunen Aktentasche die Riemen und mit Fahrradreifen Stücken die Sohlen.

Mein Opa war im ganzen Stadtteil für seine findigen handwerklichen Fähigkeiten als gelernter Feinmechaniker bekannt, für mich war es immer wieder faszinierend ihm zuzuschauen und ab und zu auch mal helfen zu können. Er reparierte alles was anfiel, von der damals so wichtigen Nähmaschine, oder kleine Elektromotoren, über Spielzeug, Märklin oder auch anderen Eisenbahnen, ja sogar Bügeleisen, sowie Ledernähereien an Taschen und Schuhen machte er auch.

Bezahlt wurde er überwiegend mit Naturalien, denn die Reichsmark war zu der Zeit knapp und eine recht unsichere Währung. Selbst wenn Geld vorhanden war hatte man dadurch noch immer nicht etwas zu essen auf dem Tisch, dazu wurden schon beachtliche Verbindungen benötigt. Tauschen war stets angesagt, denn wer gewisse Beziehungen oder auch Verwandtschaft hatte, vor allem in landwirtschaftliche Bereiche konnte fast alles mit Naturalien bezahlen.

Zudem hatte er sich Kerzenformen aus Konservendosen Weißblech mit einer speziellen Dochthaltervorrichtung selbst konstruiert und gebaut und aus Kerzenstummeln und Wachsresten dann Kerzen gegossen. Gesammelt auch in der Bethesda Gemeinde wurde er damit versorgt, zum Teil in vielerlei Farben.

Wenn mal ein Besuch bei Freunden und Verwandten anstand, ging man nie ohne ein oder zwei Briketts oder anderes Brennbares in reichlich Zeitungspapier gewickelt dorthin. Ein richtiges Geschenk war dabei eigentlich schon eine Nebensache, was zählte war vielmehr etwas Wärmendes oder Essbares.

Während der Schulferien durfte ich mit Ihm nach Dornap bei Mettmann fahren. Dort sollte er bei einem weitläufigen Verwandten der in einer großen Gartenanlage wohnte, mit ihm eine Güllegrube bauen, doch leider ist er dabei verunglückt und Kopfüber in die schon ausgehobene Grube reingefallen.

Er musste dann stark gehandikapt danach wochenlang nach einem Schlüsselbeinbruch mit einem Schultergipsverband und einem so genannten recht unbequemen Stuka rumlaufen. Ich war daher dann die ganze Zeit über seine rechte Hand und habe in ganz jungen Jahren eine Menge von ihm gelernt und habe ihm dabei auch so manches Loch in den Bauch gefragt.

Ich musste ihm stets helfen und für ihn umsetzen, was ihm an Bewegungsmöglichkeit eben fehlte, für mich eine äußerst lehrreiche und später nützliche Zeit.

Zu einem meiner Geburtstage bekam ich einmal einen Schuhkarton großen Lastwagen mit Plane, natürlich komplett von Ihm selbst gemacht. Den liebte ich viele Jahre lang über alles, denn er war ja auch mein erstes und einziges eigenes Spielzeug, seit dem Teddyverlust vor einigen Jahren, ich habe ihn aber nie mit auf die Straße zum Spielen mitgenommen.

Einige Jahre lang war dieser Lastwagen mein einziges Spielzeug ich habe ihn dann immer wieder im Laufe der Zeit unzählige Male mit Wasserfarbe nach meinem jeweiligen wechselnden Geschmack bunt bemalt. Jedoch einen Roller oder ein Dreirad selbst einen neuen Teddy, meine heimlichsten Wünsche oder gar einen großen Ball konnte ich nie mein Eigen nennen. Einen Fußball den gab es schon aus zwei Gründen nicht, zum einen waren diese Fußbälle damals noch ganz aus Leder und mit einer losen Gummiblase darin und einer ledernen Verschnürung wie bei hohen Schuhen versehen.

Somit entsprechend teuer, fast unerschwinglich und zum anderen machte man damit ja auch die damals raren normalen Schuhe kaputt und das ging ja nun mal erst recht nicht. Der eine oder andere meiner Spielgefährten verfügte aber über so etwas, oder auch nur etwas Ballähnliches, es wurde dann aber überwiegend von fast allen Barfuß auf dem Bahnhofvorplatz Fußball gespielt.

Meine persönlichen Wünsche diesbezüglich haben sich in meiner Kindheit nicht erfüllt und als man sich das eine oder andere dann später leisten konnte, brauchte ich es dann auch nicht mehr.

Zu dieser Zeit hatte ich erst eine Doppelseitige eitrige Mittelohrentzündung, mit dem Erfolg das mir beide Trommelfelle durchgestochen wurden, um durch Spülungen den Eiterherd zu entfernen. Die medizinischen Möglichkeiten waren damals nun mal immer noch sehr begrenzt und es musste zu Hause auf einfachste Art zu einer Heilung beigetragen werden.

Ein Loch in einem Trommelfell und eine Vernarbung im anderen Ohr habe ich dann als ewiges Andenken behalten, was zu einer verminderter Hörfähigkeit auf Dauer führte.

Des Weiteren bekam ich immer wieder große Geschwüre im Nacken, auf einen Schlag einmal sieben Stück, eine äußerst schmerzhafte Angelegenheit war das tägliche Prozedere mit dem ausdrücken und versorgen. Mein Nacken war eine Zeit lang steinhart von den entzündeten Geschwüren und meinen Kopf konnte ich dadurch auch nur begrenzt unter größten Schmerzen bewegen.

Im Prinzip waren das alles auch Ergebnisse von schlechter und oder auch mangelhafter Ernährung und Versorgung, aber man musste mit dem was irgendwie erhältlich war und sei es noch so mangelhaft zurecht kommen. Aber zu Hause bleiben war auch nicht angesagt, Schule war eben oberstes Gebot.

Als Kind in der Nachkriegszeit!

So als Trost oder Schmerzpflaster bekam ich ein großes Kugelglas mit zwei kleinen Goldfischen darin geschenkt, etwas was mir neben meinem Spielauto als Einziges, nun ganz alleine gehörte. Ich war zu der Zeit der wohl glücklichste Junge der über sogar zwei ihm ganz alleine gehörende Dinge verfügte.

Die anderen Kinder vom Mirker Bahnhof haben stets nur nach mir zum Spielen gerufen, mit meinem Bruder konnten sie sich nicht so richtig anfreunden. Mein Bruder war in ihren Augen einfach zu ruhig, für sie ein langweiliger Stubenhocker und Bücherwurm.

Außer dem Schwimmsport dem er zugeneigt war, war er ausgesprochen unsportlich, schon schnelles Laufen war nicht seine Sache, wir waren im Grundprinzip schon völlig anders und unterschiedlich.

Er hat es aber dabei aber sogar in die Leistungsgruppe beim bekannten Schwimm Sport Verein Hellas gebracht, in den Verein hatte ihn meine andere Tante die dort aktiv tätig war mitgenommen und reingebracht.

Auf dem gepflasterten Bahnhofvorplatz wurde natürlich auch Fußball mit einem stramm gewickelten Stoffball gespielt, aber von dem Platz vor dem kleinen Milchladen der Frau Vogel und dem direkten Bahnhof Eingangsbereich wurden wir regelmäßig verscheucht. In unserer Fußballklicke war auch ein Mädchen, die Uschi sie war immer dabei, ohne sie war unsere Klicke einfach nicht komplett.

Sie war mit eine der wildesten auf dem Vorplatz, ja sie stand sogar mit uns Buben, wenn hin und wieder die Blase drückte, zusammen mit uns Jungs wie selbstverständlich an Baum oder Mauer zum Pinkeln. Das war für uns ganz selbstverständlich und auch ganz normal, lange Zeit war sie wie ein Junge in unserem Kreis angesehen und ohne Uschi war auch nie so richtig was los auf dem Bahnhofvorplatz, sie gehörte einfach dazu.

Keiner von uns wäre damals auf die Idee gekommen, dass das wohl nicht normal und natürlich war, erst wesentlich viele Jahre später wurde mir aber klar, dass das wohl doch nicht so ganz normal war, schon aus den dann bekannten anatomischen Gründen.

Ein großes Handikap hatte ich bei meinen ersten Schwimmversuchen im Mirker Freibad wegen meinen Ohren, selbst die selbstgemachten ölgetränkten Wattestöpsel, was anderes gab es damals noch nicht, sie halfen aber auch nicht so recht. Ich hatte somit stets Wasser in meinen Ohren mit den offenen Trommelfellen, und anschließend wieder eine mehr oder weniger schwere Ohrentzündung, somit habe ich dann den Schwimmgedanken für alle Zeiten endgültig gestrichen und bin bis zum heutigen Tage somit zwangsweise Nichtschwimmer geblieben.

Wir hielten stets die Augen und Ohren geöffnet, wo es Lebensmittel oder Brennmaterial zu holen gab. Ja selbst aus dem Ascheneimer unserer Nachbarn, die ja auch noch als solches gedient haben, haben wir am frühesten Morgen, mit Kehrschaufel und Handfeger bewaffnet, Kartoffelschalen rausgeklaubt.

Vor allem bei Leuten wo uns bekannt war, dass diese vom Lande her mit Kartoffeln und anderem versorgt wurden, waren die Mülleimer bei uns heiß begehrt. Man hat immer genau aufgepasst wann deren Eimer rausgestellt wurden.

Die Mülleimer waren zum Teil einfach nur ein alter Gurkeneimer oder ähnliches, in dem natürlich auch Herdasche war, außer im Winter, da wurde die Asche als Streugut für die Straße genutzt, je nach Brennmaterial, man nahm eben alles was brennbar erschien, war die Asche bunt rötlichbraun, grau oder auch schwarz.

Die Asche machte dann aus einem klaren weiß vom Schnee eine recht bunte Angelegenheit auf dem Bürgersteig und der Straße besonders in den Bereichen mit den beachtlichen Steigungen.

Wenn etwas zum Tauschen vorhanden war, gingen die Leute auf Hamsterfahrt, so auch eine unserer Tanten und später dann auch mein Bruder, er nahm meist einige Portionen von Opas selbst erstellten Feinschnitt oder auch das Eine oder andere, reparierte Gerät, aber zu der Zeit eben doch auch gefragte Geräte mit.

Er ist nach einer seiner Hamsterfahrten, die unter anderem ihn bis zum ländlichen Raum von Hannover führte, einmal todtraurig zurückgekommen, man hatte ihm, weil er im Zug eingenickt war, einen Teil seiner mühsam erstandenen Sachen entwendet.

Bei der Brennmaterialbeschaffung wurde es zuweilen schon fast kriminell, denn das war in der kalten Jahreszeit aller Orten die stets offene wohl aktuellste Beschaffungsfrage. Wenn es abends mal kräftig knackte und krachte, wusste man das es wieder ein oder auch mehrere Latten an einem Zaun weniger waren.

Welche auch schon Mal am langen Lattenzaun eines schräg gegenüberliegenden kleinen Garten entlang dem Abhang vom Bahndammgelände fehlten nach und nach fast alle Latten vor allem die vom Bürgersteig aus zu erreichen waren.

Alles Brennbare was nicht Niet und Nagelfest und unbeobachtet war, war auch schon nicht mehr am alten Platz und landete etwas später in irgendeinem Ofen.

Bei meinem Großonkel Friedrich dem etwas jüngeren Bruder meines Opas, dieser bewohnte eine größere feste ausgebaute Gartenlaube und einem beachtlichen großen Garten mit seiner Frau und Tochter Waldtraut. Direkt an einem Waldrand, hier begann das kleine Waldstück am Mirker Hain, hier konnten wir ab und zu mal ein Huhn oder ein paar Eier abholen.

Mein Opa wurde von seinem Bruder außerdem mit Gemüse und Salat, auch schon mal mit Saatgut für seine Blumenkästen versorgt. Dieser Wald war fast sauberer und besser aufgeräumt als manch eine Wohnung und blank wie ein Kinderpopo. Man durfte sich nicht erwischen lassen, auch nicht beim aufsammeln von Holz, wenn man keine Genehmigung dazu hatte, es war eben alles Reglementiert.

Wenn einer mit einer etwas deutlichen Garderobenübergröße unterwegs war, war es fast klar, es wurde sicher wieder etwas Holz oder Brennbares darunter transportiert. Die Bäume waren total Ast frei bis auf die Höhe von über einer Etage und manchmal auch noch weit darüber.

Der andere Großonkel, Onkel Karl betrieb mit seinem Sohn Karl-Heinz der bei ihm in Ausbildung war, eine kleine Schreinerei in der er überwiegend Möbel und Türen reparierte, in einem Hinterhaus im gleichen Häuserblock, nahe der Wohnung unserer Großeltern.

Hier habe ich mich sehr gern aufgehalten, denn es war nicht nur angenehm warm in der Werkstatt, sondern ich durfte auch etwas mitarbeiten.

Meine Aufgabe war dann vor allem, dass der Holzleimtopf immer gut bestückt und richtig warm war, aber kochen durfte er auch nicht, man musste daher diesen Leimtopf stets im Auge behalten.

Zu dieser Zeit wurden dann die ersten Bezugskarten für Lebensmittel ausgegeben, die alles reglementierten was so langsam nach und nach wieder in den Geschäften gekauft werden konnte. Es war eigentlich doch schon sehr verwunderlich was da innerhalb weniger Tage und praktisch über Nacht urplötzlich in den Geschäften alles zu kaufen gab.

Natürlich waren bei den Karten auch Tabakwarenabschnitte dabei, diese waren für uns Gold wert, der einzige der gelegentlich rauchte war mein Opa mit seiner Pfeife. Aber als Selbstversorger brauchte er diese Abschnitte kaum, entweder wurden die Abschnitte oder auch die Rauchwaren selbst in Lebensmittel oder was dringend benötigt wurde getauscht.

Offiziell gesammelt wurde alles was irgendwie zu verwerten oder auch getauscht werden konnte, so zum Beispiel alte Fahrkarten der Eisenbahn oder Straßenbahnen, Stanniol oder Silberpapier, für alles Mögliche waren im Stadtviertel die diversen Sammelstellen verteilt. Schafgarbe und auch Bucheckern wurden gegen Öl und für Gutscheine gesammelt und abgegeben, es gab in jedem Stadtviertel auch hierfür wieder verschiedene speziell dafür eingerichtete Sammelstellen.

So manches selbst ganz frühes Schlangenstehen war aber trotzdem umsonst, weil vorher der Laden mangels weiterer Ware geschlossen wurde. Besonders ärgerlich war dieses, wenn man kurz vor der Ladentüre schon den Geruch von Brot oder Anderem in der Nase hatte und dann plötzlich hieß, dass nichts mehr ging.

So manche gravierende Besorgungssituation konnte auch nur durch persönliche Beziehungen entschärft werden. Selbst die damaligen Grundnahrungsmittel Maismehl, Graupen oder Steckrüben waren stellenweise nur so zu erhalten, weil es mal wieder einen Engpass gab. Vitamin B, eben Beziehungen war zu der Zeit die aktuelle Währung, frei nach dem Motto gibst du mir, gebe ich dir, aber alles nur inoffiziell unter der Hand.

Unregelmäßig gab es etwa alle zwei Monate Salzheringe, natürlich genauestens pro Kopf abgezählt, aus einem großen Holzfass bei einem Händler zu erstehen. Der Händler war auch in der Evangelischen Bethesda Gemeinde, bei der mein Opa ehrenamtlicher Kassenverwalter war. Der Händler, der unsere Situation recht gut kannte hat dann auch gelegentlich einige Heringe für uns beiseitegelegt, diese wurden von meiner Mutter oder der Oma natürlich dann auch gleich eingelegt oder gebraten.

Fleisch gab es kaum, es war für uns für lange Zeit schon fast ein Fremdwort, ab und zu gab es mal ein Hühnchen aus dem Stall vom Großonkel und das war dann auch schon ein fast festlicher Schmaus der aber auch recht lange anhalten sollte und dementsprechend gestreckt wurde.

Haupternährungsmittel waren neben der rationierten Milch, Maismehl, Magermilchpulver, Buchweizenmehl, Graupen, Steckrüben, ja sogar Brennnesseln. Also keine besonders nahrhaften Dinge aus heutiger Sicht, Hauptsache man hatte etwas im Magen ob es dann besonders nahrhaft oder gesund war, war wirklich nicht so wichtig. Diese Sachen wurden sofern überhaupt vorhanden sehr sparsam eingesetzt und stets gestreckt und nur hin und wieder durch eine Ration aus einem Carepaket etwas aufgebessert.

Eier, Mehl, Butter oder Kakao und Schokolade waren dann schon Lebensmittel der absoluten gehobenen Extraklasse. In jene Zeit fielen dann auch meine zwei Kinder Landerholungsheim Aufenthalte nach Waldbröl.

Wegen meiner akuten aktenkundigen Unterernährung, die man mir eigentlich gar nicht so recht ansehen konnte, denn eine solche musste sich nicht unbedingt als eine stark abgemagerte Figur sich zeigen. es war wirklich schon eine ganz entbehrungsreiche schlimme Zeit.

Zudem war unser Organismus nicht mehr auf diverses Nahrungsmittel geeicht, selbst wenn es noch so gesund und nahrhaft war, musste man sich erst ganz langsam wieder daran gewöhnen.

Nach einem dieser Erholungsaufenthalte in Waldbröl bin ich im Herbst Siebenundvierzig direkt zu unserer neuen Wohnung in Langerfeld Jesinghausen, am anderen Ende von Wuppertal gebracht worden. Das war nun wieder mal eine große Überraschung und Aufregung für mich, denn es war wieder mal alles komplett neu, neue Freunde und neue Schule, ich wusste gar nicht mehr so recht wie oft ich dieses nun schon erlebt hatte.

Zurück zu etwas Normalität?

Die zwei Zimmer waren komplett möbliert auf der ersten Etage über einer Eckwirtschaft, diese Wohnung war uns von dem Wohnungsamt vorübergehend angewiesen worden, die der schwer kranken Mutter der Wirtsleute Familie im Parterre gehörte, die sich aber schon für eine ganze Weile in einem Krankenhaus befand.

Die Wirtstochter Tochter Doris ging in die gleiche Schulklasse wie ich, dieses eigentlich geliehene eigenständige Wohnen aus dem Koffer war aber trotzdem besser als das beengte wohnen bei meinen Großeltern. Die Toilette für uns war auf der halben Treppe, sie war zugleich die Damentoilette von der Wirtschaft in Parterre, was hin und wieder zu überraschenden unangenehmen Begleitumständen führte.

Wir mussten die Wohnung nutzen wie sie war, wir durften nichts umräumen oder verändern, deshalb haben wir auch lange Zeit zu dritt in einem Doppelbett schlafen müssen, sich eben den gegebenen momentanen Begebenheiten anpassen war wieder einmal oberstes Gebot.

Dieses Wohnen auf Pump und die Ungewissheit für wie lange und was in den nächsten Monaten angesagt war, hatte sich am Ende dann mittlerweile nun schon ein paar Jahre angehalten und man hatte sich paradoxerweise sogar schon daran gewöhnt.

Seit unserem Ausgebombt sein bis zu einem wirklich eigenen Wohnbereich waren am Ende weit mehr als vier Jahre und mit verschiedenen und vielen Zwischenstationen vergangen.

Einmal lagen wir wie so oft hungrig, mit knurrenden Magen eng zusammen gekuschelt im Bett und schielten auf ein großes Einmachglas auf dem Kleiderschrank mit von meiner Mutter eigenhändig gebratenen selbst eingelegten Bratheringen. Die von meiner Mutter schon vor einigen Tagen selbst eingemacht worden waren und die für einen eigentlich besonderen Anlass dort deponiert waren.

Sie meinte unvermittelt nach einer Weile nur, dass sie es nicht weiter ertragen könne, dass diese blöden Heringe sie ständig angrinsen würden. Sie holte das Glas vom Schrank herunter und wir haben unseren Hunger kurzerhand im Bett sitzend aus der Hand heraus gestillt, es waren wohl die leckersten Bratheringe meines Lebens. Meine Mutter war im Grunde eine äußerst warmherzige, aber auch durch die harten Lebensumstände geprägte, strenge und trotzdem humorvolle Frau. Wir haben trotz der sehr schweren und Entbehrungsreichen Zeiten sehr viel gelacht.

Für fast jede angenehme oder auch unangenehme Situation hatte sie irgendeine meist witzige Kommentierung, ihr so genannter Galgenhumor war schon fast sprichwörtlich, so ließ sich aber auch so mancher schwerer Moment auch besser überstehen. Ich habe sie so gut wie nie bewusst weinen oder deprimiert gesehen, sie schien stets nach dem Motto zu leben, egal was kommt, nimm es hin und mache das Beste daraus. Aber sie hat täglich bewiesen, dass auch in diesen kargen und auch schwierigen Zeiten eine Frau absolut ihren Mann stehen kann.

Doch ich denke, dass sie im Stillen sehr oft im innersten mehr als traurig war, denn die ganzen Schwierigkeiten und mit zwei heranwachsenden Burschen das war bestimmt nicht einfach und auch nicht als leicht zu bezeichnen.

Wäre die alte Dame eines Tages kurzfristig unerwartet wieder heimgekommen, hätten wir sogleich wieder ausziehen müssen, dieses Wohnen hier war eben nur auf Abruf, genau genommen aus dem Koffer, eben nur ein geliehenes Leben.

Somit konnten und durften wir auch nichts nach unserem persönlichen Bedarf verändern, es war auch eine lange Zeit nicht klar wie lange wir dort wohnen konnten. Aber es war immer noch besser als in den extrem beengten Verhältnissen bei den Großeltern mit Mutters Schwestern und ihren mittlerweile auch öfter anwesenden Verlobten.

Eines Tages, am Anfang des Jahres 1948 stand dann total unvorbereitet mein Vater in der Türe, die vorzeitige Entlassung aus seiner Kriegsgefangenschaft war durch mehrere offene Bauchdecken Abszesse bedingt. Diese waren wohl offensichtlich durch eine frühere falsche Blinddarm Behandlung in Jugoslawien hervorgerufen worden.

Er war aber sehr schwer krank, unser Hausarzt der kaum eine Chance sah meinte einmal, man sollte jetzt Penicillin haben, das wäre wahrscheinlich das einzige Mittel bei dem er vielleicht eine Chance für ihn sehen würde. Dieses Mittel war zu der Zeit gerade aus Amerika als ein so genanntes Wundermittel auf dem Markt gekommen, das aber leider nur unter der Hand auf irgendeinem Schwarzmarkt für viel Geld erhältlich sei.

Mein Vater war hoffnungslos krank und meine Mutter doch recht verzweifelt, weil sie nicht wusste wie sie an das Geld für diese Medizin kommen sollte und wie es mit dieser neuen fast aussichtslosen Situation letztendlich weiter gehen wird.

Sie konnte zu der Zeit mit einem von Haus zu Hausverkauf von Bremer Kaffee ein wenig Geld hinzuverdienen, es war aber viel zu wenig um diese teure Medizin für meinen Vater bezahlen zu können.

Somit hat sie die Grundstücksanteile meines Vaters die letzten Überbleibsel vom früheren Wohlstand der Familie in Elberfeld für rund dreitausend Reichs Mark verkauft, das war damals auch sehr viel Geld. Nachdem mein Vater ihr die nötige Vollmacht unterschrieben hatte, um dafür dann das sündhaft teure Penicillin auf dem Schwarzmarkt für meinen Vater kaufen zu können.

Dieses Mittel, damals ein neuartiges Medikament aus dem Ausland, eben aus Amerika war auf normalem Wege ja kaum zu erhalten. Aber leider war auch dieser hohe Einsatz letztendlich umsonst, dieses Mittel kam für ihn einfach viel zu spät zum Einsatz.

Warum mein Vater als gelernter Metzger mit einer so langen Familientradition bei der Wehrmacht als Eisenbahner tätig war, ist mir letztendlich für alle Zeiten stets doch verschlossen geblieben. Für diese und viele andere für mich mehr oder weniger wichtige Fragen habe ich von meinen Eltern leider zeitlebens keine Antworten erhalten.

Aus welchen Grunde auch immer, ein ewiges Fragezeichen bei diversen Fragen habe ich stets bis heute mit mir herumgetragen. Auch heute hätte ich noch die Eine oder andere offene Frage, die ich noch nicht, auch nach eingehendem Studium alter Unterlagen selbst nicht klären konnte.

Aber da werde ich wohl keine Antwort mehr erhalten, da keiner mehr der Personen lebt, der mir eine aufklärende schlüssige Antwort geben könnte.

Seine Zugehörigkeit zur Deutschen Reichsbahn hatte damals aber für uns später den nicht zu verachtenden Vorteil gehabt, so dass wir bei den jeweiligen regelmäßigen Zuteilungen der Reichsbahn von Schlammkohle und Briketts bezugsberechtigt waren. Somit immer wieder mit den Zuteilungen bedacht wurden, zu dem war das Eisenbahn fahren für uns zu der Zeit auch wesentlich günstiger.

Trotz beträchtlicher Schmerzen hat er aber einem seiner Hobbys der Ölmalerei gefrönt, mit der einen Hand seinen schmerzenden Bauch haltend und mit der anderen Hand hat er gemalt und gezeichnet. Dabei hat er mir immer wieder erzählt was ihm so alles in den letzten Jahren passiert war und wo er im Laufe der Zeit überall gewesen war.

Drei dieser Landschaft Ölgemälde die er damals gemalt hatte oder fast vollendete, habe ich heute noch, sie zeigen bis auf eins das Kroatische Motive hat, nicht ganz fertige Landschaften unserer Urheimat bei Lüdenscheid.

Doch leider gingen die weiteren Zeichnungen und auch alle meine Zeugnisse bei einem meiner unzähligen diversen späteren Umzüge leider verloren. Mit den Zeichnungen, Radierungen hat er uns und mir die Landschaftseindrücke von einem fremden Land, von seinen Aufenthaltsorten als Soldat in Kroatien und Zagreb vermittelt und erklärt. Es war eine kurze aber sehr intensive Zeit mit meinem Vater, den ich bis dahin wohl unterschwellig unbewusst immer vermisst hatte.

Von seinen musischen Anlagen habe ich wohl ein kräftiges Teil abbekommen, Malerei und Musik hat mich stets interessiert und begleitet, ein unerfüllter Traum über sehr lange Zeit war ein Instrument und lies mich improvisiert auch irgendwann das eine oder andere auch einmal ausprobieren lassen.

Lange hat er dann aber leider nicht mehr gelebt, er ist kurze Zeit später noch nach Elberfeld ins Krankenhaus gekommen, wo man ihm aber letztendlich auch nicht mehr helfen konnte.

Das war mein zweites, leider nur viel zu kurzes Zusammentreffen, insgesamt kaum ein halbes Jahr, in meinem Leben mit meinem Vater gewesen. Für mich war es darum eigentlich auch dieses Mal nur wie ein etwas längerer Besuch seinerseits bei uns.

Da wir anfangs ja nicht wussten wie lange unser Aufenthalt in Langerfeld dauern würde, waren meine zwei Goldfische damals bei meiner Großmutter geblieben. Sie versprach mir auf mein einziges persönliches Eigentum neben meinem Spielzeugauto bestens aufzupassen.

Eines Tages kam dann ein Brief von der mittleren Schwester meiner Mutter, meiner Patentante Hildegard, für sie vielleicht eigentlich nur ein lustiger Ulk, für mich aber ein extrem tiefgreifender Schock. Sie schickte mir zwei Gräten von Heringen und schrieb dazu, dass meine Fische nun zu Fett und groß geworden wären, und deshalb hätte man sie nun geschlachtet und gegessen.

Unterschwellig war dieses wohl der wahre Grund, dass ich danach über viele Jahre hinweg dann keinen Fisch mehr gegessen habe. Diesen perfiden Scherz habe ich ihr nie so recht verziehen, unser Verhältnis blieb ab da für alle Zeit doch sehr stark unterkühlt.

Die Ungewissheit wegen der möblierten Wohnung hatte dann nach einer gewissen Zeit aber doch auch bald ein für uns gutes Ende gefunden. Nach dem die alte Frau verstorben war, durften wir in der Wohnung bleiben und sie uns ein wenig mehr nach unserem Bedarf umräumen und einrichten.

Aber auch erst nach dem geklärt war, welche Möbel wir behalten durften und welche wir abgeben mussten. Doch es blieben vor erst noch für uns ausreichend genug Möbel um die Wohnung dann für unseren Bedarf brauchbar umzuräumen.

Durch das quer stellen von einem Küchenschrank in der recht großen Küche hatten wir Kinder eine kleine abgeteilte Schlafecke und auch noch eine separierte kleine zweckmäßige Küchen und Essecke.

Unsere Mutter hatte ab dann nach einer über viele Jahre gehende sehr lange Zeit wieder einen kleinen eigenen Bereich und auch eine eigene Schlafgelegenheit für sich in unserem jetzigen eigentlichen neuen Wohnzimmer, unserem früheren großen gemeinsamen Schlafzimmer.

Zudem wurde nun die Eingangstüre zum früheren Schlafzimmer, jetzigen Wohnzimmer wieder aktiviert und die bisherige Türe in unseren Bereich mit einem Kleiderschrank verstellt. Das war eben möglich, weil diese Wohnung zwei Treppenhaus Zugänge hatte.

Nach fünf über Jahren, seit dem Ausbomben konnten wir wieder von einer eigenen Wohnung sprechen, es war das erste Mal, dass nicht wieder eine baldige gravierende Änderung der Lebens und Wohnverhältnisse drohte.

Nun hatten wir endlich einen Heimatort!

Jesinghausen war ein Teilort von Langerfeld getrennt durch ein sehr großes Dammhohes Eisenbahnrangiergelände, verbunden durch ein gewaltiges Eisenbahnviadukt, das war ein schier endloser Tunnel eben unter unzähligen Eisenbahnschienen hindurch.

Langerfeld war zudem die letzte Teilortschaft von Wuppertal in Richtung Hagen in östlicher Richtung zum Westfälischen. Schwelm war schon auf westfälischer Gemarkung, obwohl nur eine Straßenbreite am Ortsende von Langerfeld dazwischen lag.

Vor und an der Ortsgrenze gab es einige größere maßgebliche Industrieansiedlungen und Werke, wie zum Beispiel die Herstellung von Reform Waschöfen und Waschmaschinen.

Von der Rotbandhefefabrik war das dazu gehörige Melasse Lager mit zwei riesigen Hochtanks direkt neben unserer Wohnung auf der anderen Bachlaufseite der Schwelme, zwischen unserer Wohnung und dem langen Eisenbahndamm und Tunnel.

Da war auch das Tornax Motorradwerk direkt auf der oberen Gemarkungsgrenze, vor dem unmittelbar angrenzenden Schwelm und dem Schwelmer Tankanlagenbau. Die fast Deutschland und Weltweit die Zapfsäulen für Tankstellen baute und vielen anderen Firmen, dem Grenzbereich zwischen dem Rheinland und Westfalen.

Hier bin ich zuerst in eine verkehrte Schule gekommen, sie war katholisch und ich war evangelisch und dazu auch noch freikirchlich, eben ein Mitglied der Bethesda Kirche, man wusste offenbar anfänglich nicht wo ich nun eigentlich hingehörte.

Die Bethesda Gemeinde der ich angehörte wurde von Unwissenden sogar schon mal als Sekte bezeichnet, was aber keineswegs der Fall ist und war. Denn diese Freikirche die es auch heute noch gibt, ist eine ganz normale evangelische eigenständige Kirche, nur eben Kirchensteuer befreit, weil sie von einer amerikanischen Stiftung getragen wurde und wird.

Sie hatten sogar diverse eigene Krankenhäuser mit einer eigenen Schwestern und auch Theologen Ausbildungsstation auf der Insel Kaiserswerth.

Die Lehrerin in der katholischen Schule, damals gab es noch die strenge Konfessionstrennung in den Schulen, war darüber gar nicht erfreut und hat als sie es bemerkte mich ein paar Mal ermahnt. Ich solle mich ebenso wie die Anderen beim Beten verhalten, ich sollte etwas tun was ich gar nicht kannte und auch nicht wollte.

Als sie sah das ich da nicht mitmachte und ihre diesbezüglichen Erwartungen nicht erfüllte, hat sie mich praktisch aus der Klasse rausgeschmissen, bei Konfessionsfragen war man zu der damaligen Zeit noch sehr pingelig und engstirnig.

Sie ist beim Rektor mit mir im Gefolge dann auch gleich massiv vorstellig geworden, der dann sogleich dafür gesorgt hat das ich in die in der Nähe gelegene allgemeinen Volksschule noch am gleichen Tage aufgenommen wurde.

Diese neue Klasse, meine nunmehr mittlerweile sechste Einschulung, es sollte nun doch mein letzter Wechsel, wie sich später herausstellte sein, war letztendlich mit über fünfzig Schülern hoffnungslos überfüllt.

Eine für mich bis dahin doch unbekannte Größenordnung und eine nicht besonders befriedigende und doch auch recht befremdliche Schulsituation.

Ich war zudem auch lange Zeit der zweitkleinste Schüler in diesem Haufen, es ging manchmal doch recht rau zu, vor allem auf dem Schulhof. Was mir unter anderem einen Knochenanriss im Knöchel und einen Bänderriss sowie auch manch blaues Auge und einige Beulen im Laufe der Zeit eingebracht hatte.

Die Differenz im Altersdurchschnitt der Schüler meiner Klasse vor allem in den beiden letzten Schuljahren waren bis zu weit über drei Jahre. Denn immer wieder kamen welche hinzu die schon bei der Hitlerjugend, Armee oder derartiges gewesen waren, aber eben noch keinen Schulabschluss hatten. Den sie jetzt aber nachholen mussten, um auch einen Ausbildungsplatz erhalten zu können.

Wenn sie nicht zwangsweise hätten da sein müssen wäre wohl keiner von ihnen geblieben. Sie waren aufsässig und vorlaut, Schularbeiten machen war für sie ein absolutes Fremdwort, genau genommen machten sie was sie wollten.

Wenn der Lehrer dann mal Pech hatte wurde ihm sogar auch ein massives Ungemach angedroht, die raubeinigen Burschen, sie lebten einfach drauflos, was ihnen nicht gefiel wurde ignoriert oder auch beseitigt, es war nicht immer lustig.

Diese Rabauken die sich über alles hinweg setzten haben dann zum Teil erhebliche Probleme in die Schule gebracht. Da war das Rauchen auf dem Schulhof noch das kleinste aller Übel, sie zeigten überhaupt kein Interesse am Unterricht, sie wollten eben nur die nötige Zeit absitzen um einen Abschluss zu erhalten.

Weil sie sich nicht mehr so recht einfügen konnten oder wollten gab es eine Menge Unruhe in der Klasse und auch diverse unnötige Unterbrechungen. Durch die Polizei wurde dann auch schonmal der Eine oder andere sogar während dem Unterricht aus der Klasse heraus abgeholt, so manchen hat man dann Gott sei Dank auch nicht mehr wiedergesehen.

In dieser Zeit, im Juni 1948 wurde zudem die marode Reichsmark gegen die neue D-Mark ausgetauscht, somit musste auch alles wieder neu bedacht und justiert werden, alles wurde nun unter anderem neuem Gesichtspunkt gesehen und gerechnet.

Das war für wahr eine recht turbulente Zeit, mit reichlich vielen auch unschönen Begebenheiten, denn es waren noch viel zu viele Menschen der Meinung dass ihre Selbstherrliche Zeit immer noch weiter gehen würde und nur der, der die Ellbogen rücksichtslos einsetzt hat recht.

Ein frohes Fest, trotz schwerer Zeit.

Zu dem ersten Weihnachten, für mich mit meinen gerade Mal angehenden elf Jahren überhaupt und in der Langerfelder Wohnung, das erste fast richtige Weihnachten mit Baum und dem Ganzen drumherum, nach all den Turbulenzen der vergangenen langen Zeit, es wurde irgendwie ein ganz besonderes unvergessliches Fest.

Einen Tag vor dem Heiligen Abend brachte mein Opa einen großen mageren ja fast unansehnlichen Tannenbaum und den nötigen Glasbehang aus seinem Altbestand mit, um aus dem ganzen den ersten Christbaum meines Lebens zu erstellen.

Er machte aus dem dürren Baum, durch das verpflanzen einiger Äste einen kleineren dichten ansehnlichen Baum, den er auf einem kleinen Tischchen in einer Zimmerecke aufstellte und dann liebevoll mit den alten elektrischen Weihnachtskerzen und dem alten Weihnachtsbaumschmuck aus Glas versah.

Die Stromspannung der alten elektrischen Kerzen waren noch die alten 110 Watt und die neue Versorgung hatte 220, auch da wusste er sich zu behelfen, er wollte das durch eine starke hunderter Glühbirne, die er zwischen schaltete, ausgleichen. So in etwa hat er mir den Vorgang erklärt, so richtig begriffen hatte ich es aber doch nicht.

Das Licht der Birne wurde durch einen übergestülpten Kasten in der Zimmerecke unter dem kleinen Tisch abgemildert und beleuchtete dann nur noch ganz dezent und stimmungsvoll die Wand als Hintergrund.

Ich durfte ihm voller Eifer bei den Arbeiten mit großer Ehrfurcht helfen, es war für mich ja das allererste Mal das ich bei solchen Vorbereitungen und in dieser Größenordnung dabei sein durfte. Für mich war das wie eine spannende Generalprobe mit unbekanntem Ausgang. Sonst war das Fest immer nur irgendwie andeutungsweise oder auch gar nicht, in der Ermangelung von den eigentlich dazu gehörigen Dingen zelebriert worden.

Weihnachten war ein paar Jahre lang überhaupt kein richtiger Begriff für uns, außer dass es vielleicht mal ein etwas anderes Essen gab, das war es dann auch schon, da war man doch schon froh, wenn man eine Kerze anzünden konnte.

Wir Kinder mussten damals, wenn überhaupt ein wenig gefeiert werden konnte dann nur kurz den Raum verlassen und das Ganze verlief dann meist auch viel einfacher, aber trotzdem doch immer recht geheimnisvoll ab, dass warum war uns aber lange Zeit irgendwie unbekannt geblieben.

Doch dieses Mal war alles etwas anders, als wir mit dem Aufbau fast fertig waren fiel ihm auf das die schöne gläserne Christbaumspitze fehlte, sie lag ganz zu unterst gut eingepackt in seinem großen mitgebrachten Karton. Aber ein Weihnachtsbaum ohne schmucke Spitze, die dann fast die hohe Zimmerdecke berührte war für meinen Opa total undenkbar, sie musste nun noch unbedingt nachträglich aufgesetzt werden.

Mein Opa war körperlich ja auch nicht gerade der Größte somit musste eine nötige Standfläche schon etwas höher angelegt werden. In Ermangelung einer Trittleiter baute er sich nun mit unserem Wohnzimmertisch und einem Stuhl darauf eine entsprechende Basis vor dem Baum auf, um die Spitze nun doch noch nachträglich aufzustecken.

Fast hätte er es auch geschafft, doch sein Turm auf dem er stand, machte nicht so ganz mit und rutschte als er sich vorbeugte unter ihm weg und mein Opa fand sich, mir nichts dir nichts, mit samt dem Baum hinter dem kleinen Tischchen in der Ecke auf dem Boden mit einem gewaltigen Rumpeln, Klirren und Poltern wieder.

Als er sich aus dieser unfreiwilligen misslichen Lage befreit hatte und den Baum wieder ins Senkrechte gebracht hatte, stand fest, dass kaum eine Kugel das überlebt hatte und der Baum wie eine arg gerupfte Henne dastand.

Zuerst mussten wir, nach dem auch dann feststand das er sich keine ernsthafte Verletzung zu gezogen hatte, die Reste des Baumschmucks nach weiterer Brauchbarkeit sortieren und die Scherben aus sämtlichen Ecken zusammenfegen.

Die Reparatur des Baumes brauchte dann doch eine wesentlich längere Zeit als er sich das erst gedacht hatte und verlangte nun sein ganzes Können und recht viel Blumendraht, zu dem wurde der Baum dadurch auch noch etwas kleiner.

Mit Löcher in den Stamm bohren, Äste anspitzen und diese mit Draht dann festbinden rückte er dem Tannenbaumtrauma zu Leibe. So wurde dann wieder aus einer unansehnlichen gerupften Trauerweide an diesem Tage, zum zweiten Male doch noch ein ansehnlicher Weihnachtsbaum.

Ich musste das mit der Zeit sowieso doch stark verknitterte Lametta aus Stanniol, nun auch noch kräftig verknotet und unansehnlich wieder Stück für Stück glätten und auf dem Tisch ausbreiten, damit es wieder brauchbar wurde, denn es musste auch dieses Jahr ja noch mal einen Baum schmücken.

Meine Mutter die inzwischen von der Arbeit gekommen war, war zutiefst erschrocken, aber wiederum doch auch froh, dass sich mein Opa bei dem Sturz nicht ernsthaft verletzt hatte, sie gönnte sich und vor allem auch ihm einen kräftigen großen Schluck deutschen Weinbrand.

Sie versuchte auch sogleich noch im nahe gelegenen Haushaltswarengeschäft, das aber schon längst geschlossenen hatte, die Geschäftsleute wohnten Gott sei Dank aber im gleichen Haus, noch für ihr letztes Geld ein wenig Ersatz zubekommen.

Mein Opa kam dann beachtlich verspätet wieder bei sich zu Hause in Elberfeld an, was überhaupt nicht so geplant gewesen war. Meine Oma war darüber zuerst gar nicht erfreut doch aber trotzdem auch erleichtert, dass er sich nicht ernsthaft verletzt hatte. Dieses nicht alltägliche Ereignis, diese Episode war dann noch lange Zeit alle Jahre wieder eine allseits doch stark belustigende Geschichte bei den gelegentlichen späteren Familientreffen.

Wir hatten dann doch noch ein schönes, heimeliges Weihnachtsfest, wenn auch einfaches Fest gehabt. Mit einem geschmückten Baum, einem bunten Gebäckteller, einer Tafel Schokolade, einem Apfel und Orange, natürlich auch ein paar Nüssen.

Für die damalige Zeit für uns ein äußerst üppiger Weihnachtsteller und natürlich auch mit einem kleinem Geschenk, natürlich zweckmäßig und somit logisch, etwas zum Anziehen. Für mich bewusst, mit rund zehn Jahren eigentlich das aller Erste, dass man auch als ein feierliches Weihnachtsfest mit Baum und Kerzen und so weiter, eben alles was eigentlich zu einem Weihnachtsfest dazu gehört, nennen konnte.

Am späteren Abend, wir Kinder waren schon eine Weile im Bett als unsere Mutter uns weckte, wir durften dann dem für uns überraschenden Weihnachtslieder Ständchen einer kleinen Blaskapellen Abordnung unter unserem Fenster mitten auf der großen Straßenkreuzung zuhören.

So etwas hatte ich bis dahin in den zehn Jahren meines Lebens noch gar nicht erlebt, meiner Mutter rollten vor lauter Rührung auch ein paar Tränen über die Wangen, es blieb mir wie eingebrannt für viele Jahre als Vorbild eines schönen Weihnachtsfestes in meiner Erinnerung, obwohl wesentlich viele Jahre später so manches Fest ganz normal arbeitend begangen wurde.

Diese kleine Musikergruppe stand mitten auf der unter unserem Fenster liegenden Straßenkreuzung unter der milchigen Straßenbeleuchtung im leichten Schneefall, für uns wie ein kleines Märchen zur Weihnacht, so etwas hatten wir noch nie und hier nun zum ersten Mal erlebt.

Das Erlebnis war unbeschreiblich und hat mich in meinem Gemüt bis in Grundfesten unerklärlich berührt, ich habe aus einem mir nicht bewussten Gefühl heraus mehr Tränen vergießen lassen, sodass ich auch nicht fähig gewesen war die doch bekannten Weihnachtslieder leise mit zu singen.

Eigentlich war die Welt, nach über fünf recht kargen und wechselhaften Jahren das erste Mal nun anscheinend in bester Ordnung soweit wir das im Moment jeder für sich betrachtet beurteilen konnten, da wir ja auch keinerlei Vergleichsmöglichkeiten bis dato hatten, wir haben, jeder für sich die momentane Stimmung ganz innig genossen.

Dieses wohlige Gefühl hielt eigentlich aber auch nur bis zu den nächsten Tagen, dann hatte uns der Alltag mit all seinen Problemen wieder eingeholt. Eine feste Einrichtung war es anscheinend dann auch, das jährliche Silvesterblasen.

Ein fast gleiches nächtliches stimmungsvolles Ständchen wie zu Weihnachten, natürlich mit anderen Melodien wurde uns dann auch jeweils in der Silvesternacht '48 von einer Gruppe von dem örtlichen Musikverein an selber Stelle geboten

Ein sehr schönes stimmungsvolles Ständchen zum Jahreswechsel in der winterlichen Nacht vom normalen Straßenverkehr völlig ungestört. Denn der Autoverkehr war zu der Zeit allgemein doch noch recht spärlich, es war etwas, was wir überhaupt noch nie erleben durften.

Irgendwie haben diese gefühlvollen Momente auch unserem Gemüt gutgetan, es hatte sich an unserer Situation überhaupt nichts geändert und doch ging man den nächsten Tag mit einer ganz anderen, positiven Einstellung an.

So eine indirekte Seelenmassage war für uns Kinder etwas gänzlich Neues, aber meiner Mutter haben diese Momente mehr gegeben als sie selbst zugeben wollte, denn sie hat ja vor vielen Jahren aktiv im Kirchenchor gesungen und hatte dort dann zu den Feiertagen auch ihre speziellen Erlebnismomente.

Da in der Wirtschaft im Hause im Nebenzimmer meist mit geöffnetem Fenster ein Männerchor wöchentlich ihren Übungsabend abhielt, bekam ich unbewusst einen indirekten Musikunterricht und ich konnte schon nach kurzer Zeit viele ihrer Lieder mitsingen, natürlich in einer kindlichen helleren Stimmlage als der Männerchor.

Besonders ein Lied hatte es mir mit der Zeit angetan, im tiefen Keller sitz ich hier, vielleicht hat mir auch der recht tiefe Bass imponiert, ich habe dann immer etwas abseits des offenen Fensters voller Inbrunst mitgesungen.

Denn auf so eine tiefe Stimme war ich irgendwie schon etwas neidisch, denn ich hatte zu dieser Zeit noch einen Glockenhellen Sopran, auf den manches Mädchen schon neidisch sein konnte, eine Stimmlage die ich für eine gewisse Zeit auch im Schulchor gerne gesungen habe.

Worüber ich mich aber keineswegs freuen wollte, denn fast alle in meiner Klasse hatten schon deutlich tiefere Stimmlagen als ich, ich empfand das eben eine Zeitlang als ein großes gewisses Makel.

Wogegen unser Schulchorleiter seine helle Freude an meiner Stimme hatte und sich redlich Mühe gab mich davon zu überzeugen, dass ich unbedingt die Stimme später ausbilden lassen sollte, doch, dass war für uns damals überhaupt keine Option da wir für so etwas keineswegs finanziell in der Lage waren.

Beginn meiner sportlichen Ambitionen.

Ich war eigentlich stets in Bewegung, heute würde man mich wohl als Hyperaktiv bezeichnen, doch damals war dieser Begriff offiziell noch unbekannt. Mein Bewegungsdrang und meine Neugierde auf alles was ich noch nicht kannte war schon eine Mischung, die meiner Mutter manch unruhige Momente bereitete.

Unzählige Tiere und Dinge habe ich mit nach Hause gebracht und viele Tränen meinerseits vergossen, wenn ich alles wiederstrebend in die Natur zurückbringen musste.

Nachdem eine Nachbarin mir ein paar recht alte Fußballschuhe, mit abgelaufenen damals noch genagelten Lederstollen und Stahlkappen geschenkt hatte war für mich das Fußballspielen die Nummer Eins in meiner kindlichen, vorjugendlichen Freizeit Beschäftigung. Der Schuster von nebenan reparierte mir die Schuhe fast kostenlos, ich sollte ihm dafür ab und an eine Erledigung als Laufjunge abnehmen, das habe ich dann gerne gemacht.

Ich habe die Schuhe so gut wie nie mehr ausgezogen. Zur Unterstützung unserer wirtschaftlichen Situation habe ich als Laufjunge mich betätigt. Auch bei Bedarf bei unserem Gemüseladen und bei der Apotheke auch als Hilfskraft geholfen.

Durch einen Freund beim täglichen Straßenkick, der mich einmal zu einem Training bei dem Verein mitgenommen hatte bin ich dann beim Sportverein Grün-Weiß Wuppertal in den Höfen in Oberbarmen gelandet.

Im Feldhandball war der Verein damals eine beachtliche Ranggröße als Verein, nun gehörte ich aktiv und offiziell in der Fußball Jugend Mannschaft dazu. Das Platzgelände lag in einer großen Ausbuchtung unterhalb einer Felswand, es war früher vor vielen Jahren wohl mal ein Steinbruch gewesen.

Die Felswände waren an drei Seiten beachtlich hoch und das hohe Gelände das nach vorne zur Straße hin leicht abfallend war. Bei einem für Zuschauer interessanten Spiel beim Fußball oder Feldhandball diente die hohe Felswand als eine hochgelegen Aussichtskanzel für die Zuschauer, sie standen quasi im ersten Rang.

Wir haben damals auf einem Ascheplatz in diesem so genannten Stadion gespielt, Rasen hatte man damals ja noch nicht, selbst in den Ligen waren Rasenplätze noch eine Seltenheit. Entsprechend waren dann auch die diversen Blessuren vor allem an den Knien und Ellbogen die ich fast regelmäßig nach dem Training mit nach Hause brachte. Diese Andenken an den Ascheplatz hat man noch viele lange Jahre an meinen Knien als schwarze Punkte in verschiedenen Größen bewundern können.

Mein beachtliches Lauftempo mit Ball brachte mir reichlich Lob und manches Schulter klopfen und größte Akzeptanz von den Betreuern und Mitspielern ein, aber auch heftige nicht immer faire Attacken von den Gegenspielern. Nach dem einmal ein Gegenspieler mir in vollem Lauf von hinten die Hacken zusammengeschlagen hatte, weil ich einfach zu schnell für ihn war, fand ich mich nach einer heftigen kurzen Rutschpartie auf dem Boden auf der Seite liegend wieder.

Dieser Gegenspieler hat dann aber noch mit voller Wucht gegen mein Schienbein getreten, obwohl der Ball schon längst nicht mehr in unserem Bereich war, da ich diesen schon vorher abgegeben hatte.

Durch die Wucht des Trittes machte ich liegend fast eine halbe Körperdrehung auf meinem Hüftknochen, mein Kopf war danach fast dort wo vorher meine Beine waren.

Mehrere Tage musste ich danach streng das Bett hüten, die Verletzung und damit verbundenen Schmerzen waren schon gewaltig. Die Blessur kann man sogar heute noch erkennen, aber meine Enttäuschung war dann damals noch größer, ja schon auch grenzenlos.

Ich verstand es einfach nicht, dass keiner es für nötig befand mich in dieser Zeit zu besuchen oder nach dem Zustand meines Beines sich erkundigt hatte, waren die vorherigen Belobigungen und Freundschaftsbekundungen nur leere Worte gewesen, meine Endtäuschung schmerzte fast mehr als das Schienbein.

Als ich wieder einigermaßen laufen konnte war mein Entschluss dann auch unumstößlich, dem Verein ade zu sagen und nie wieder zu Kicken. Auch wenn man mich nach meiner Genesung dazu immer wieder überreden wollte, das Thema war aber für mich für alle Zeiten erledigt.

Zudem hatte unser Hausarzt damals nach einer generellen Untersuchung gemeint ich solle keine Ballspiele betreiben, auch nicht Roller und dergleichen fahren, weil er einen kleinen Herzfehler bei mir festgestellt hatte.

Ich habe diese wohl berechtigten Bedenken unseres Hausarztes natürlich nicht so ernst gesehen wie er das gemeint hatte und trotz seiner Warnung bin ich keiner sportlichen Aktivität, außer Fußball, aus dem Weg gegangen.

Von der gleichen Person, der alten Frau aus unserem Hause die mir die Fußballschuhe vermacht hatte, bekam ich dann etwas später ein paar recht alte Hollandschlittschuhe, im Volksmund sehr berüchtigt als so genannte Absatzmörder, geschenkt. Die Besonderheit dieser Schlittschuhe lag in den Rundungen vorne, sie sahen aus wie eine Schnecke, es gab aber keine Spitzen und Zacken daran.

Man musste schon eine ganz andere besondere Lauftechnik, so wie bei Rollschuhen anwenden um von der Stelle zu kommen, heute sagt man ja Skaten zu dieser Laufversion.

Diese Schlittschuhe habe ich mit mehreren Lederriemen unter meine damals zuerst auch noch Halbschuhe gebunden, nach einer gewissen Zeit hatte ich dann doch noch hoch geschnürte Schuhe.

Ich war damit einer der wildesten auf den vereisten Pisten die wir natürlich still und heimlich mit Wasser zum Teil meist selbst erstellt hatten. Nicht immer zur Freude der jeweiligen Anwohner, auf oder vor deren Gelände wir eine Eisfläche meist heimlich mit ein paar Eimer Wasser hatten wachsen lassen.

Mein Opa überraschte mich dann einmal zu Weihnachten mit einem von ihm selbst gebauten großen Dreisitzer Schlitten mit Eisenkufen, ein rechter Eisrenner.

Bei einem Klassenschlittenfahren nahm unsere Lehrerin die recht groß gewachsen war, gerne auf meinem geräumigen Schlitten Platz, den ich vorne mit meinen Schlittschuhen lenkte. Die rasante Fahrt endete dann aber leider in einer Kurve in einem Zaun mit Stacheldraht, bei der sich Frau Winterberg dabei doch erheblich am Gesäß verletzte.

Es tat mir ja wirklich leid und ich hatte auch ein wenig ein schlechtes Gewissen, ich hätte vielleicht etwas früher die rasante Fahrt abbremsen sollen, aber es war nun mal passiert, sie hat es mir aber nicht sehr lange nachgetragen.

Doch weitere Schlittenfahrten mit mir hat sie auch später noch abgelehnt. Als einer der kleinsten in unserer Klasse war ich laufend irgendwelchen Drangsalen von meinen größeren Mitschülern ausgesetzt. Einmal hat mich einer der Größeren dermaßen gestoßen das ich durch den Sturz einen Bänderanriss am Fußgelenk hatte.

Der Knöchel hatte dabei dann einen unmöglichen Umfang angenommen und schillerte in allen Farben, es brauchte eine lange Zeit bis ich wieder richtig laufen konnte. In dieser Zeit versorgten mich meine Mitschüler aus dem Nebenhaus der Friedhelm, dessen Eltern dort ein Textilgeschäft hatten und die Tochter unserer Wirtsleute, die Doris mit den Hausaufgaben aus der Schule. So konnte ich wenigsten einen schulischen Rückstand vermeiden.

Meine sportlichen Ambitionen, sie wurden auch von unserem Schulturnlehrer unterstützt, habe ich dann mit der Zeit in den Langerfelder Turnverein verlegt. Ich muss dort eigentlich gar nicht so ungeschickt gewesen sein, denn ich bin nach einiger Zeit in eine bevorzugte Turngruppe gekommen die von Helmut Bantz, der eine kurze Zeit später erfolgreicher Olympiateilnehmer an den Ringen war, betreut wurde. Nebenbei habe ich auch noch heimlich Boxtraining im Verein gemacht mit dem vollen Programm aller begleitenden anstrengenden Konditionsübungen. Da mir mittlerweile ja bekannt war das mein Vater in seinen jungen Jahren schon als aktiver Sparringspartner mit Herbert Runge, ebenfalls einem früheren Olympionike geboxt hatte, wollte ich wohl ein wenig in seine Fußstapfen treten.

Dieses trainieren war zuerst recht hart, aber dann für mich doch sehr nützlich. Weil die Burschen die mich bis dahin immer drangsaliert und verprügelt hatten, dass dann auch richtig und nachhaltig zu spüren bekamen.

Dieses hatte sich dann sehr schnell bei den Burschen herumgesprochen und ich hatte endlich meine Ruhe vor diesen Gesellen. Leider war dies auch mit einigen entsprechenden Verwarnungen und heftigen Ermahnungen durch meine Lehrerin Frau Winterberg verbunden.

Mein Trainer dem das auch zu Ohren gekommen war, sagte mir eindringlich, wenn er noch mal so etwas hören würde, wäre mein Training bei ihm vorbei, denn es sei als reine Körperertüchtigung und Sport und das Training nicht als Einsatzvorbereitung für die Straße gedacht sei.

Diese Ermahnungen sollte ich mir zu Herzen nehmen und mich unbedingt danach richten. Für mich war es in erster Linie aber auch besonders wichtig, dass ich ab da ruhe vor den Rabauken hatte. Mein ausgeprägter Tatendrang war allseits wohl bekannt und nicht immer von jedem gern gesehen, aber im Gegenteil dazu konnte ich auch verträumt die Zeit und die Welt um mich herum total vergessen.

Auch hier in Langerfeld hatte ich einen stillen Flecken Erde am Abhang des großen Bahndamm ausgemacht, wo ich dann wieder verträumt den Wolken zusehen konnte und still vor mich hinträumen konnte, was aber auch schon mal aus dem Klassenzimmerfenster hinaus geschah, dass dann aber von meiner Lehrerin meist recht abrupt unterbrochen wurde..

Meine Lehrerin die sich durch und über meine gelegentlichen anscheinend geistige Abwesenheit hin und wieder erregte, hatte dann auch eine Aussprache mit meiner Mutter, sie meinte einmal zu meiner Mutter, ihr Sohn hat ein Gott begnadetes Phlegma. Aber selbst bei diesem anscheinenden Träumen, ihm entgeht dabei komischer weise aber auch nichts, etwas ergründend lange betrachten war eben eine gewisse Wesenseigenheit bei mir.

Auf dem Weg zur Schule, auf einer leicht abfallenden Straße, einer Kreuzung oberhalb der sehr umfangreichen Bahnanlage, an der Einmündung der Dorfwiesenstraße, war ein Pferdegespann verunglückt, der Wagen war dabei umgekippt und hatte das Pferd dabei seht schwer an einem der Läufen verletzt. Bald stellte sich heraus das Pferd hatte sich ein Bein gebrochen und musste mitten auf der Kreuzung erschossen werden, das Tier wimmerte vor Schmerzen vor sich hin bis es durch den Schuss erlöst wurde.

Dieses aufregende Geschehen habe ich natürlich wie ganz selbstverständlich die ganze Zeit von Anfang an bis zum Ende, bis zum Abtransport von Pferd und Wagen beobachtet, ich wollte einfach keine Minute vom Vorgang auf der Straße verpassen.

Das Ganze hat natürlich wesentlich länger gedauert und ich hatte überhaupt kein Zeitgefühl mehr, ich konnte mich einfach nicht von dieser Stelle entfernen ich wollte eben alles bis zum Schluss sehen und wissen was weiterhin geschah.

In der ganzen Zeit war meine Schule für mich vergessen und dann auch vorbei, ich bemerkte das auch dadurch, als einige meiner Mitschüler schon wieder auf dem Heimweg waren und an mir wieder vorbei nach Hause gingen. Das hatte dann natürlich wieder eine kräftige Ermahnung besonders in der Schule und auch von meiner Mutter zu Hause zur Folge.

Eine noch jüngere Lehrerin hatte in einer Eigeninitiative ihrerseits einen freiwilligen inoffiziellen Kurs für Englisch ins Leben gerufen, an dem ich anfangs auch sehr interessiert teilgenommen habe. Aber trockene Theorie war auf Dauer eben einfach nicht meine Welt, es fehlte mir dabei dann eben an der Aktivität. Mein Drang nach draußen und nach Umtrieb war dann doch mit der Zeit wesentlich größer und ich habe diesen Kurs dann wieder abgebrochen.

Ebenso ging es mit dem freiwilligen Singen in einem Schulchor, das Singen war ja schon noch lustig und interessant. Der Lehrer war richtig begeistert von meiner hellen klaren Stimme, ich konnte ohne Schwierigkeiten in den höheren Stimmlagen der Mädchen voll mithalten.

Aber dann, dieses nötige trockene Noten büffeln, wieder diese Theorie, das gefiel mir nun mal nicht so auf die Dauer. Ganz schleichend stellte sich eine gewisse Aversion gegen alles ein, was mit theoretischen, für mich lästigen Tätigkeiten verbunden war. Es zeigte sich damals schon das praktisches viel mehr Interesse bei mir weckte als alle Theorie, gänzlich im Gegensatz zu meinem Bruder, was sich aber auch noch viele Jahre später immer wieder bestätigen sollte.

Zudem wurde ich ja auch von meinen größeren Mitschülern damit gehänselt, weil ich zeitweise auch noch nur der einzige Bub in diesem Chor war. Ein richtiger Junge macht halt was anderes als mit Mädchen Lieder zu trällern, somit fand auch dieses Unterfangen logischer weise bald sein voraussehbares Ende.

Durch ein kräftiges Nase putzen war ich irgendwann mal darauf gekommen, dass ich, wenn ich die Nase zuhielt, durch meine bei der damaligen Mittelohr Entzündung zerstochenen Trommelfelle mit den Ohren einen deutlich hörbaren Pfeifton erzeugen konnte.

Was ich dann des Öfteren auch in der Schule im Unterricht praktiziert habe, am Anfang wusste keiner im Raum woher dieser Pfeifton herrührte. Unser Lehrer Herr Voigt fragte dann regelmäßig wer mit dem Pfeifton den Unterricht stören würde. Logischer Weise meldete sich keiner, es wusste ja auch noch keiner etwas über den Ursprung von diesem Geräusch.

Daher machte es mir, wenn sich im Unterricht etwas Langeweile für mich einschlich einen diabolischen Spaß es immer wieder mal zu machen da ja außer mir zu Beginn keiner wusste wie dieses Geräusch zustande kam. Jeder hatte Jeden im Verdacht und doch wusste eine ganze Weile keiner richtig über die wirkliche Herkunft von diesem deutlich hörbaren Pfeifton Bescheid.

Doch irgendwann stand der Lehrer, von mir leider nicht bemerkt direkt neben mir, als ich wieder zur allgemeinen Belustigung der Mitschüler den gut hörbaren Pfeifton zum Besten gab. Er war darüber äußerst verwundert da er genau gesehen hatte, dass ich dazu nicht den Mund gespitzt oder anderweitig benutzt habe.

Er wollte natürlich sofort wissen wie ich diesen Ton erzeugen würde, ob ich nun wollte oder nicht, jetzt musste ich vor versammelter Mannschaft vorführen wie das mit dem Ton möglich war.

Er konnte sich jetzt selbst ein Lachen nicht verkneifen, als ich ihm das nun mit meinen Ohren vorführte, er wollte natürlich wissen wie das zustande kommt. Das wieder rum konnte ich ihm medizinisch nicht erschöpfend genug erklären und so wurde es auch zu einem Ausführlichen   Thema später im Lehrerzimmer, wobei unisono allgemein bemerkt wurde das sowas doch wohl kaum möglich wäre und wenn erforderlich einer medizinischen endgültigen Klärung bedürfe.

Er ermahnte mich aber dann eindringlich nicht mehr wie ein Kanarienvogel Töne von mir zu geben und das ich das vor allem nicht mehr im Unterricht tun sollte. Sonst würde das entsprechende Strafarbeiten nach sich ziehen, im Moment würde er aber noch einmal von einer solchen Strafaktion absehen.

Mein einmaliges Können wurde somit für kurze Zeit auch Gesprächsstoff im Lehrerzimmer, es war in kürzester Zeit in der ganzen Schule bekannt. Das dieses Thema weitere Kreise gezogen hatte stellte sich auch bei einer der turnusmäßigen Begutachtungen und Reihenuntersuchung des Schularztes heraus, als er fragte ob ich der Schüler sei der mit den Ohren pfeifen könne.

Ich musste es ihm Gott sei Dank aber nicht vorführen was mir dann doch auch etwas peinlich gewesen wäre, mit hochrotem Kopf bestätigte ich aber seine Frage. Ich hatte damit auch die Lust an dieser früheren heimlichen Darbietung verloren, weil der Reiz des Geheimnisses nun nicht mehr gegeben war.

Aber hier zeichnete sich zu der Zeit immer deutlicher auch ab, dass ich ungewollt abgeblockt reagierte, wenn man etwas von mir besonders vor Fremden oder auch anderen Personen verlangte, was ich im Grunde in dem Augenblick aber nicht bereit war zu tun.

Was mir sogar auch hier und da schonmal ein Nachsitzen eingebracht hatte, da ich vor der versammelten Klasse einfach nichts aufsagen konnte, was ich aber eigentlich auswendig vorher gelernt hatte, von mir aber nur stammelnd oder stotternd, wenn überhaupt hervorgebracht wurde, unser Lehrer hat das damals aber als verstockt und Sturheit ausgelegt.

Erst sehr lange Zeit später, bei einem Gespräch mit meiner Mutter klärte sich auf, dass es keine bewusste Bockbeinigkeit meinerseits gewesen war, sondern eine unerklärliche Blockade vor anderen Personen mich zu produzieren.

Eine Physomatische Untersuchung oder Betreuung gab es zu der damaligen Zeit noch lange nicht, es wurde einfach als eine natürliche Störung angesehen.

In einer späteren Schülerzeitung, eine Nachlese von 1983 war es auch so zu lesen:

Es ist wohl keinem von uns fremd
des Haralds Mut und Temperament.
Doch gingen diese mit ihm durch den Zaun,
wurde er von den Größeren verhauen.

Doch manchmal konnte man über ihn auch lachen,
denn mit seinen Ohren konnte er fast alles machen,
er pfiff mit ihnen, klapt sie ein und klapt sie auf,
bis er bekam vom Lehrer, dann was drauf.

Er konnte dann gucken wie ein Unschuldslamm,
denn Schuld waren meistens die Andren dran.

Im Anhang unter Vermischtes war dann noch vermerkt:

Kostenlosen Boxunterricht, mit garantierten KO-Schlägen
erteilen Harald H. und Wilfried W.

Wieder Landleben, kindlich erlebt!

Einen ganzen Sommerurlaub lang konnten wir einmal bei der jüngsten Schwester meines verstorbenen Vaters und ihrem Lebenspartner Max Schweizer auf seinem Bauernhof in einem Dorf bei Pfullendorf im Bodenseegebiet erleben.

Die beiden Buben von Ihr waren in meinem Alter, wir haben natürlich einigen Blödsinn und Unfug angestellt und dann auch natürlich nicht so gern gesehene und eigentlich nicht geduldete Sachen unternommen. Da es draußen schön warm war, durften wir auf dem Hofgelände in einem aus Decken und Planen selbstgebauten Zelt übernachten, mein erstes improvisiertes aber doch ganz tolles Campingerlebnis.

Das in der Erntezeit jede Hand gebraucht wird war auch uns Stadtkindern nicht ganz unbekannt, doch das auch dabei nicht zu unterschätzende Gefahren lauern konnten war uns dagegen noch gar kein Begriff.

Meinen Bruder hat es dann einmal im hohen Bogen vom großen Leiterwagen der recht hoch mit Strohballen bepackt war, runter geworfen als er das Anziehen der Zugtiere nicht rechtzeitig mitbekam, seine unsanfte Bodenlandung ist dabei noch recht glimpflich verlaufen da er auf einen Haufen Reststroh gelandet war.

Das in Ballen gepresste und aufgestapelte Stroh und Heu in der Scheune war natürlich ein von uns besonders beliebter heimlicher Spielplatz zum herumtoben und natürlich beim Versteckspielen.

Dass dort aber ein großer Gefahrenherd war, wurde uns erst durch einen späteren kritischen Vorfall klar. Diese schweren Ballen werden ja über einige Meter hoch im gewissen Verbund aufgetürmt so dass eine nötige Standfestigkeit gewährleistet wird, aber das einige gewollte Entlüftungskanäle eingebaut werden, war uns, besser gesagt mir aber total unbekannt.

Diese Schächte dienen ja dazu, dass es keine Selbstentzündung des Lagergutes geben kann, denn im Kern dieser Stapel entwickeln sich beachtliche Temperaturen, wenn keine richtige Entlüftung möglich ist. In einen dieser Kanäle bin ich hineingekrochen und ich fand dieses Versteck besonders gut, denn keiner hat mich dort gesucht und vor allen auch nicht gefunden.

Doch als es in der Scheune deutlich ruhiger und stiller wurde wollte ich mein vermeintlich gutes Versteck verlassen, doch oh Schreck ich saß wie in einer Zange gefangen im Stroh fest, es ging einfach nicht mehr vor und zurück.

Nachdem man mich vermisste, wurde im gesamten Hofbereich nach mir gesucht, doch auf die Scheune kam man erst nach einer geraumen Zeit, in der mich schon langsam die Panik erreicht hatte, durch die Wärmeentwicklung wurde die Luft auch noch um einiges knapper. Ich schrie aus vollen Leibeskräften um Hilfe doch es hörte mich keiner, erst als Max seine beiden Burschen ernsthaft ins Gebet genommen hatte rückten sie damit heraus, dass man mich zuletzt in der Scheune gesehen hatte.

Die nötige Strafpredigt erteilte er seinen beiden Buben mit voller Wucht, da sie ja in voller Kenntnis der Gefährlichkeit von diesem Spielplatz waren.

Max ahnte somit wohl nichts Gutes, doch er ging die Suche nach mir dann gezielt an und fand dann bald auch den von mir heimgesuchten schmalen Lüftungsschacht und zog mich aus meiner prekären nicht ganz ungefährlichen Lage heraus. Der Lagerstelle der Strohballen bin ich dann demonstrativ in der ganzen Zeit die wir dort waren ferngeblieben.

Ein anderes Mal sind wir sogar mit einem Porschetrecker vom Nachbarhof gefahren, ein Gefährt nicht unbedingt ein Spielzeug für Kinder, aber auf dem Land nahm man es damit wohl nicht so genau, denn wenn Not am Mann war durfte oder musste auch ein Kind einmal das Gefährt bewegen.

Wir sind, die ganze Blase zu fünft oben drauf durch das Dorf gerauscht. Das wurde dann aber bald rigoros von den Erwachsenen als zu gefährlich unterbunden. Wir waren schon ein lustiger wilder Haufen von Buben und Mädchen die stets für einen Unsinn bereit waren, es waren dann ganz tolle unvergessliche Urlaubswochen.

Genau genommen die ersten Ferien die wir auch so nennen konnten, praktisch das erste Mal ohne den großen Druck und die ansonsten immer und allgegenwärtige Zukunftsangst und irgendwelcher Drangsalen von Fremden nicht unbedingt immer wohlgesonnenen Personen.

Kurze Zeit später, als wir wieder zu Hause waren, hatte meine Mutter einen erneuten Herzanfall, verbunden mit einen Schlaganfall sie war plötzlich Linksseitig gelähmt und somit für längere Zeit sogar strikt ans Bett gefesselt.

Hausarbeit als Lehrstunden!

Mein Bruder war den ganzen Tag in seiner Lehrstelle als Buchbinder bei seiner Firma in Barmen, daher musste ich nach der Schule den Haushalt und das Kochen und alles was nun mal dazu gehört alleine bewerkstelligen. Anfänglich mit den entsprechenden Anweisungen meiner Mutter habe ich das alles sogar recht gut hingekriegt.

Meist bin ich mit einem Topf oder etwas anderem in der Hand an das Bett meiner Mutter und sie hat mir dann gesagt und gezeigt, soweit ihr das möglich war, was zu tun und zu lassen war, nicht alles klappte auf das erste Mal, aber langsam wurde das Ergebnis immer besser.

So kann man auch das Kochen und Haushalt führen lernen, von den, von mir erstellten Speisen ist wegen einem nicht ganz richtigen Geschmack aber nie etwas übriggeblieben, was man im gewissen Sinne auch schon als eine kleine Auszeichnung bewerten konnte.

Natürlich war mit der Hilfe meiner Oma auch das Waschen eine nötige Tätigkeit die hin und wieder auch erledigt werden musste. Das anschließende nötige Bügeln natürlich miteingeschlossen, eben die ganze Palette der täglich anfallenden gesamten vielfältigen Hausarbeiten.

Dadurch beschränkte sich aber meine persönliche Freizeitgestaltung über einige Monate auch auf das geringste, denn erst musste ich zu Hause die Arbeiten erledigen, das hatte den absoluten Vorrang vor allem Spieltrieb.

Meine Mutter konnte sich dann nach langer Zeit so nach und nach wieder selbständig im Haus etwas bewegen und das Regiment dann Stück für Stück wieder selbst in die Hände nehmen. Doch es dauerte trotzdem noch unendlich lange bis sie wieder ganz hergestellt war und meine Hilfe dann nicht mehr erforderlich war und ich ohne schlechtes Gewissen zu den Anderen zum Spielen auf die Straße gehen konnte.

Wir haben aber alle drei diese Zeit ohne größere körperliche und seelische Beschwerden und Blessuren überstanden, auch mussten keine größeren Schäden in unserem Haushalt beklagt werden.

Einen nicht zu verachtenden nützlichen Nebeneffekt für mich auch hatte diese Zwangshaushalt Beschäftigung eben auch, wie ich einige Jahre später als Single und Selbstversorger über sehr lange Zeit dann bei meinem fast Zigeunerleben Kreuz und Quer durch die deutschen Lande feststellen konnte, was im Grunde auch eine gewaltige Kostenersparnis auf Dauer darstellte.

Denn Kochen, Nähen und Bügeln und so manche Betätigung die einem Mann eigentlich nicht so liegen, habe ich dann schnell und zügig besonders später in der Zeit in der ich Kreuz und Quer durch die Republik getourt bin selbst erledigen können.

Vor allem habe ich schon damals dabei gelernt das selbst unliebsame Tätigkeiten gleich gemacht, diese gefühlt viel schneller dann erledigt wurden, als wenn man sie so vor sich hinschob.

Mein persönliches Resümee lautet auch heute noch:

Aufgaben gleich gemacht, sei stets dazu bereit
nicht nur daran gedacht, braucht nur die halbe Zeit.

Dieser Spruch mag zwar etwas streberhaft klingen aber die Erkenntnis hat sich immer wieder bestätigt, man lebt irgendwie freier und leichter, wenn man nicht ständig an etwas denken muss, was noch zu erledigen wäre.

Mit diesem grundsätzlichen Vorsatz bin ich im Laufe der Jahre auch später noch so Manchem auch auf die Nerven gegangen, doch das hat mich im Eigentlichen nicht gestört, sondern mir eher geholfen. Denn besonders Unangenehmes schiebt man ja ganz gerne mal weit von sich, aber nur erledigtes konnte man dann schnell abhaken und vergessen, denn genau genommen kommt man nicht umhin und je länger man etwas vor sich her schiebt umso lästiger erscheint einem diese Aufgabe.

Meine Konfirmation hatte ich in der evangelischen Bethesda Kirche in Oberbarmen, eine durch eine amerikanische Stiftung steuerfreie normale evangelische Kirche, zu der auch die Bethesda Krankenhäuser in Deutschland gehörten, erhalten. Die Strecke hin und zurück bin ich dann unzählige Male, immerhin jeweils weit über eine gute halbe Stunde Fußweg bei strammem Gehen auch bei Wind und Wetter gelaufen.

Zu diesem Anlass, meiner Konfirmation habe ich meinen ersten Anzug sowie neue Halbschuhe, eine Junghans Armbanduhr, einen Hut und Mantel erhalten. Natürlich der damaligen jugendlichen Mode in Form und Farbe entsprechend. Ich war stolz wie Oskar und kam mir richtig Erwachsen vor, diese Sachen habe ich gehütet wie meinen Augapfel, ja ich wollte sogar in den Sachen einmal nicht das Haus verlassen, obwohl ich es musste, weil es regnete.

Diese Sachen habe ich geschont denn sie sollten ja recht lange halten, bis sie dann leider irgendwann wirklich zu klein geworden waren.

Ein neuer Lebensabschnitt!

Ein Fahrrad war damals über lange Zeit schon mein aller größter Wunsch, insgeheim hatte ich gehofft zu meinem Zwölften Geburtstag ein Fahrrad zu erhalten. Aber für unsere damaligen Verhältnisse fast eine Utopie. Unerreichbar oder geht nicht, diese Begriffe waren mir auch damals schon lange nicht mehr fremd, wenn man aber etwas wirklich will dann geht am Ende mehr als man vorher gedacht hat.

Deshalb begann ich bei Bekannten und Freunden alles was nach Fahrrad aussah in vielen Einzelteilen zu sammeln und zusammen zu betteln. Auch bei dem Schrotthändler bei uns gleich um die Ecke, alles was bei ihm in irgendeiner Form zu einem Fahrrad gehörte und was vermeintlich brauchbar war.

Manches passte auch nicht so recht zusammen, durch die verschiedenen Größen bedingt, das habe ich dann auch wieder zurückgebracht, unentgeltlich natürlich wie es ja auch erhalten hatte. Zu ihm brachte ich alles was aus Metall war und nicht einem Besitzer zugeordnet werden konnte, darunter war auch schon mal Munition die ich in den Ruinengeländen rings um uns hergefunden hatte.

Größere Erlöse habe ich stolz meiner Mutter übergeben, kleinere aber dann gleich in eine Nascherei wie Brausepulver oder Salmiakpastillen für ein paar Pfennige umgesetzt. Der Schrotthändler hatte ein Herz für mich und meinen Eifer, ab und an stand ich schon auf dem Schrotthof, wenn jemand etwas anlieferte, es konnte ja auch etwas Brauchbares für mich dabei sein.

Ein anderes Mal rief er mir auch mal zu, er hätte vielleicht etwas was ich eventuell gebrauchen könnte. Als letztes fehlte mir dann nur noch die Bereifung und eine Kette, diese Sachen bekam ich dann zu einem Geburtstag von unserer Verwandtschaft geschenkt. So ganz langsam aber sicher wurde aus den gesammelten Schrott Einzelteilen dann schon erkennbar ein Fahrrad, ich war wohl der glücklichste Mensch den man sich überhaupt vorstellen kann.

Bei meinen wiederholten Montagen und auf Hochglanz bringen an meinem Rad, denn jedes Teilstück musste ja erst ausprobiert werden ob es auch passte und musste natürlich dann auch gründlich gereinigt werden, weil die Teile zum Teil schon ewig irgendwo rum gelegen hatten, kam mir einmal mein Bruder, der immer alles besser wusste, in die Quere.

Bei dem anschließenden heftigen Gerangel ging ein großer uralter Ganzkörper Wandspiegel in einem großen barocken Goldrahmen zu Bruch und ich hatte auch noch zu guter Letzt ein Loch in meinem Kopf, weil er mir das Vorderrad meines Fahrrades auf den Kopf gehauen hatte. Der Haussegen hing dann verständlicher Weise einige Tage ganz schön schief, da sich meine Mutter auch Sorgen um den Ersatz des Spiegels machte, es waren ja nicht unsere Möbel, alles in der möblierten Wohnung war ja nur vorüber gehend geliehen.

Dieses von mir „zusammengesuchte" Fahrrad, hat mich dann nach langer Sammelzeit im Jahre Einundfünfzig von meinem damals doch beschränkten Bewegungsradius befreit und mit einigen späteren Modifizierungen im Laufe der Zeit über sehr viele Jahre begleitet. Ich konnte es kaum erwarten das ich meine ersten Runden drehen konnte, ich versuchte es auch vor ab schon mal selbst ohne die noch fehlenden Teile auf unserem kleinen Hof hinter dem Haus.

Ich habe etwas später dann viele lange Radtouren in die nähere und weitere Umgebung gemacht bis später der Rahmen dann altersbedingt endgültig nicht mehr mitmachte und an einer vorderen Rahmenmuffe regelrecht zerbrach.

Zum ersten Mai 1951 bin ich dann mit meinem Bruder zu meiner ersten großen Radtour für zwei Tage nach Iserlohn zu der Bekannten meiner Mutter, aus der nun schon lang zurückliegenden Thüringer Zeit, aufgebrochen. Bei unserer Tour über die vielen Ortschaften haben wir überall in vielen kleineren Orten und Ortsteilen auch die neuen, damals erst aufgekommenen üblichen Kundgebungen die Maiversammlung der Gewerkschaften miterleben können.

Die Gewerkschaftsmitglieder, die eingetragenen Mitglieder bekamen damals noch fünf Mark Mai Geld in die Hand ausbezahlt, das war schon ein beachtlicher Betrag, denn ein Bier kostete gerade mal um die dreißig Pfennig. Dementsprechend waren dann auch einige Männer deutlich sichtbar alkoholisiert. Sie haben meist in kleinen Gruppen gegen Gott und die Welt lautstark opponiert und rum gepöbelt, dieses proletenhafte Verhalten war mir bis dahin völlig fremd.

Obwohl ich ja berauschte Personen öfter schon durch unsere Wohnlage, über einer Wirtschaft, gewohnt war. Doch solch eine primitive Rumkrakeelerei war mir bisher so noch nicht bekannt gewesen und hat mich daher dann doch sehr stark abgestoßen.

Ich bezog das dann als ein Auswuchs von diesen organisierten Gewerkschaftern, das war auch mit der Grund, dass ich bis auf ein ganz kurzes Gastspiel nie in der Gewerkschaft war, obwohl ich in vielen Berufen später tätig war und wahrscheinlich sie des Öfteren auch wirklich benötigt gehabt hätte.

Doch ich verband Grundsätzlich seit der damaligen Zeit die Gewerkschaften mit unbeherrschten, wüst argumentierenden Leuten, was mir komplett unsympathisch waren. Da mir solche lauttönenden Personen schon in den zurückliegenden Jahren auch in Thüringen unangenehm aufgefallen waren, um die man eigentlich tunlichst einen weiten Bogen machen sollte, denn von denen ist eigentlich nie etwas Gutes ausgegangen.

Es zeigte sich auch später immer wieder, dass mir plumpes und grobes Benehmen gänzlich zuwider war und ich mich von solchen Bereichen stets ferngehalten habe.

Das kam mir vor allem in der Zeit zugute, wo ich in Serviceträchtigen Beschäftigungen tätig war, was sich dann meist durch ein kleines Trinkgeld niederschlug.

Eine folgenreiche Begegnung!

Zuvor bei einem geplanten Besuch mit meiner Mutter in Elberfeld, auf dem Wege vom Hauptbahnhof zu meinen Großeltern ist meine Mutter urplötzlich wie angewurzelt und kreidebleich stehen geblieben, sie war irgendwie in diesem Moment ganz wo anders.

Solche Reaktionen meiner Mutter bedeuteten meistens eigentlich nichts Gutes und somit war ich auch zutiefst erschrocken und verunsichert, im ersten Moment dachte ich, ich hätte irgendetwas verkehrt gemacht, bei mir schrillten plötzlich sämtliche Alarmglocken.

Nur was es war, wusste ich in dem Moment auch nicht, ich hatte irgendwie gar kein gutes Gefühl in diesem Moment bei dieser Sache. Was kann man denn schon mit einer Banane anstellen das meine Mutter so schlagartig reagierte, fragte ich mich insgeheim, ich konnte mir überhaupt keinen Reim auf diese Situation machen.

Ich hatte nämlich gerade meine allererste Banane bei der Überquerung des Marktplatzes vor dem Rathaus erhalten und in Unkenntnis der Frucht habe ich natürlich die ersten Bissen auch mit der Schale gegessen.

Diese Unwissenheit hat es ja wohl nicht sein können, denn solches Obst gab es noch gar nicht lange auf den Märkten, ich fand nebenbei den Geschmack damals gar nicht so toll, das lag wohl an der Schale. Doch die erschreckte Reaktion von Ihr war mir in diesem Moment erst völlig unerklärlich, es musste durch etwas gänzlich anderes, eben nicht von mir ausgelöst worden sein.

Was, das wurde mir dann doch schnell klar, auf der anderen Straßenseite stand jemand, ein Mann den ich gar nicht kannte, dem aber augenscheinlich die ganze Aufmerksamkeit und Aufgeregtheit meiner Mutter in diesem Moment galt.

Die erste Begrüßung der Beiden war nach den vielen Jahren entsprechend herzlich und ihre Unterhaltung bezog sich dann auf Themen und Zeiten die mir absolut fremd waren. So erzählte er auch dass er erst vor kurzer Zeit aus dem Lazarett entlassen worden war, in dem er mit akuter Malaria, die er sich als Kraftfahrer beim Tross vom Wüstenfuchs Rommel eingehandelt hatte, eine Zeit verbringen musste.

Es brauchte somit eine geraume Weile bis wir dann unseren Weg zu den Großeltern wieder fortsetzten. Sie haben sich aber auf einen späteren Termin verabredet, um dann die zurück liegende Zeit und Ereignisse zu bereden und ihr Gespräch fortführen zu können.

Sie war nach diesem zufälligen Zusammentreffen irgendwie beschwingter und leutseliger als ich sie bisher überhaupt kennen gelernt hatte, es schien so als ob alles, was sie bisher hart und unnachgiebig gemacht hatte von ihr für einen kurzen Moment abgefallen war.

Er war, wie meine Mutter mir dann später zu erklären versuchte, ein früherer Mitschüler, wohl ihr früherer Schwarm aus ihrer Schule. Der aber nur ein paar Straßen von meinen Großeltern entfernt in der Gerberstrasse aufgewachsen und zu Hause war und dort jetzt auch nach dem Krieg wieder wohnte.

Sie haben sich dann öfter im Laufe der folgenden Zeit immer wieder getroffen, für mich war er komischer Weise unerklärlich kein so fremder Mensch, wie man es vielleicht hätte annehmen können.

Ich hatte ihn eigentlich ziemlich schnell in mein Herz geschlossen, ja ich mochte ihn eben in seiner ruhigen ausgeglichenen Art gut leiden und er war mir unbewusst als späterer Vaterersatz recht willkommen.

Eine spätere akute Blinddarmentzündung mit Durchbruch bei mir machte eine längere Krankenwagenfahrt mit Blaulicht quer durch Wuppertal von Langerfeld nach Elberfeld und eine Operation in dem Elberfelder Krankenhaus an der Bergstraße nötig. Der zuständige Arzt meinte nach einer langwierigen OP, ich sei dem Tod noch mal gerade so von der Schippe gesprungen, denn ein geplatzter Blinddarm war damals schon eine größere akute Gesundheitsgefahr.

Denn mein Blinddarm war ja schon geplatzt gewesen und nur ein dünner Gewebesack hat verhindert, dass der gesamte Bauchraum in Mitleidenschaft gezogen worden ist. Die damit verbundenen Probleme trugen auch ihren Teil zu meinem verlängerten Aufenthalt im Krankenhaus bei, der Arzt sprach dann auch von einem ungewöhnlichen Glückszufall.

Wie schon so oft wurde mir durch eine zufällige Bemerkung von einer fremden Person, in diesem speziellen Falle durch die Schwester im Krankenhaus bewusst das ich im Allgemeinen mit meinem körperlichen meinem eigentlichen Altersdurchschnitt doch deutlich hinterher war. Das ich nicht nur übermäßig Jung aussah, sondern auch ein so genannter Spätentwickler war.

Die Schwester tat gegenüber einer Kollegin etwas belustigt oder auch erstaunt kund, dass sie bei der Vorbereitung zur Operation keine übliche Rasur im Intimbereich vornehmen musste und konnte, mangels des üblichen in dem Alter wohl schon zu erwartenden Haarbewuchses.

Indirekt hat mich diese Bemerkung in dem Moment doch irgendwie etwas verletzt, doch der verlängerte Aufenthalt im Krankenhaus und die doch recht ernsten Bemerkungen des Arztes machten mir dann aber letztendlich doch wesentlich mehr Bedenken.

Denn letztendlich, das war mir dann auch bald bewusst, war an so etwas Ähnlichem und den weiteren ernsthaften Folgen davon ja mein Vater verstorben. Nach über drei langen Wochen durfte ich das Krankenhaus endlich wieder verlassen und nach Hause gehen.

Aber auch diesmal war mein Zuhause wieder einmal wo anders, ab jetzt bei dem Neuen, alten Freund meiner Mutter in der Gerberstrasse, zwar wieder etwas beengt in einem recht großen Zimmer aber eben nicht mehr in einer geduldeten Wohnung mit geliehenen Möbeln.

Ich musste dann mit einem Neffen meines angehenden Stiefvaters in der Mansarde eine Weile eine kleine Kammer zum Schlafen teilen. Der Friedhelm war nur ein Jahr älter als ich und mit der Zeit waren wir ein gutes Gespann.

Für mich war es zwar nur für kurze Zeit mit den Beiden zusammen, da ich ein wenig später bei meiner Lehrstelle ein kleines eigenes Zimmer hatte. Dieses zusammen leben wie in einer normalen Familie üblich, hatte ich so gut wie noch gar nicht in den zurück liegenden fünfzehn Jahren erlebt.

Es war für mich etwas völlig Neues, das eine auch recht kleine Fragestellung praktisch gleich von zwei Seiten, auch schon mal widersprüchlich beantwortet wurde.

Aber wenn man jemanden von Herzen mag, lässt man sich von ihm auch schneller etwas sagen, auch wenn man vielleicht eine andere Antwort oder Erklärung erwartet hätte. Was bei meinem Bruder, der ja drei Jahre älter war als ich, nicht immer so gern und ganz akzeptiert worden ist.

Ich wusste schon längst nicht mehr auf Anhieb, der wievielte Umzug und auch Neuanfang das für mich und für uns war, aber es sollten sich noch eine ganze Reihe Umzüge und gravierende Veränderungen für mich im Laufe der nächsten Jahre anschließen.

Darüber habe ich mir damals eigentlich ernsthaft nie wirklich Gedanken gemacht, ich nahm es einfach wie Gott gegeben, ja fast fatalistisch hin. Was sein muss, das muss eben sein, ein recht alter rheinischer Ausspruch, denn Stillstand war ja auch Rückgang und den wollte man nun mal gar nicht, denn der momentane Status war ja auch erst mühsam erreicht worden.

Es gab eben auch immer wieder Zwangläufigkeiten, da hatte man gar keine andere Wahl, als wieder einmal etwas ganz Neues zu beginnen.

Vor allem in der späteren Zeit waren die Wechsel mehr dem unbedingten Geldverdienen geschuldet, als dem unbedingten gedankenlosen Weitermachen nach zu gehen.

Schon wieder mal ein Umzug.

Meine Mutter hatte also mittlerweile die möblierte Wohnung in Langerfeld aufgegeben und wir wohnten jetzt nach meinem Krankenhaus Aufenthalt für eine Weile bei Ihrem früheren Freund in der Gerberstrasse in der Wuppertaler Nordstadt, ganze fünf Gehminuten zu meinen Großeltern entfernt, bisher waren die diversen Umzüge recht einfach, man nahm nämlich nur seine persönlichen Dinge und verließ die Räumlichkeiten und den Ort, natürlich auch mit der späteren anstehenden Ummeldung bei den zuständigen Ämtern.

Zuerst in seinem großen Einzelzimmer und kurz darauf nach dem Tode seines Onkels der gleich nebenan die Räume bewohnte, kamen seine zwei Zimmer noch hinzu. Es war aber trotzdem auch nur als Übergangslösung gedacht. Doch es ist doch schon auffallend in der Häufigkeit, der alles verändernden Ereignisse und das nicht nur während der Kindheit und Jugend, sondern auch später noch viele Jahre lang.

Sein Vater, schon länger verstorben und sein Onkel hatten in den hinteren anschließenden Gebäuden in der Gerberstraße viele Jahre auf dem großen Areal die bekannte Wagen und Fahrzeugbaufirma unter ihrem Familiennamen betrieben.

Diese Firma war aber an dieser Adresse nicht mehr existent da sie schon länger, in Ermangelung eines direkten Nachfolgers aufgegeben worden war. Denn mein angehender „Stiefvater" war als Bäcker und Konditormeister Betriebsleiter bei einer Großbäckerei in der Wiesenstraße gleich um die Ecke tätig.

Der eigentliche Wagenbauer Nachfolger, der Bruder meines neuen Pap´s war im Krieg gefallen und der Mann seiner Schwester, der Schwager hatte auch etwas gänzlich anderes gelernt. Er war von Beruf Kammerjäger, er hatte eben auch keine entsprechende Ausbildung als Wagenbauer.

Inzwischen hatte sich eine Autowerkstatt dort in den Hinterhofgebäuden etabliert, rechts und links waren noch einige Holzschuppen als Garagen und Stellplätze.

Einen anderen Geländebereich hatte schon vor einiger Zeit die Firma Gold-Zack eine Gummiband Wirkerei übernommen und abgekauft. Verblieben waren nur noch das kleine Fachwerkhaus sowie das große Mehrfamilienhaus mit dem dahinter liegenden Gelände. Ein entfernter Nachkomme hatte den Fahrzeug und Anhängerbau nach Wuppertal Vohwinkel verlagert und dann dort erfolgreich weiterbetrieben und war mittlerweile weltbekannt mit seinen Produkten geworden.

Zu dieser Zeit kam meine Oma mit Darmkrebs in das Bethesda Krankenhaus an der Briller Straße gleich neben der Kirche in der Opa als Küster aktiv war und anschließend in die Pflegestation. Einem ehemaligen Casinogebäude der früheren oberen Riege in der Roonstraße, nur drei Häuser entfernt auf der anderen Straßenseite von unserer späteren Wohnung.

Sie hatte damals wohl eine der ersten Operationen dieser Art in diesem Krankenhaus erfolgreich und gut überstanden, sie verstarb aber später leider doch noch in der Pflegestation vom Krankenhaus an einer Embolie.

Mein Opa wohnte auch noch weiterhin einige Jahre in seiner Wohnung mit seiner Tochter Hildegard und ihrem Mann Kurt und deren Tochter Claudia zusammen gegenüber dem Mirker Bahnhof. Einige Jahre später ist mein Opa dann mit mir und meinen Eltern nach Welfer–Flercke bei Soest in ein großes Zweifamilien Haus mit großem Gartengelände drum herumgezogen.

Wo ich dann nebenher obwohl ich ja ständig Unterwegs war, neben meiner Tätigkeit als Moderator und Discjockey, eine Hundepension und Zucht für die rotbraunen Fields Cockerspaniel, der Deutschen Schäferhunde und den langhaarigen Pulis, den kleineren ungarischen Hirtenhunden angefangen hatte. Mit meinem Opa zusammen, habe ich dann die nötigen Arbeiten der Stallbaumaßnahmen und Drahtzäune für die Ausläufe und den großen unterteilten festen Hundestall hinter dem Haus gebaut.

Doch einige Jahre vorher, konnten die vorüber gehenden doch beengten Wohnverhältnisse damals, besonders in der Gerberstrasse ja nur Kurzfristig als Übergangslösung und Notlösung genutzt werden. Zu der damaligen Zeit des allgemeinen Neuanfangs waren manche Entscheidungen schon nach einigen Wochen wieder überholt.

Nach der Hochzeit meiner Mutter mit ihrem Freund Helmut, stand schon wieder dann ein erneuter Umzug, in die Roonstraße ins Briller Wohnviertel fast zeitgleich an. Ich nannte ihn da schon eine ganze Weile einfach nur Paps, es schien ihm auch zu gefallen und ich fühlte das erste Mal auch so ein Gefühl von Nähe, ein Gefühl das ich auch nicht näher beschreiben konnte und das ich bisher ja auch noch nicht richtig kennen gelernt hatte.

Ich war mittlerweile ja wieder bei meinen Eltern eingezogen da meine Lehrstelle mit Logis nun nicht mehr bestand. Weil mein Lehrherr seinen Laden nach rund einem Jahr meiner Lehrzeit wegen Uneinigkeit mit seinem Nachfolger geschlossen hatte. Dieses neue Domizil war keine abgeschlossene Wohnung nur drei einzelne Räumlichkeiten auf der dritten Etage, aber zur Hausrückseite hin, mit Blick über viel Grün und auf einen Teil der parallel verlaufenden steilen Sadowa Straße hin.

Mein Bruder hatte zu der Zeit vor diesem Umzug schon eine Weile vorüber gehend bei der jüngsten Schwester unserer Mutter in Barmen in der Nähe seiner Arbeitsstelle gewohnt, ich überredete ihn wieder nach Hause zu ziehen. Mit meinem Bruder zusammen hatte ich besser gesagt, wir hatten für kurze Zeit, so lange er dann bei uns wohnte, zum ersten Mal ein Zimmer ganz für uns alleine.

Eine gänzlich neue Situation für uns, denn bisher waren wir immer in einem durch Möbel quer stellen getrennten Raum, oder in einem sonstigen Notbehelf gewesen.

Doch schon bald bekam mein Bruder mit meiner Mutter gewaltigen Streit wegen der Zahlung des vereinbarten anteiligen Kostgeldes. Er befand und bestand auf seinem Standpunkt, dass der neue Mann an der Seite unserer Mutter als ein neuer Ernährer der Familie zu zahlen hätte und nicht er.

Meine Mutter meinte das er ja auch nicht mehr ein Auszubildender, sondern nun mehr ein normaler Geld verdienender Arbeitnehmer sei und somit auch verpflichtet sei zum Bestreiten der nötigen täglichen Lebenshaltungskosten beitragen zu müssen. Er solle ihr doch mal sagen, wenn er bei seiner Verweigerung bleiben würde, wie er sich das denn vorstelle.

Wie sie finanziell zurechtkommen   solle, denn das Essen für vier Personen und mit der Miete für die größere Wohnung war ja auch eine allgemein höhere Belastung gegeben.

Sie bekam eine lakonische aber schon recht kaltschnäuzige und freche Antwort von ihm, er sähe nicht ein, dass er sich beteiligen würde „sie solle sich doch mit den Nägeln kratzen die ihr gewachsen seien". Dieser kaltschnäuzige Ausspruch hat mich bis in das Mark getroffen und ich habe ihm, meinem Bruder diesen Satz nie so recht verzeihen können. Es war mir einfach nicht möglich zu verstehen wie man seiner Mutter einen solchen Ausspruch zumuten kann, nach allem, was sie in den vielen Jahren bisher für uns auf sich genommen hatte.

Besonders weil auch meinem neuen bisher unbekannten Gefühl der Geborgenheit in einer Familie ein gewaltiger Schock versetzt wurde. Und vor allem wenn man bedenkt was sie alles in den letzten Jahren für uns getan hatte und dass ihm das doch wohl noch mehr in Erinnerung sein musste als mir, da er ja immerhin drei Jahre älter war als ich. Er verließ ohne ein weiteres Wort von sich zu geben, Türe zuschlagend, mit seinen persönlichen Sachen unter dem Arm umgehend die neue Wohnung, keiner wusste damals Wochenlang wo er abgeblieben war.

Von meinem eisern ersparten Taschengeld habe ich mir dann ein neues Sporttourenfahrrad von Stricker aus einem Katalog mit einer Dreigangschaltung gekauft. Mein altes, selbst zusammen gebautes Gefährt hatte ja schon vor langer Zeit seinen Dienst mit Totalausfall quittiert. Ich bin damit Tag und Nacht voller Stolz unterwegs gewesen keine Strecke war mir zu weit, ich habe mein Rad wo es eben ging modifiziert, andere und mehr Zahnkränze vorn und hinten wie bei einem Rennrad und einige andere nützliche Dinge mehr.

Schon wieder hatte mich eine neue Passion erwischt, ich besaß den Ehrgeiz im Radsport mich zu versuchen, aber ein entsprechendes Rennrad war einfach unerschwinglich für mich. Dafür musste man mehr als den dreifachen Monatslohn eines Gutverdieners berappen. Somit war für mich ein Erwerb eines solchen Gerätes vorerst in unerreichbare Fernen entschwunden.

Trotzdem habe ich mich bei einer lockeren Radsport Gruppe angeschlossen, die aber ausschließlich alle über das nötige Radmaterial verfügten. Die sich zwanglos regelmäßig getroffen hat um über die nächste gemeinsame Ausfahrt zu beratschlagen, die meisten von ihnen waren aber mit dem nötigen Radmaterial ausgestattet.

Zuerst hat man mich ein wenig belächelt, aber das haben sie bald gelassen da ich mit meinem Tourenrad ihnen des Öfteren mein Rücklicht gezeigt habe. Schon damals zeichnete es sich ab, dass ich das wozu ich mich einmal entschlossen hatte dann auch mit der letzten Konsequenz ausführte, dieses hat sich über die Jahre hinweg immer wieder bestätigt und gefestigt.

Nur durch meine Aufgeschlossenheit und Neugierde zu allem Neuen und Unbekannten hat irgendwann auch immer einen Wechsel von der Einen zu einer neuen Passion zum Teil kurzfristig hervorgerufen. Inzwischen hatte ich mein Fahrrad technisch kräftig aufgerüstet, aus meiner Dreigangschaltung waren später mittlerweile fünf Gänge geworden und am Tretlager war ein zweiter Zusatzzahnkranz hinzugekommen.

Das hatte ich mir bei den Rennrädern abgekuckt, dadurch hatte ich dann so nach und nach auch eine rationale berechnete ideale Übersetzungsmöglichkeit.

Fast eine Standardroute am Sonntagvormittag war die sehr anspruchsvolle einige Kilometer lange Strecke von Wuppertal Sonnborn über Neviges nach Essen zur Gruga Halle oder Park, mit einigen saftigen Steigungen und auch sehr Kurvenreich.

Die anfänglichen Anstrengungen der Gruppe mich auf der Strecke abzuhängen hat man bald sein lassen, es ist ihnen so gut wie nie gelungen,

Aber die Anerkennung von Ihnen war mir meine große Anstrengung eben wert. Zwecks einer Leistungssteigerung hatte ich für mich eine sehr schwere persönliche Übungsstrecke auserkoren. Die Sadowa Straße mit einer fast schon aberwitzigen Steigung, fast parallel zu unserer Roonstraße verlaufend, diese Straße von der man allgemein behauptete, dass sie mit dem Rad nicht zu bewältigen sei.

Die gesamte Strecke war rund vierhundert Meter purer steiler Anstieg am Stück. Die Steigung war so kräftig das selbst Anlieger mit ihren Autos nur wenn es nötig war und nur Bergauf diese Straße befahren haben.

Sie endete an der obersten, der vierten Querstraße mit einer Treppe in ein Grüngelände zum Bismarck Turm hin. Ich habe diese Straße, den Sadowa Bergstraße immer wieder im Zick Zack Kurs, Gott sei Dank war diese Straße doch recht breit ausgelegt, in Angriff genommen.

Mein Ziel war es das ich die vier quer verlaufenden Straßen, Stück für Stück allesamt bis zur letzten schaffen würde und um dann irgendwann oben am abschließenden Treppenaufgang meinen persönlichen Triumph zu genießen. Ich habe meine ganze Kraft und Ehrgeiz und mit einer gehörigen Portion Trotz, um die Aussage der Unmöglichkeit zu widerlegen aufgewendet.

Dabei hat es mir sogar einmal die Kette regelrecht zerrissen, das war eben eine richtig, große Herausforderung für mich, aber ich habe es dann später auch mehrmals geschafft. Auch meinen Lenker, der ja meine gewaltigen Kraftanstrengungen auch aushalten musste, der wurde zwangsläufig auch mal ausgewechselt. Mein befreundeter Radfahrerkreis, von denen einige diesen Berg auch kannten, wollten es nicht glauben, sie waren der Meinung ich würde nur eine Story erzählen um mich interessant zu machen.

Diese Unterstellung oder Auslegung hat mich doch irgendwie recht tief in meinem Gemüt getroffen und ich wollte das gesagte in jedem Falle auch beweisen. Mit den härtesten Widersachern und Ungläubigen habe ich dann eines Tages gewettet und natürlich dann auch am Tag der Testfahrt meine Wette auch überragend gewonnen.

Die ersten Zweifler hatten schon bei der ersten Querstraße das Handtuch geschmissen und gaben meiner Leistung dann bei den Anderen später das höchste Lob ab, ab da war ich für diese Leute fast ein Held, praktisch war ich ab da auch ein volles anerkanntes Mitglied ihrer Truppe.

Etwas später bin ich dann mit meinem Freund Burkhard fast wöchentlich übers Wochenende zum Rhein zum Zelten gefahren. Natürlich immer anteilig mit vollem Gepäck auf dem Gepäckträger von meinem Fahrrad, wogegen der Burkhard mit seiner Quickli, seinem Moped es wesentlich leichter hatte.

Zu dieser damaligen Zeit waren noch lange nicht alle innerstädtischen Straßen, außer den mehrspurigen breiteren Verkehrswegen, mit einer elektrischen Beleuchtung ausgestattet.

In bestimmten Abständen, mit wechselseitiger Anordnung standen Gaslaternen die circa drei Meter Höhe hatten, diese Laternen wurden regelmäßig durch einen Laternenwächter gewartet.

Dieser Servicemann hatte stets eine schmale Leiter und einen langen Stab mit einem Haken an der Spitze dabei, hiermit konnte er wenn die Uhr der Selbstzündung nicht richtig klappte mit dem Ring an einem Draht ziehend die Laterne manuell anmachen.

Wenn dieses nicht so recht klappte, musste er auf seiner Leiter nach oben steigen, dafür war oben eine breite Querstrebe zur Leiteranlehnung an der Lampe angebracht, um die untergehängte Glaskuppel öffnen zu können und wenn es nötig wurde auch einen der drei Glühkolben aus zu wechseln, oder auch zu reinigen.

Wir haben ab und zu aus lauter Gaudi eine der Laternen erklommen und die Lampe an dem Servicering ziehend auch wieder ausgemacht, wir wussten ja, dass er nach seiner festgelegten Runde wieder hier vorbeikommen würde.

Lausbubenstreiche der besonderen Art!

An eine dieser Laternen in der Treppenstraße hatten einige Jungens mein Fahrrad eben an dieser Querstrebe mit dem Hinterrad nach oben aufgehängt, für mich eine böse Situation denn ich konnte alleine das Rad nicht wieder herunterholen. In meiner Not hat mir dann ein großer kräftiger schwarzer Mann der in der Straße wohnte und den ich schon vom Sehen her kannte, geholfen.

Es war kein geringerer als Kenneth Spencer mit seiner tiefen sonoren Bassstimme, er fragte mich ob er mir behilflich sein könnte, er war damals ein auf vielen internationalen Bühnen bekannter Gesangstar, zu der Zeit war seine Platte „Old Man River„ sehr populär.

Er war ein überaus freundlicher und vor allem Kinderliebender Mensch, stets hatte er irgendwelche Bonbons in der Tasche die er großzügig an die Kinder auf der Straße verteilte.

Nach diesem Vorfall mit dem Rad bin ich dann auch mehrmals bei ihm eingeladen worden. Ich habe mit der Zeit auch die eine oder andere Familienfeier miterleben zu können, da ich mich mit seinen beiden Kindern, fast gleich alt wie ich mittlerweile auch recht gut angefreundet hatte.

In der gleichen Straße hat auch einer meiner engsten Freunde, ihm und der Einfahrt zum Depot des städtischen Fuhrparks direkt gegenüber gewohnt. Mit Kenneth seinen beiden Kindern habe ich bis zu deren späteren Fortzug einen Großteil unserer Freizeit gemeinsam verbracht.

Ein anderer Freund wohnte am unteren Bereich der Sadowa Straße in einem Zweifamilien Haus auf der linken Seite der Straße mit einem eingezäunten Vorgarten in dem unter anderem auch ein gewaltiger Birnbaum stand mit herrlichen, leckeren Früchten daran.
Was lag da näher als dass wir immer wieder einen Grund suchten unseren Freund zu besuchen. Und dabei versuchten wir wenigstens eine Birne zu erhaschen, die unteren Bereiche waren daher mittlerweile schon nach und nach von uns total abgeräumt worden.

Natürlich nicht ganz so im Sinne der Eltern meines Freundes, aber die Verlockung war einfach zu groß, denn weiter oben hingen ja noch einige mehr. So war der Baum auch an einem schon leicht dämmerigen Abend unser Ziel. Wir sind in den Vorgarten geschlichen, mein Kumpel der für jeden Unfug zu haben war, war natürlich auch mit von der Partie.

Zu zweit, wir waren die besseren Kletterer unserer kleinen Truppe, sind wir in den Baum Hoch geklettert um einige Birnen zu pflücken und um auch einige nach unten zu den anderen beiden zu werfen. Doch kaum waren wir oben wurde er von seiner Mutter ins Haus gerufen, zugleich hat sie auch den Schäferhund nach draußen gelassen. Wie der Blitz war er, mein Kumpel vom Baum runter und sogleich im Haus verschwunden und ich saß nun ganz allein auf dem Baum.

Die anderen Beteiligten waren natürlich auch in alle Winde verschwunden und unter mir war nur der knurrende Hund, was sollte ich jetzt machen, rufen war wohl nicht, da wäre alles ja gleich aufgefallen. Also habe ich mich in Geduld geübt, die Fenster unserer Wohnung konnte ich von meinem unfreiwilligen Hochsitz aus sehen, denn das Grundstück von unserem Wohnhaus grenzte an der Rückseite ja an dieses wo ich mich jetzt in dummer Situation befand.

Ich dachte mir schon, dass meine Mutter bestimmt recht sauer sein würde, da ich ja zum Abendessen nicht zu Hause sein konnte. Bis nach langer Zeit der Hund reingeholt wurde, stocksteif bin ich dann vom Baum, mehr runtergefallen als geklettert und dann Schnur stracks nach Hause geeilt.

Weil es mittlerweile schon stockdunkle Nacht war, war die Gardinenpredigt meiner Mutter besonders heftig, denn die Generalansage war die, dass ich bei Dunkelheit zu Hause zu sein hatte. Ich konnte ihr aber natürlich jetzt ja auch nicht sagen weshalb ich so spät nach Hause gekommen bin, meinem Freund habe ich dann ein paar Tage später gehörig Bescheid gegeben.

Warum er nicht kurzfristig den Hund gehalten oder abgelenkt hatte, konnte er mir einfach nicht beantworten, ich war aber richtig wütend auf ihn, weil er anscheinend nur seine Haut hatte retten wollen und nicht eine Minute an meine verzwickte Lage gedacht hatte.

In sehr viel Eigenarbeit haben wir die Räume bewohnbar gemacht, die bis dato jahrelang nur als Trockenräume aber kaum genutzt wurden und auch als solche in der Größe schon lange nicht mehr benötigt wurden. In der Folgezeit hat sich unsere anfängliche zur Rückseite des Hauses ausgerichtete Wohnsituation wesentlich verbessert.

In dem wir in Eigenregie nach und nach die drei großen unbewohnten Räume auf unserer Etage zur vorderen Straßenseite zur Roonstraße hin zum Wohnen hergerichtet haben. Eine fehlende Flurabtrennung auf der Etage zum Treppenhaus hin wurde dann auch noch von uns eingebaut. Somit hatten wir eine geräumige abgeschlossene Dreizimmerwohnung in der dritten Etage, diese Etage hatten wir eigentlich nun komplett für uns alleine.

Ich hatte danach ein ganzes, großes Zimmer, unser früheres Wohnzimmer für mich alleine und das war nun mein neues Domizil und gleich nebenan die frühere Küche wurde nun unser Badezimmer leider aber beides außerhalb und vor der neuen Etagentüre.

Mein einstiges Domizil, eigentlich ein früheres kleineres Dienstmädchenzimmer, wurde nun als Trockenraum deklariert, es wurde aber kaum genutzt und von den Hausmitbewohnern benötigt. Wir hatten nun bis auf diesen kleinen Raum die gesamte dritte Etage ab da für uns alleine, denn ganz selten kam mal einer der Hausmitbewohner zu uns auf die Etage.

Nach langer Zeit habe ich meinen Bruder zufällig auf meinem Weg zu meiner zweiten Lehrstelle in Wichlinghausen, am Alten Markt im Stadtteil Barmen wiedergesehen, dort wohnte er in unmittelbarer Nähe in einem kleinen Zimmer. Ich habe mich lange mit ihm unterhalten, wir haben uns dann einige Male getroffen und irgendwann ist er dann mit mir zu uns nach Hause mitgekommen, es folgte auch eine Aussprache mit meinen Eltern.

Es war das zweite Mal das ich ihn zu einer Heimkehr, wenigstens als Gast bekehren konnte. Doch die Zeiten des friedlichen Miteinander waren nie von langer Dauer, seine Einzimmerwohnung in Barmen wollte er zudem vorerst auch nicht aufgeben.

Meine Mutter ist etwas später vorübergehend dann auch wieder in ihren erlernten Beruf als Putzmacherin und Schirmnäherin, auf Anfrage hin als Aushilfe zu der Firma Mönig auf der Klotzbahn in Elberfeld gegangen. Wo sie ja vor vielen Jahren schon als Lehrmädchen und auch später als Verkäuferin gearbeitet hatte, zurückgekehrt.

Ein Jahr später bin ich dann mit meiner frisch gegründeten Familie, ich war mittlerweile stolzer Papa eines Sohnes geworden und zudem seit kurzem auch selbstständiger Imbissbetreiber.

In der Zweizimmerwohnung von meinem Paps, zu denen sich später dann noch ein Zimmer hinzugesellte, in der Gerberstrasse sind wir eingezogen. Einige Zeit später übernahm mein Bruder vorübergehend das inzwischen leerstehende große Zimmer, von Paps auch in der Gerberstrasse. In dem wir ja vorher vorübergehend eine Zeit lang gewohnt hatten.

Mein Bruder ist mit seiner damaligen zukünftigen Frau, der Tochter von dem damaligen Küster der Marienkirche dann dort für eine längere Zeit eingezogen.

Es war um einiges größer als sein Zimmerchen in Barmen und auch wesentlich näher zu seiner Arbeitsstelle und Braut, sie haben ein wenig später ja dann auch geheiratet. Ich wohnte damals dann eine ganze Weile Wand an Wand mit meinem Bruder, bis er selbst auch Vater einer Tochter geworden war.

Ein kleiner Blick in die spätere Zeit.

Durch meine damaligen Erfolge im Imbissgeschäft angeregt, hat mein Bruder dann auch eine Imbisstube in Wuppertal Ronsdorf, in der direkten Nähe zum Marktplatz aufgemacht und ist in die dort angeschlossene große Wohnung gezogen.

Leider hat meine Ehe, von Anfang an unter keinem guten Stern gestanden und diese Verbindung hat die eigentlich erwartete lange Zeit nicht überstanden.

Es war eben eine so genannte Mussehe, weil der erste Nachwuchs sich angemeldet hatte, damals Anfangs der sechziger Jahre war man noch lange nicht so aufgeklärt und Verhütungsmittel gab es, wenn überhaupt nur mit der Einwilligung der Eltern, die Pille gab es Überhaupt noch nicht.

Aber die persönlichen Grundeinstellungen jeweils sich auch noch nicht gefestigt hatten, meine Frau war auch einfach noch nicht gefestigt genug um ein normales Familienleben gestalten zu können, diese Erkenntnis hat sich nach geraumer Zeit auch bestätigt.

Es gab ja damals indirekt einen unumstößlichen, einen gewissen Ehrenkodex, wenn eine Schwangerschaft im Verzuge war wurde geheiratet, auch wenn man normaler Weise diesen Schritt um einige Jahre später hätte tun wollen und sollen. Zudem war die so genannte Verhütung noch etwas problematischer als heute, denn die Pille kam für uns zu spät und dann Jahre später erst ganz langsam in Mode und auf den Markt.

Sie waren dann aber nur gegen Rezept das von einem Erziehungsberechtigten abgesegnet werden musste erhältlich, denn Volljährig war man damals ja auch erst mit einundzwanzig Jahren.

Leider war es damals auch noch sehr aufwendig, schwierig und teuer einen Vaterschaftsnachweis zu erhalten, denn man musste damals noch den dafür nötigen Krankenhaus Aufenthalt und die Arztkosten für alle betroffenen Personen selbst bestreiten.

Daher ist diese Untersuchung nach der Geburt meines angeblich, ehelichen jüngsten zweiten Sohnes, trotz berechtigter Bedenken auch unterblieben. Denn ich wohnte zu der Zeit eigentlich schon länger wieder bei meinen Eltern in meiner alten Junggesellen Bude, ich war mir ziemlich sicher, dass ich nicht der Urheber dieser neuerlichen Schwangerschaft sein konnte, aber dagegen angehen war mir finanziell unmöglich, da ich mir eine entsprechende Untersuchung damals absolut nicht erlauben konnte.

Also die Vorarbeiten in meiner Imbisstube waren schon gewaltig, wobei ich aber dann etwas Unterstützung von einer jungen Frau mit ihrer jüngeren Schwester als Hilfe bekam. Was natürlich, weil man sich über die Zeit eben auch ganz normal näherkam, dann zu einem engeren Verhältnis mit der Schwester sich ausweitete, aus dem dann auch ein Sohn, mein Zweiter hervor gegangen ist.

Dann folgte auch noch die nötige Geschäftsverlegung in einen anderen Stadtteil von Wuppertal nach Vohwinkel, wo dann aber noch mehr Arbeit auf mich zukam.

Die komplette Ladenneugestaltung und den anschließenden guten Geschäftsgang musste ich praktisch ohne Unterstützung und Hilfe von Ihr und erst recht auch von meiner noch Ehefrau erledigen. Es wurden von beiden Seiten nur noch Forderungen gestellt.

Nach mehrmaligen totalen Blackouts habe ich das recht gut laufende Geschäft aus gesundheitlichen Gründen, dann kurzfristig mit großem Verlust aufgeben und an einen Mitbewerber verkaufen müssen, ich hatte zu der Zeit schon weit über zwanzig Kilo abgenommen. Es war eine längere Zeit wo eigentlich nichts so richtig funktionieren und passen wollte, aber ich musste versuchen aus dieser misslichen Situation so bald als möglich wieder heraus zu kommen und das Beste daraus zu machen.

Selbst der Verkauf meines Getränkehandels hatte für mich keine finanzielle Besserung gebracht. Denn der Käufer entpuppte sich als beachtlicher Gauner und ich blieb zum Schluss auf enormen Kosten und einem beachtlichen Schaden sitzen.

Ich habe eine Zeit lang, über Jahre alles an Arbeit gemacht was einen guten oder besseren Verdienst versprach um meine fälligen Unterhaltzahlungen und die Geschäft Schulden in einer damals nicht unbeträchtlichen Höhe bestreiten und ab zahlen zu können.

Doch es hat viele Jahre gedauert bis ich diese unangenehmen alten Anhängsel, vor allem die finanzieller Art neben den Unterhaltszahlungen eben auch zugleich eine beträchtliche Schuldensumme abschütteln und als erledigt betrachten konnte.

Mein doch recht holpriger beruflicher Weg erstreckte sich über viele Jahre hinweg, es hatte damals ja schon mit einer unverschuldeten missglückten Metzgerlehre angefangen. Mit dem festen Willen eine Ausbildung mit abschließender Prüfung zu erhalten, habe ich mehr als vier verschiedene Berufsausbildungen angestrebt, doch zu einer Prüfung ist es aus den verschiedensten nicht selbst verschuldeten Gründen leider nicht gekommen.

Noch ein kurzer Blick in spätere Jahre.

Mit vielen Höhen und auch Tiefen und auch empfindlichen Erfahrungen führte mich mein Berufsweg über einige Stationen bis in das Showgeschäft. Die musikalische Vorbelastung hatte ich ja schon mit meiner kleinen Amateur Kapelle für eine kurze Zeit zum größten Teil ausleben können, stets in der Hoffnung eventuell einmal entdeckt zu werden und damit auch Geld verdienen zu können, was sich aber leider nicht ergab.

Aber dann doch mit dem späteren Erfolg, dass ich für eine geraume Zeit, über einige Jahre hinweg als einer unter den besten DJ´s und Moderatoren Kreuz und Quer in Deutschland arbeiten konnte. Der weitere Weg nach oben, der gravierende Durchbruch war mir aber damals durch meine alte, nicht zu unterschätzende finanzielle Belastungen Unterhalt und Tilgung der finanziellen Altlast erschwert und fast unmöglich gemacht worden.

Viele zum Teil recht lukrative Angebote konnte ich daher auch nicht wahrnehmen, denn die meisten der besonders guten Angebote wurden zu der Zeit als freiberufliche Tätigkeiten angeboten.

Aber ich wollte und konnte diese Beschäftigungsart zu der Zeit nicht annehmen, da ich ja schon wegen der Kinder eine Krankenkasse, allein wegen der damit verbundenen Versicherungspflicht eine entsprechende Anstellung benötigte. Denn meine Söhne, drei Kinder aus der zurück liegenden turbulenten Zeit waren über die vielen Jahre mit und bei mir in der Familienversicherung versichert, da die Gegenseite jeweils über Jahre hinweg keine direkt Versicherungspflichtigen Beschäftigungen hatten.

Man könnte es auch fast ironisch als eine einzige persönliche Verbindung zu Ihnen bezeichnen, denn der Älteste hat sich erst nach über rund fünfzehn Jahren, Volljährig mit einigen Besuchen bei mir persönlich gemeldet.

Der zweite, uneheliche Sohn hat erst nach einigen schmerzlichen diversen Umwegen und Wirrungen mit mir nach über fünfzig Jahren Kontakt aufnehmen können. Wogegen mit dem Jüngsten auch mit und nach über Fünfzig Jahren, auch nach und bei zwei distanzierten optischen Begegnungen immer noch kein persönliches Wort gewechselt wurde.

Da ich durch mein langjähriges finanzielles Handicap somit eben keinen derartigen entsprechenden freiberuflichen Werdegang mit unsicheren und ständig schwankenden Einkommen beginnen konnte und wollte. Denn die diversen langjährig zurück liegenden gemachten Erfahrungen waren wirklich nicht dazu angetan eine solche freiberufliche Arbeitsweise und Beschäftigung auf Verdacht unbedacht anzustreben.

Selbst noch als ich mit meiner späteren zweiten Frau wesentlich später dann erfolgreich einen gastronomischen Betrieb betrieben habe, den wir von Ihren Eltern übernommen hatten, bei denen sie schon einige Jahre lang prägend mitgearbeitet hatte, bin ich auch weiterhin aus diesem Grunde im Angestellten Verhältnis geblieben.

Wir haben diese einfache normale Schankwirtschaft so nach und nach unter großem persönlichem Einsatz zu einem anerkannten gutbürgerlichen Speiselokal entwickelt und dann auch weit über die zwanzig Jahre recht erfolgreich führen können.

Auch aus einem fast brachliegenden alten Motorsport Verein habe ich durch massiven auch körperlichen Einsatz zu der gleichen Zeit zur gewohnten alten Blüte wieder verholfen und diverse auch nationale Unternehmungen und Veranstaltungen initiiert und durchgeführt.

Unbewusst hatte es mich ja stets immer wieder gereizt aus einem angetroffenen etwas desolaten Zustand etwas Besseres und wieder Funktionierendes zumachen, ich habe dann auch hier meine deutlichen und nicht übersehbaren Spuren hinterlassen.

Wir wollten unsere mühselige, lange und Kräftezehrende weit über zwanzig Jahre zählende selbstständige gastronomische Tätigkeit und den damit verbundenen wirtschaftlichen Erfolg mit dem Sanieren eines großen alten Hauses aus den dreißiger Jahren als unseren späteren Altersruhesitz, als unsere zusätzliche Altersabsicherung abschließen.

Doch im Jahre unserer Silberhochzeit kurz vor dem Abschluss der umfangreichen Sanierungsarbeiten an unserem Haus wurde sie krank und hat dann die endgültige Fertigstellung von unserem Schlösschen, wie sie es nannte dann leider nicht mehr erleben können. Ausgerechnet in dem Krankenhaus in dem sie jetzt doch schon eine ganze Weile über Jahre schon tätig war, wo sie die Cafeteria und den Kiosk leitete konnte man ihr nicht richtig helfen, man verlegte sie irrtümlich auf die Innere, wo eigentlich die Neuroabteilung zuständig gewesen war.

Als Ironie des Schicksals könnte man es auch sehen, dass man nach so vielen Stolperfallen das geordnete Lebensziel schon fast greifbar vor Augen hat und auf einen Schlag steht diese Welt dann wieder Kopf und nichts hat dann mehr seine Gültigkeit und jede feste Vorgabe und Zielsetzung verflüchtigte sich in atemberaubenden Tempo wie von selbst.

Innerhalb von nur sechs Wochen, nur so kurz war ihre akute Erkrankung, war meine, unsere gesamte über viele Jahre angestrebte Lebensvorstellung und Planung durch ihren plötzlichen Tod dann komplett und unwiederbringlich zu Nichte gegangen.

Um diese verhältnismäßig junge Unternehmung, ein eigenes rentables Wohnhaus zu realisieren und eine eventuelle daraus mögliche dann entstehende und wahrscheinliche finanzielle Turbulenz zu vermeiden habe ich dann doch schweren Herzens das Haus, an dem ich weit über zwei Jahre täglich hart gearbeitet hatte wiederverkauft und bin dann auch dort dann ausgezogen.

Zudem hatten mir zu der Zeit die ganzen Umstände und die unschönen Begebenheiten der letzten Jahre und die aktuellen Erinnerung auch zu sehr zugesetzt, es war dann im Grunde praktisch wie ein Befreiungsschlag.

Mein immer wieder, über Jahre hinweg ausgeübtes Hobby, meine zweite Liebe, neben dem musizieren war über viele Jahre eben auch der Motorsport, anfangs auch als aktiver Fahrer mit nicht zu verachtenden Erfolgen und später dann auch als Manager. In der Gestalt als Präsident eines schon recht betagten Motor Sportvereins, der die einmalige Gelegenheit bekam die neue junge hochaktuelle Rennserie DTM in einen damals neuen Modus umzubauen und auszuführen.

Die jährliche Abschluss Veranstaltung in Hockenheim haben wir dann verantwortlich für einige Jahre ausrichten und auch durchführen können. Wobei ich auch mit Michael Schumacher dem späteren mehrfachen Weltmeister bis zu seinem Aufstieg in die Formel Eins bei den Veranstaltungen zusammentreffen und kennen lernen konnte.

Als langjähriger verantwortlicher Vorsitzender eines der Veranstaltervereine, die V.A.G. bestand aus zwei Vereinen, habe ich das anfangs nicht so leicht kalkulierbare große Risiko voll mitgetragen und somit kann ich wohl auch als verantwortlicher Urheber, Geburtshelfer der heutigen Version der DTM bezeichnet werden.

Mittler Weile sind ja schon etliche diverse Reglement Änderungen zur Verbesserung der Handhabung in den Rennserien vorgenommen worden, aber unser mühsam erarbeiteter und auch eingeführter Start Ausführungsmodus ist zum größten Teil auch bis heute noch gültig.

Durch die damit verbundene Öffentlichkeitsarbeit hatte sich dann auch eine über lange Zeit bestehende Kommunale politische Tätigkeit ergeben. Eigentlich war ich nicht unbedingt ein Freund von parteilichen Begebenheiten, doch nach dem man mich darüber aufgeklärt hatte, dass die Freien Wähler damals noch keine Partei im herkömmlichen Sinne war, war ich dazu bereit bei Ihnen mit zu wirken, da die Fraktionssitzungen dann auch noch in unserem Nebenzimmer der Wirtschaft stattfanden.

Da man mein Organisationstalent mittlerweile kannte und schätzte habe ich die Veranstaltungskultur kräftig angekurbelt und die monatlichen politischen Stammtische für Jedermann erfolgreich eingeführt, zu dem stets ein Referent der Kommunalverwaltung zu einem offiziellen Information oder auch Frage und Antwortgespräch von mir eingeladen wurde.

Durch diese Veranstaltungen konnte so manches vermeintliche Problem intensiv öffentlich besprochen und hin und wieder sogar auch beigelegt werden.

Leider, ich sollte wohl eher Gott sei Dank sagen, dass ich bei diversen Teilnahmen an den Kommunalwahlen dann doch nicht genügend Stimmen bekommen habe, um dann als Stadtrat einen Platz im Rathaus einnehmen zu können, denn diese Zeitintensive Arbeit wäre dann wohl doch zu viel des Guten gewesen. Geschäftlich bedingt habe ich nach geraumer Zeit dann auch diese Nebenbeschäftigung wie auch den Vorsitz vom Motor Sport Verein in jüngere Hände abgegeben.

Meine schon erwähnte frühere musikalische Tätigkeit, die auch die Basis für meine Discjockey und Moderatoren Laufbahn gebildet hatte, habe ich damals als Schlagzeuger mit einer eigenen Band als Hobbymusiker zur anfänglichen Rock´n Roll Zeit begonnen.

Ich hatte auch das große Glück in den verschiedenen Aufgabestellungen und Tätigkeiten mit Heinz Ehrhardt, Bill Haley, Tom Jones, Chris Howland - Mister Pumpernickel, Udo Jürgens, Howard Carpendale, Graham Bonney zusammen zu treffen und mit einigen auch zu arbeiten.

Auch konnte ich auch persönliche Kontakte und Freundschaften im Laufe der Zeit und im Besonderen in der Diskothek in Esslingen zu Fausti aus Luxemburg oder Freddy Breck pflegen und mit Lena Valaitis, Ireen Sheer und Bernhard Brink und noch mit vielen, vielen anderen Stars auch arbeiten dürfen.

So manche große Bühnenshow mit diversen Stars der Bühnen durfte ich ebenfalls moderieren. Das eigentliche große Handicap in dieser Branche war für mich das ich durch meine langjährige immer noch bestehenden Zahlungsverpflichtungen wie schon dargestellt, daher keine Freiberufliche Richtung wahrnehmen konnte.

Meine vielen Schulwechsel, sechs an der Zahl und die späteren insgesamt sechs vergeblichen ernsthaften Versuche einer Ausbildung mit einem Abschluss zu beenden haben mich eher angetrieben und nicht verzagen lassen.

Zudem haben die diversen Umzüge und Neuanfänge vielleicht sogar etwas Gutes an sich gehabt. Ich war von Hause aus ja immer etwas schüchtern und zurückhaltend und überaus sehr Jugendlich aussehend, doch es fiel mir wiederum nicht sonderlich schwer, schon wegen meiner Neugierde, etwas Neues zu beginnen.

Daher war auch ein Wechsel in bisher unbekannte Bereiche, wie schon erwähnt für mich kein größeres Hindernis. Wenn dann wirklich mal ein Jahr ohne gravierende Änderung oder umwälzenden Begebenheiten vorüber ging, habe ich doch tatsächlich überlegt ob ich auch alles richtig gemacht hatte, oder vielleicht doch etwas übersehen hatte, oder aber noch etwas ärgerliches kommen könnte.

Durch die damalige Schulordnung in der direkten Nachkriegszeit war eine Weiterbildung mit unseren finanziell begrenzten Möglichkeiten und dem damals doch noch beachtlichen Schulgeld nicht machbar. Zudem war ja auch die damalige wirtschaftliche Lage zu bedenken, so war mir eine entsprechende Fortbildung und der Besuch einer höheren Schule, oder das Studieren leider auch schon gänzlich unmöglich gemacht.

Es hat mich aber viele Jahre unterschwellig doch stark belastet, dass durch die vielen diversen Neuanfänge in den Schulen und den Ausbildungsversuchen. Dann alles in den verschiedenen Wohnorten auch die jeweiligen wirtschaftlichen Situationen in der Familie später auch, mir eine eventuell nachträgliche weitere gehobene Schulausbildung hier und da schonmal fehlte.

Vorrangig machte sich hin und wieder aber besonders bei den Tätigkeiten in der Unterhaltungsbranche doch die fehlenden Kenntnisse in Fremdsprachen und die Grundkenntnisse in der Musik immer wieder mal schmerzlich bemerkbar.

Meine späteren Erkenntnisse und Erfahrungen zeigten mir auch, dass mir die fehlende Kenntnis einer Fremdsprache am meisten gefehlt hatte und mir auch so manche gute Chance verhinderte und zu Nichte gemacht hatte. Am Ende war es auch für mich selbst schon verwunderlich das ich trotz diesem schon beachtlichen Handicap in der Unterhaltungsbranche auf lange Zeit doch solche beachtlichen Erfolge erzielt habe.

Denn über das Fehlen dieser später notwendigen Fremdsprachen und Notenkenntnisse hatte man sich früher zu meiner Schulzeit noch keine grundsätzlichen Gedanken gemacht, das wurde damals meist freiwillig gemacht und zudem auch noch als nicht unbedingt für das tägliche Leben als wirklich notwendig angesehen.

Es gab zu der Zeit nach dem Krieg vieles was als viel wichtiger erschien, wo man unbedingt ergiebige Tätigkeiten suchte und anstrebte, als die Sprachen anderer Länder zu lernen, das wurde im allgemeinen als wahre Zeitverschwendung angesehen und somit meist schon unterlassen.

Besonders verpönt über eine gewisse Zeit lang damals, waren eben die Sprachen der Ausländischen Soldaten, der Besatzer, man wollte sich ja in keiner Weise anbiedern, wer mit Ihnen Kontakte pflegte wurde in den ersten Jahren schon deutlich von der Seite angesehen, wer sich bei den Fremden anbiederte hatte eben dann einen nicht ganz so guten Ruf, besonders deutlich zeigte sich dieses bei den Frauen.

Ja man distanzierte sich doch regelrecht eine geraume Zeit in meiner Kinderzeit von den Sprachen der Besatzer, was im nach hinein, dann schon in meiner Jugendzeit wohl als falsch und etwas Engstirnig bezeichnet werden konnte. Mit der Zeit lernt man eben mit den sich ergebenden Umständen zurecht zu kommen zu leben, es kann eigentlich nichts zu kurios erscheinen um nicht sogleich doch auch wieder ganz normal zu sein.

Meine Kinder und Jugendzeit mit all ihren kleinen und größeren, auch gravierenden Ereignissen und Vorkommnissen hätte wahrscheinlich auch für mehrere Kinderleben gereicht, aber nicht alles war schlecht und die enthaltenen Lehren daraus waren wohl auch nicht ganz umsonst. Wie ich so im nach hinein darüber nachgedacht, feststellen konnte, aber freiwillig wiederholen möchte ich diese Zeit aber auch nicht.

Zudem hatte ich sehr oft das unklare Gefühl das mich das sprichwörtliche Pech immer dann überholte, wenn ich damit in keiner Weise gerechnet hatte und gewiss nicht gebrauchen konnte, so mancher sagt dazu, Pech gibt es eigentlich gar nicht, es sind im Grunde eigentlich doch nur verpasste oder verschlafene Gelegenheiten.

Jedes Mal wo man vielleicht verzweifelt „hätte" sagen können, hat man doch schon eine eventuell günstige Zeit und auch Gelegenheit bewusst vertan, die aber dann nicht wieder einholbar ist, weil man eben den richtigen Moment zum Handeln dann schon vertan hat. Darüber kann man ja auch stets geteilter Meinung sein, besonders wenn dann doch vieles an Geschehen nicht in eigener Entscheidungsgewalt liegt.

Heute sagt man, träume nicht dein Leben, sondern lebe deinen Traum, das wäre zu Anfang und auch später noch in meiner nun vergangenen zum Teil turbulenten Zeit stellenweise unmöglich gewesen. Ja es wäre stellenweise ja fast schon recht fatal gewesen, denn zum Träumen hatte ich eigentlich sehr selten Zeit, weshalb man genau genommen auch das eigentliche leichte dahin Träumen sogar verlernen kann.

Mein Resümee allgemein würde ich heute so zusammenfassen, wer nichts wagt und nicht in Angriff nimmt, kann auch kaum einen Fehler begehen, außer diesem Einem, dass man vielleicht unbewusst auch auf weiterführende Erkenntnisse freiwillig verzichtete. Darum heißt für mich auch schon lange, besonders nach dieser Erkenntnis seit geraumer Zeit meine grundsätzliche Devise, nütze stets direkt die Zeit, denn sie steht dir nun mal nicht unbegrenzt und immer zur Verfügung.

Etwas gänzlich Neues beginnen fiel mir einfach nicht schwer, da ich ja schon von Klein auf ständig mit irgendwelchen Neuanfängen konfrontiert worden bin und somit fast schon nach einiger Zeit unbewusst nach ständig Neuem gestrebt habe, wobei auch der große Reiz des Neuen wohl einen beträchtlichen Anteil jeweils hatte.

Da ich ja stets mit offenen Augen und wachen Sinnen mein doch schon langes Leben gelebt habe, dabei habe ich eben auch viele Chancen und Möglichkeiten gesehen, die andere Personen vielleicht aber kaum richtig wahrgenommen und registriert haben.

Das war wiederum auch der Grund das vieles von mir in Angriff genommen wurde und sehr oft, ja fast immer nach meinem Motto gehandelt habe, geht nicht, gibt nicht.

Denn ungelöste Probleme haben mich stets auf das Neue motiviert und irgendwie immer gereizt, denn die Genugtuung nach erfolgreichen Handeln ist oft mehr wert als eine offizielle Ehrung. In mancher Situation bezeichnete man mich auch schon mal als leicht verrückt, doch der spätere Erfolg gab mir dann doch wieder recht, was so mancher auch wiederstrebend dann zugeben musste.

Man legte mir des Öfteren nach Unterhaltungen über verflossene Zeiten nahe, bei der Fülle der Erlebnisse und Erkenntnisse alles Erlebte doch unbedingt einmal Buchmäßig niederzuschreiben. Es wurden am Ende dann doch derer drei Abschnitte eines sehr bewegten Lebens, nun halten sie den ersten Abschnitt dieser Trilogie Kaleidoskop nach meinem lebenslangen Motto:

„Ein Ende ist zugleich auch ein neuer Anfang"

Ein buntes Leben eben, wie ein Kaleidoskop mit vielen bunten Splittern und Farben, die gestohlene Kindheit und das damalige Leben wo jeder Schritt ein Balanceakt und ungewisses Abenteuer sein konnte, in einem über viele Jahre großen Scherbenhaufen der Weltgeschichte in den Händen.

Es zeigt sich doch auch hier und auch in den nächsten Teilen meiner Biographie deutlich, das bunte Bruchstücke trotzdem auch ganz schön sein können, eben wie in einem leicht bewegten Kaleidoskop.

Harry H.Clever

Werter Leser:

Als Erinnerungen noch Realität war, bei diesem Titel kommen in vielen Jahren sehr viele recht unterschiedliche Geschichten zusammen, die so bunt und zersplittert sich darstellten wie ein Kaleidoskop nur sein kann, es ist aber eben die vielschichtige Biographie des Autors, es sind nach diesem ersten Band, der sich hauptsächlich mit der Kindheit und der frühen Jugend befasst hat, noch zwei weitere und ein Anhang geplant und in Vorbereitung.

Mit dem zweiten Band wird der Themenschwerpunkt eben bei den vielfältigen Beschäftigungsarten der damaligen Nachkriegsjahre und nicht so leichten Nachkriegszeiten behandelt. Denn in den damaligen Zeiten war die Industrie und auch das Handwerk noch, in noch nicht wieder gefestigten Zuständen.

Nach der missglückten damaligen Metzgerlehre, folgten dann noch die, wegen Allergie abgebrochenen Ausbildung als Möbelstoff und Teppichweber, danach dann als Gebäudereiniger Anlernling und auch noch weitere ernsthafte Ausbildungsbestrebungen und verschiedene Tätigkeiten. Aber es gab auch über einige Jahre hin, kaum eine ernsthafte Festanstellungsmöglichkeit, die eben über viele Jahre auch durch den fehlenden Bundeswehrdienst gründlich blockiert war, selbst in einer Zeit wo man eigentlich nicht mehr mit dieser alles endscheidenden Frage rechnen würde, hieß es, schon gedient, wenn nicht, war es dann auch schon mit einer Festanstellung vorbei. Mit den manches Mal notgedrungenen auch nur kurzfristigen Arbeiten in den verschiedensten Tätigkeiten hat sich zwangsläufig ein recht breites Wissen angesammelt. Dieser sehr holprige Weg führte dann über viele Stationen auch erfolgreich in die Unterhaltungsbranche und danach später, mit meiner neuen zweiten Frau auch in die langjährige gastronomische Selbständigkeit.

Mit dem Lebensabschnitt, dem dritten Band, das Arbeiten im Schatten großer Namen, beleuchtet das unstete, aber doch schöne Leben im Künstlermilieu, denn Bühnenluft und Flair ist ein Stoff der Süchtig machen kann. Der Bogen der vielen Erlebnisse von und mit den Stars und Sternchen spannt sich von Heinz Erhard über Tom Jones bis in die neuere Zeit mit Graham Bonney, Ireen Sheer, Bernhard Brink, Lena Valaitis, Fredy Breck und noch sehr, sehr vielen Anderen.

So kann man guten Gewissens auch behaupten, das Erfahrungen aus den realen Erlebnissen auch ein Menschenleben gewaltig prägen kann, wenn man sich nicht bei jeder ungewollten Angelegenheit, gleich aus der Bahn werfen lässt. Es ist ein Rückblick über viele Jahre buntes nicht immer leichtes Leben, Erinnerungen aus Realitäten geboren und so splitterhaft und bunt wie eben ein Kaleidoskop nur sein kann.

Auch in unserer langen seit 1560 bestehenden Familiengeschichte gab es damals schon recht berühmte Persönlichkeiten. Darunter sind auch sehr berühmte Maler, Schriftsteller und auch kurzzeitig Politiker sowie auch als Pioniere auf verschiedenen Gebieten tätigen Leuten gewesen. 1560 wo und wie aus einem damaligen Auswanderer aus dem Elsass ein erfolgreicher Hochgeehrter Unternehmer, als der Ur und Stammvater unserer Familienlinie hervor ging. Des Weiteren wurde erfolgreich weit über hundert Jahre ein überaus großes Weingut mit ganz erlesenen Weinen unter unserem, dem bürgerlichen Namen des Autors geführt.

Das Werden und wirken der Altvorderen in weit über 450 Jahren Familiengeschichte wird in einem kleinen Zusatzband ausführlich mit etwas Namen und Wappenkunde und eine kleine Anleitung für das eigentliche Aufspüren, vielleicht auch ihrer eigenen Familien und Namengeschichte beschrieben.

Freund des Hauses!

Kleiner Ratgeber bei Erwerb, Haltung und Pflege,
für einen neuen Hausmitbewohner.

Da gibt es vieles zu bedenken, was Rechte und Pflichten anbetrifft, auch bei der Pflege ist so manches zu beachten, da kann man unbedacht sehr viel verkehrt machen. Da kann auch manches gutgemeinte völlig verkehrt und ungesund sein.

Bei Katzen und Nager, ob klein oder groß, besonders bei Hunden, mit ihren unzähligen Rassen ist zu beachten, dass das jeweilige Wesen und der Charakter von Tier und Mensch auch zusammenpassen.

* * *

Opulente Ansagen , magere Ergebnisse!

Satirische Blicke hinter die Kulissen!

In den Chefetagen und auch in der Politik gibt es sehr oft doch recht verwirrende und großartige Ankündigungen und Prognosen die aber mit den Wirklichkeiten später dann wenig Gemeinsamkeit aufweisen, gutes Planen ist unbestritten sehr wichtig, aber die späteren Ausführungen eigentlich noch wichtiger.

Im Leben und der Politik, wie auch bei einem Skatspiel, heißt es immer wieder „Hosen runter", wenn es Zeit ist Farbe zu bekennen, doch das wird zu gerne mit blumigen Ansagen oder Ausreden vertuscht oder umschrieben. Ein satirischer Blick hinter die Kulissen des Alltags.

* * *

279

FSC
www.fsc.org
MIX
Papier | Fördert
gute Waldnutzung
FSC® C083411

Zeitfracht Medien GmbH
Ferdinand-Jühlke-Straße 7
99095 Erfurt, Deutschland
produktsicherheit@kolibri360.de